傳統與詮釋

朱熹《中庸》学研究

张卉 著

四川大學出版社
SICHUAN UNIVERSITY PRESS

图书在版编目（CIP）数据

朱熹《中庸》学研究 / 张卉著. — 2 版. — 成都：四川大学出版社，2024.4
（传统与诠释）
ISBN 978-7-5690-6641-8

Ⅰ. ①朱… Ⅱ. ①张… Ⅲ. ①《中庸》－研究 Ⅳ. ① B222.15

中国国家版本馆 CIP 数据核字（2024）第 047417 号

书　　名：	朱熹《中庸》学研究
	Zhuxi Zhongyongxue Yanjiu
著　　者：	张　卉
丛 书 名：	传统与诠释
出 版 人：	侯宏虹
总 策 划：	张宏辉
丛书策划：	张宏辉　张宇琛
选题策划：	李畅炜
责任编辑：	李畅炜
责任校对：	梁　明
装帧设计：	张丽斌
责任印制：	王　炜
出版发行：	四川大学出版社有限责任公司
	地址：成都市一环路南一段 24 号（610065）
	电话：（028）85408311（发行部）、85400276（总编室）
	电子邮箱：scupress@vip.163.com
	网址：https://press.scu.edu.cn
印前制作：	四川胜翔数码印务设计有限公司
印刷装订：	四川煤田地质制图印务有限责任公司
成品尺寸：	148mm×210mm
印　　张：	10.125
插　　页：	2
字　　数：	297 千字
版　　次：	2017 年 12 月 第 1 版
	2024 年 4 月 第 2 版
印　　次：	2024 年 4 月 第 1 次印刷
定　　价：	68.00 元

本社图书如有印装质量问题，请联系发行部调换

版权所有　◆侵权必究

扫码获取数字资源

四川大学出版社
微信公众号

序 言

张卉博士先后毕业于四川师范大学与四川大学，目前在西南财经大学从事教学与科研工作。她是国家社科基金青年项目"《中庸》学说史研究"的主持人。其学术之素养与努力，均为我所钦佩，而我又从事中国学术史及宋明理学教研工作多年，很高兴有此机会拜读张卉博士的大作，从中吸收一些教益。

钱穆先生曾说，在中国学术史上，儒学影响最大的有两个人，唐以前是孔子，宋以后则是朱子。朱子是"道问学"而"极高明"，他花了一生工夫在《四书章句集注》上，最后造成由"四书"为"五经"之阶梯，进而演变成以"四书"代"五经"的历程。"四书"以义理推衍为主，《论语》在汉代即已列为经书，《孟子》《大学》《中庸》则到了宋代才逐渐取得尊崇的地位。朱子认为学者当先"读《大学》以定其规模，次读《论语》以立其根本，次读《孟子》以观其发越，次读《中庸》以求古人之微妙处"。由此可见，就"四书"学的难易，《中庸》是总其成的。因为《中庸》的"性与天道"与"诚明"之教，不仅是宋明儒学深化先秦孔孟儒学而来，也是宋明儒学发展之极致。因此张卉博士此书所论之"朱熹《中庸》学"，实为一有意义且重要之课题。

全书分为五章，分别是"宋之前的《中庸》研究""朱熹《中庸》学的学术背景""朱熹《中庸章句》成书过程研究""朱熹《中庸》学的主要内容""朱熹《中庸》学的历史地位和影响"，层次分明、内容完备，使读者可以完整地理解朱子《中庸》

学的主体价值及相关问题。本书不仅可以使我们对朱子《中庸》学片段性的认知豁然贯通，而且还提供了许多可以思考的理论层面、现实层面、个人生命修炼等方面的问题，这是本书的主要价值所在。书末附有"宋代《中庸》研究著述表"，更是为读者提供了进一步研究的参考。

此书是张卉博士在其博士论文上修改的撰述，未来她将进一步朝向整个《中庸》学的发展史探究，相信她必能更加完善此一在中国经学史、理学史上具有重大意义的研究。

最后，我也略微谈一谈对本书一些商榷和改进之处：第一章如能略加二节："中庸"字源史之研究和孔子论"中庸"或更佳。材料可从书中所论略作调整或增加。第三章题目"《中庸章句》成书过程研究"或可改为"朱熹《中庸》学与《中庸章句》形成之研究"，因为朱子著述还有《或问》《文集》、论学书信可能都与《中庸》学这个大题目有关。第四章中第七节与第八节或可另列一章。另外，"《中庸》学体系图"宜就书中内容的"本体论"、心性论、修身论、道统论等形成有层次的图示，而非平面并列式。最后，朱子论《中庸》是"性""道""教"一贯言之，其中的"教"实指"天人同等"。"参天地之化育"，亦为表彰《中庸》之深义，似乎可考虑加列一节说明或未来另作专文予以呈现。以上不成熟意见，谨供作者将来卓裁。

二〇一七年冬文昌詹海云谨识于蓉城

目　录

绪　论 …………………………………………………………（ 1 ）

第一章　宋之前的《中庸》研究 ………………………（ 5 ）
第一节　《中庸》文献简述及成书问题 ………………（ 5 ）
第二节　子思学派对《中庸》学说的发展 ……………（ 11 ）
第三节　孟子对《中庸》学说的发展 …………………（ 20 ）
第四节　汉至唐的《中庸》研究 ………………………（ 25 ）
本章小结 …………………………………………………（ 46 ）

第二章　朱熹《中庸》学的学术背景 …………………（ 48 ）
第一节　理学思潮的兴起 ………………………………（ 48 ）
第二节　朱熹理学思想的学术渊源 ……………………（ 54 ）
本章小结 …………………………………………………（ 68 ）

第三章　朱熹《中庸章句》成书过程研究 ……………（ 69 ）
第一节　《中庸章句》成书之准备阶段 ………………（ 70 ）
第二节　《中庸章句》之草成阶段 ……………………（ 97 ）
第三节　《中庸章句》之修正阶段 ……………………（100）
第四节　《中庸章句》之完善阶段 ……………………（114）
第五节　《中庸章句》在《四书章句集注》中编排的位置及宋至清现存版本考略 …………………………（121）
本章小结 …………………………………………………（131）

第四章　朱熹《中庸》学的主要内容 …………………（133）
第一节　朱熹对《中庸》一书的界定 …………………（133）

1

第二节　本体论思想……………………………………（135）
　　第三节　心性论思想……………………………………（193）
　　第四节　"道统"论………………………………………（213）
　　第五节　"慎独"论………………………………………（228）
　　第六节　"中庸"论………………………………………（236）
　　第七节　"尊德性"与"道问学"…………………………（249）
　　第八节　朱熹《中庸》诠释中对"异端"思想的排斥
　　　　　　………………………………………………………（254）
　　第九节　朱熹《中庸》学文献举隅及朱熹对儒家经典
　　　　　　与他人观点的引用举例…………………………（259）
　　本章小结…………………………………………………（271）
第五章　朱熹《中庸》学的历史地位和影响……………（274）
　　第一节　朱熹《中庸》学的历史地位……………………（275）
　　第二节　朱熹《中庸》学对元、明、清三代《中庸》
　　　　　　学的影响……………………………………………（279）
　　本章小结…………………………………………………（302）
结　语………………………………………………………（303）
附录：宋代《中庸》研究著述表……………………………（306）
参考文献……………………………………………………（310）
后　记………………………………………………………（318）

绪 论

"四书"(《大学》《中庸》《论语》《孟子》)是先秦儒学的代表作,《大学》《中庸》后被编入《礼记》,《论语》《孟子》是记述孔孟言论的重要著作,历来受到士人的重视。而真正将"四书"形成一体,代表孔孟之道和儒家正统,是朱熹的功劳。"四书"的形成是经过了二程、朱熹等人严格思考之后的历史、思想、文本的选择。朱熹等人要重建儒学,重构"道统",最好的办法就是回到"轴心时代"去重探孔孟思想之实质,这样其学说就有了"源头活水"。朱熹摒弃汉唐的经学系统而回溯先秦诸子学,应该说是一种明智的选择。一方面,回归孔孟之学,固了"本";另一方面,围绕"本"而建立起来的理学,是传承、是正统。朱熹在构建其心性论、性情论、天道论、工夫论等体系时所体现出来的思维路向和内容一定程度上是对先秦儒学的回归。这种回归是一种新的升华,真正意义上将先秦儒学理论体系化。朱熹建立起一套逻辑严密、条理清晰、内容丰富的儒家形上之学,是儒学、经学发展的高峰。

"四书"还反映了先秦儒家学说创立的一个过程,从孔子、曾子、子思到孟子,建立起儒家学术的大框架,为后世儒学发展的多种可能性奠定了基础。但"四书"总体说来是先秦儒家思想之大体,而非全部。如《易传》《荀子》就没有被列入"四书"之中。"四书"的心性路向对理学体系之构建,回应时代挑战,融通儒、释、道三教都有积极的意义。"四书"之中最能代表儒家心性之学，也最能代表"四书"理论高度的就是《中庸》一书。《中庸》一书自诞生起，就凸显了儒学的心性维度，使《孟子》儒家心性之学的基本问题得以确立。但《中庸》在儒学、经学上的意义一开始并没有彰显出来，它被淹没在《礼记》之中，未受到普遍重视，这是汉唐思想大一统条件下的必然结果。

汉唐经学的体制化遏阻了儒学的发展，儒学失去动力，动力的缺失成为儒学发展的最大障碍，儒学之危艰迫使儒者去寻求儒学发展的新方向。儒学既要保持自我本色，又要展现新风貌，就只能重新审视儒家经典，在自身张力范围内去探寻新的生命力。理学家们发现转向先秦儒家心性之学能让儒学焕然一新，更好地应对危机。《中庸》一书在宋代自然得到了前所未有的重视。《中庸》在宋代的研究最为壮观，单独研究《中庸》的著述近百种，绝大部分是理学家的著述，有少部分是佛教徒的，还有少部分是兼通儒、释、道三教的。宋儒对《中庸》的研究涉及理学最基本和最重要的几个问题："天理"论、心性论、"道统"论、"格物致知"论、工夫论，等等，可以说，《中庸》中所蕴含的丰富哲思在宋代最大限度地被诠释出来了。其中，程朱学派的《中庸》学说代表了宋代《中庸》研究的高度。《中庸》一书"广大精微"，其性质和内容决定了它能迎合时代之需要，顺应和促成了儒学的新转变。从儒学史、经学史的角度来看，宋代《中庸》研究推动了儒学、经学研究范式的转变，其实就是学术思维、学术方法的变化。它又与《大学》《论语》《孟子》一起改变了儒学、经学研究的重心：由经学体系转向了"四书"学体系，并且影响了元、明、清的学术发展。它还是沟通儒、释、道三教的重要桥梁。

本书以《中庸》为研究对象，时间轴为宋代，人物为朱熹，抓住了《中庸》学说史上最重要的一环。《中庸》放在宋代理学背景下，其价值得到最大程度的彰显，朱熹是宋代理学之集大成者，也是《中庸》学之集大成者。通过分析朱熹《中庸》学，既能把握时代特色，又能把宋代《中庸》学的基本问题弄清楚，还能窥见后世《中庸》学说的发展逻辑。因此，这一选题是有意义的。

本书分为五章。第一章梳理宋之前的《中庸》研究，这就能从儒学史、经学史的角度去了解《中庸》学发展的状况，同时也能看清楚朱熹《中庸》学的价值和意义。第二章交代朱熹《中庸》学的学术背景，了解朱熹《中庸》学是在什么样的环境中产生的，从中亦可以看出朱熹《中庸》研究的理学基调。第三章和第四章是本书的主体。第三章论述朱熹《中庸章句》的成书过程，通过对文献的梳理和分析，将《中庸章句》的成书过程划分为四个阶段：第一阶段是《中庸章句》成书的准备阶段，第二阶段是《中庸章句》的草成阶段，第三阶段是《中庸章句》的修正阶段，第四阶段是《中庸章句》的完善阶段。通过对《中庸章句》成书过程的分析，可以看到朱熹《中庸》学说由浅入深、由表象到成熟的过程。第四章论述朱熹《中庸》学的主要内容，共分九个小节，包括朱熹对《中庸》一书的定位、本体论、心性论、"道统"论、"慎独"论、"中庸"论、为学之方的争论、朱熹《中庸》诠释中对"异端"思想的排斥，以及对朱熹《中庸》学文献学举隅，论述力求尽可能全面和详细。第五章论述朱熹《中庸》学的影响和历史地位，分析了朱熹《中庸》学在《中庸》学史、"四书"学史乃至整个儒学史、经学史上的地位，还分析了元、明、清三代对朱熹《中庸》学的继承与反背。

本书的研究方法如下：

第一，历史与逻辑相统一的方法。此方法既是历史学、哲学研究的基本原则，又是历史学、哲学研究的主要方法。我们在分析朱熹《中庸》学的过程中，不但要弄清朱熹《中庸》学说的演变过程，还要找出其发展的内在逻辑性。同时，还要将朱熹《中庸》学置于儒学史、经学史中去看待其作用和价值。

第二，具体与抽象、归纳与演绎、比较与综合的分析方法。此三方法是学术研究最基本的方法。在对文献进行梳理的过程中，找出朱熹《中庸》学的相关材料，对这些材料进行归纳，抽象为一般性的概念、范畴，通过这些概念、范畴，又反过来证实和推演具体的问题。在阐释朱熹《中庸》学思想时，必然会涉及与汉唐和同时代学者《中庸》学说的对比，还会涉及朱熹《中庸》学与元、明、清时期《中庸》学说的对比。所以，本书采用比较研究的方法，在比较的基础上综合分析朱熹《中庸》学的成就和影响。

第三，文献学与思想史相结合的方法。历史文献学着重从文本出发，立足文献资料去分析人物及其思想，这是学术思想研究普遍采用的方法。本书立足朱熹《中庸》文献及其他相关文献，尽可能全面地分析朱熹的《中庸》学说。思想史着重点是对理论发展和演变的研究。在对朱熹《中庸》学说进行探寻的过程中，将文献学的研究方法和思想史的研究方法结合起来，既能把握朱熹《中庸》学的主要内容，又能看清楚朱熹《中庸》学说发展的逻辑和其在学术史中的地位。

第一章　宋之前的《中庸》研究

　　《中庸》是《礼记》中的一篇，它开辟了儒学、经学发展的新方向：心性之学。

　　对《中庸》的重视，始于子思学派内部，孟子又在子思的基础上发展和丰富了儒家的心性学说。汉唐时期，单独研究《中庸》的学者较少，多是将其置于《礼记》之中进行研究。汉代《中庸》学或宗古文，或宗今文，以郑玄《中庸注》为代表。唐代《中庸》学主要遵郑玄注，鲜有创新。

　　《中庸》成书问题至今还未有定论，结合出土文献或可以揭开此问题的面纱。

第一节　《中庸》文献简述及成书问题

　　《汉书·艺文志》载《中庸说》二篇，是现在能看到的最早关于《中庸》研究的著述记载。《中庸说》二篇与《中庸》是何关系？学界主要有两种观点。

　　一种观点认为《中庸说》二篇与《中庸》无关，颜师古、顾实持这种观点。"师古曰：'今《礼记》有《中庸》一篇，亦非本礼经，盖此之流。'"[①] 顾实言："以《志》既有《明堂阴阳》又有《明堂阴阳说》为例，则此非今存戴记中之《中庸》

[①] 陈国庆编：《汉书艺文志注释汇编》，北京：中华书局，1983年，第47页。

明也。"①

另一种观点则认为《中庸说》二篇与《中庸》关系密切，是对《中庸》的注解，并指出至少在汉代，学者们已经开始注意《中庸》，姚振宗与张舜徽持这种观点。姚振宗在《汉书艺文志条理》一书中讲道："颜注以《礼记》之外别有此《中庸》之书，不知此乃说《中庸》之书也。"②张舜徽指出：

> 今《礼记》中之《中庸》，相传为子思所作。郑玄《三礼目录》云："名曰《中庸》者，以其记中和之为用也。庸，用也。孔子之孙子思伋作之，以昭明圣祖之德也。"古书有单篇别行之例，《汉志》著录《中庸说》二篇，知《中庸》单行甚早，已有为之讲说其义者矣。惜不知为何人所作，其书又不传于后世也。可知重视《中庸》而表章之，初不自宋儒始。③

两种观点都有道理，惜《中庸说》二篇已佚，难以考证。但我们可以作一番推测，《中庸》由子思所作，是战国时期对孔子思想的巨大发展。孔子殁后，儒分为八，而八派之一的子思之学在战国时期乃是显学，影响很大。秦世坑儒，但儒学的传承并未就此断裂。加之《中庸》篇幅短小，又是儒家最具哲理性的代表作之一，信仰儒家学说的士人肯定对《中庸》耳熟能详，对之进行解读是说得通的。故《中庸说》二篇是对《中庸》之注解，可能性较大。

魏晋南北朝时期也出现了研究《中庸》的单行本，如戴逵的《中庸注》、戴颙的《中庸传》、梁武帝的《中庸讲疏》，以及张绾、朱异、贺琛的《私记制旨中庸义》，但皆散佚。

---

① 顾实：《汉书艺文志讲疏》，上海：商务印书馆，1929年，第49页。
② 陈国庆编：《汉书艺文志注释汇编》，北京：中华书局，1983年，第47页。
③ 张舜徽：《汉书艺文志通释》，武汉：湖北教育出版社，1990年，第49页。

第一章 宋之前的《中庸》研究

唐中叶之后,《中庸》的价值开始展露,成为对抗释、道冲击,提升和创新儒家理论最重要的儒家经典之一。著名文学家、思想家李翱著《中庸说》,已佚。从文献记载看来,单独研究《中庸》的著述大量集中在宋、明、清三代。魏晋南北朝、隋唐时期对《中庸》的研究基本分为两种情况:第一种情况是对《中庸》的单独研究,第二种情况是置于《礼记》之中的研究。相比较而言,第二种情况比第一种情况要多。

宋、元、明、清各朝代的研究主要分为三种情况:第一种情况是对《中庸》的单独研究,第二种情况是置于"四书"之中的研究,第三种情况是置于《礼记》之中的研究。朱熹《中庸》学是《中庸》学史上最重要的一环,朱熹之后的《中庸》学既有对朱熹《中庸》学的继承,亦有对其的反背。但更多的是继承和传扬,发展和创新的方面显然不足。

唐中叶之后,《中庸》价值得以彰显的同时,怀疑也随之而生。欧阳修认为,《中庸》之语"异乎圣人",未能符合孔子的思想实质,故"疑其传之谬"[1],从此便拉开了《中庸》成书问题探讨的序幕,至今还没有定论。

《中庸》成书问题是《中庸》研究的首要和基础问题。就目前学界讨论而言,此问题的争论主要集中在《中庸》成书时代、

---

[1] 欧阳修在《问进士策三首》中曰:"礼乐之书散亡,而杂出于诸儒之说,独《中庸》出于子思。子思,圣人之后也,其所传宜得其真,而其说有异乎圣人者,何也?……而《中庸》曰'诚者不勉而中,不思而得',夫尧之思虑常有失,舜、禹常待人之助,汤与孔子常有过。此五君子者,皆上古圣人之明者,其勉而思之犹有不及,则《中庸》之所谓'不勉而中,不思而得'者,谁可以当之?此五君子者不足当之,则自有天地已来,无其人矣,岂所谓虚言高论而无益者与?夫孔子必学而后至,尧之思虑或失,舜、禹必资于人,汤、孔不能无过,此皆勉人力行不息,有益之言也。若《中庸》之诚明不可及,则怠人而中止,无用之空言也。故予疑其传之谬也,吾子以为如何?"欧阳修认为,《中庸》之语与圣人的事迹未能相符,故"疑其传之谬"。(见欧阳修:《问进士策三首》,《欧阳修全集》卷四十八,北京:中华书局,2001年,第675~676页。)

作者谁属以及文本结构问题上，主要有四种观点：第一种观点承认《中庸》成于战国，乃子思所作，司马迁、郑玄、沈约、韩愈、李翱、二程、朱熹、黎立武、陈襄等人都持这样的观点；第二种观点认为《中庸》成书晚于子思，非子思所作，为秦代或汉代的作品，欧阳修、叶适、崔述、袁枚、叶酉、俞樾，以及现当代的钱穆、冯友兰（晚年）、劳思光、廖焕超等人秉持此说[①]；第三种观点以文本结构分析为基础，对《中庸》文本的整体性提出质疑，认为《中庸》的部分内容出自子思，这种观点始于宋代学者王柏[②]，目前这种观点在学界影响最大，冯友兰（早年）、

[①] 清代崔述的观点最有代表性："孔子、孟子之言皆平实切于日用，无高深广远之言。《中庸》独探赜索隐，欲极微妙之致，与孔、孟之言皆不类，其可疑一也；《论语》之文简而明，《孟子》之文曲而尽。《论语》者，有子、曾子门人所记，正与子思同时，何以《中庸》之文独繁而晦，上去《论语》绝远，下犹不逮《孟子》，其可疑二也；'在下位'以下十六句见于孟子，其文小异，说者谓子思传之孟子者，然孔子、子思之言多矣，孟子何以独述此语？孟子述孔子之言皆称'孔子曰'，又不当掠之为己语也，其可疑三也。由是观之，《中庸》必非子思所作。盖子思以后，宗子思者之所为书，故托之于子思，或传之久而误以为子思也。"（见崔述：《洙泗考信余录》，《丛书集成初编》本，北京：商务印书馆，1937年，第56~57页。）

[②] 宋代王柏云："常觉其文势时有断续语脉，时有交互，思而不敢言也，疑而不敢问也，一日偶见《汉书·艺文志》有曰'《中庸说》二篇'，颜师古注曰'今《礼记》有《中庸》一篇而不言亡'，其一也，惕然有感，然后知班固时，尚见其初，为二也，合而乱之，其出于小戴氏之手乎，彼不知古人著书未尝自名其篇目，凡题辞皆后人之所分识，徒见两篇之词义不同，遂从而参伍错综成就其总题，己天赋为命，人受为性，所赋所受本此实理，故'中庸'二字为道之目，未可为纲，'诚明'二字，可以为纲，不可为目。"王柏认为今本《中庸》乃由两部分组成，即"中庸"和"诚明"，后学将之合二为一。（见王柏：《题跋·古中庸跋》，载《鲁斋集》卷十三，文渊阁《四库全书》本。）

第一章 宋之前的《中庸》研究

徐复观、郭沂、日本学者武内义雄等人都持这种观点①；第四种观点认为《中庸》是思孟学派的集体创作，杜维明先生持这样的观点②。

郭店楚简和上博竹简或可以为解决《中庸》的成书问题提供相关文献资料。据考证，郭店楚墓③年代约为公元前四世纪中期至公元前三世纪初期，上博简约在公元前三百年左右，两者均属于战国中晚期。郭店简主要是道家和儒家学派的作品。《汉书·艺文志》记载"《子思》二十三篇"④。学界认为，郭店简中多篇与子思相关，很可能就是《子思》二十三篇散佚之文，这也证实

---

① 郭沂先生在对《礼记》的性质与成书问题的分析上，通过对《中庸》与《论语》的文本、内容的比较，得出了一个新的观点，此观点在学界引起了较大影响。他认为，《中庸》也是分成两部分，第一部分是《论语》佚文，分别是第二、三、四、五、六、七、八、九、十、十一、十二、十三、十六章大部分（第十六章最后一句归第二部分），以及第十七、十八、十九、二十章的部分（第一句至"礼所生也"为第一部分，其余归第二部分），剩下的归第二部分，乃子思所作；郭先生还从语言文字发展的角度指出第二部分才是子思所作。见郭沂：《中庸成书辨正》，载《孔子研究》1995年第4期。冯友兰的划分，见冯友兰：《中国哲学史》上册，北京：中华书局，1961年，第447~448页。徐复观的划分，见徐复观：《中国人性史论·先秦篇》，载李维武编：《徐复观文集》第三卷，武汉：湖北人民出版社，2002年，第105页。武内义雄的划分，见武内义雄：《子思子考》，载江侠庵编译：《先秦经籍考》中册，上海：商务印书馆，1929年，第120~122页。

② 见郭齐勇、郑文龙编：《杜维明全集》第三卷，武汉：武汉出版社，2004年，第391页。

③ 刘宗汉认为，郭店一号楚墓的墓主人应是楚宣王、威王、怀王、顷襄王其中一人的老师。（见刘宗汉《有关荆门郭店一号楚墓的两个问题——墓主人的身份与儒道兼习》，载《中国哲学》第二十辑《郭店楚简研究》，沈阳：辽宁教育出版社，1999年，第390页。）姜广辉推测，墓主人有可能是楚顷襄王的老师陈良。（见姜广辉：《郭店一号墓墓主是谁?》，载《中国哲学》第二十辑《郭店楚简研究》，第398页。）

④ 张舜徽：《汉书艺文志通释》，武汉：湖北教育出版社，第100页。

了"儒分为八"之子思学派的存在①，同时也为我们研究子思学派提供了重要的史料。《中庸》与诸篇出土作品有着重大关系。笔者通过对《五行》《性自命出》②《成之闻之》《六德》《语丛二》等篇与《中庸》相关范畴进行分析得出，这几篇竹简乃《中庸》思想之进一步发展，为子思学派的作品。楚简年代为战国中晚期，这些作品应在战国中晚期或者稍前就已经形成，又因为其内容重哲学、心性，与《中庸》一脉相承。我们从竹简便可推

---

① 廖名春指出："郭店楚简十种儒家的著述可分为三类：第一类是孔子之作，它们是《穷达以时》《唐虞之道》《尊德义》。第二类是孔子弟子之作，它们是《忠信》《成之闻之》《六德》《性情》。其中《忠信》可能是子张之作，《性情》可能是子游之作，《成之闻之》《六德》可能是县成之作。第三类是《子思子》，为子思及其弟子所作，它们是《缁衣》篇、《五行》篇、《鲁穆公问子思》。其中《缁衣》篇与《五行》篇可能为子思自作，《鲁穆公问子思》当成于子思弟子之手。"（廖名春：《荆门郭店楚简与先秦儒学》，载《中国哲学》第二十辑《郭店楚简研究》，第69页。）姜广辉指出："《郭店楚墓竹简》中《唐虞之道》《缁衣》《五行》《性自命出》《穷以达时》《求己》（原题《成之闻之》前半部）、《鲁穆公问子思》《六德》诸篇为子思所作。"（姜广辉：《郭店楚简与〈子思子〉——兼谈郭店楚简的思想史意义》，载《中国哲学》第二十辑《郭店楚简研究》，第88页。）王葆玹指出："墓中的竹书有八篇可肯定是《子思子》一书的资料来源，由长期延续的子思学派所陆续完成。其中《缁衣》是子思本人所作，《鲁穆公》《五行》《性自命出》《尊德义》《成之闻之》五篇是子思弟子的手笔。《唐虞之道》和《六德》是子思学派的极富代表性的作品，前者约撰于孟荀之间，后者则撰于公元前278年白起拔郢之后。"（王葆玹：《郭店楚简的时代及其与子思学派的关系》，载《郭店楚简国际学术研讨会论文集》，武汉：湖北人民出版社，2000年，第644页。）三位学者对具体篇目作者的认定有一定差异，但都承认竹简中的诸篇与子思密切相关。儒分为八之后，子思一派是战国时期发展较好，影响较大的学派。

② 郭店简的《性自命出》篇和上博简的《性情》篇结构不同，文字也有所差异，但思想内容并无二致。李零先生认为，无论是郭店简还是上博简，用《性情》作题目比《性自命出》好，但《性》作题目是最好的。郭沂先生则把上篇作《有性》，下篇作《求心》。愚以为，从此篇内容看，上源"天""命"，下演"性""情""心"，又究"物""悦""故""义""势""习""教"等说，所以《性自命出》篇内容是庞大的，不能单由几个哲学范畴来概括。此篇很能代表子思学派的理论高度。先秦典籍的书名多为后学所加，书名不一定能完全表述文本的主旨，《中庸》也不例外。

10

知,《中庸》由子思所作,成书于战国早期。具体论述见下一节。

第二节 子思学派对《中庸》学说的发展

普遍的观点认为,对《中庸》的重视始于宋代。根据出土文献可知,对《中庸》的阐释和发挥在子思学派内部就已经开始了。

(一)对"天命之谓性"的展开

儒家言"天"必讲"性",言"性"必溯"天"。郭店楚简《性自命出》篇与上博简的《性情》篇中曰:"喜怒哀乐之气,性也。及其见于外,则物取之也。性自命出,命自天降。道始于情,情生于性。"[①] 这句话涉及两个重要问题:一是"性"与"天命"的关系问题;二是"性情"的问题。"性"与"天命"的关系是"性自命出,命自天降",其思维路向是"性"→"命"→"天",是由下而溯上(在先秦的论述中,"命"与"天"指代的内容基本是一致的),这是站在人道的角度言的;《中庸》"天命之谓性"[②] 的思维路向是"天命"→"性",是由上至下,这是站在天道的角度而言的。路向虽不一样但并无本质的区别,表达的都是"天命"与"性"的关系。由此我们可以说,"性"的来源是"天命",在先秦儒者那里是普遍性的认知。《中庸》接着又言:"率性之谓道,修道之谓教。"[③] 从"性"又引申出"道"与"教",说明"天命"之"性"指向的是人性、世俗和伦理。

郭店楚简《成之闻之》曰:"天登大常,以理人伦,制为君

---

① 李零:《郭店楚简校读记》(增订本),北京:中国人民大学出版社,2009年,第136页。又见李零:《上博简三篇校读记》,北京:中国人民大学出版社,2007年,第52页。
② 朱熹:《四书章句集注》,北京:中华书局,2011年,第17页。
③ 朱熹:《四书章句集注》,第17页。

臣之义，作为父子之亲，分为夫妇之辨。是故小人乱天常以逆大道，君子治人伦以顺天德。"① 郭沂先生在对简字的形状和意义的分析上，把第二个字作"降"讲，郭先生甚至认为此简字很可能就是"降"的本字②。"天"降"大常"，以彰"人伦"，以明"君臣""父子""夫妇"之义。"天命"之"性"之具体含义就是"大常"，即规范君臣、父子、夫妇言行之道德准则。由此可见，《成之闻之》篇之"大常"就是对《中庸》之"性"的详细解释。

　　郭店楚简《六德》③篇中的"六德"又进一步将《成之闻之》篇之"大常""天德"具体化了，同时也是对《中庸》之"性"的详细解读。"何谓六德？圣、智也，仁、义也，忠、信也。"④"义者，君德也。……忠者，臣德也。……智也者，夫德也。……信也者，妇德也。……圣也者，父德也。……仁者，子德也。"⑤ 又，曰："仁，内也。义，外也。礼乐，共也。内立父、子、夫也，外立君、臣、妇也。"⑥ "六德"应是先秦时期儒生对人伦规范的表述。具体来说，就是父、夫、子、君、臣、妇应该循圣、智、仁、义、忠、信"六德"而行之，只有循"六德"而行，才能各安其所、各司其职，实现人生之价值。郑玄和朱熹对《中庸》"天命"与"性"的理解是较符合原意的。两人

---

① 李零：《郭店楚简校读记》，第158页。
② 郭沂：《郭店竹简与先秦学术思想》，上海：上海教育出版社，2001年，第210页。
③ 李零将《六德》篇命名为《六位》。从简文来看，"六德"即圣、智、仁、义、忠、信，而"六职"即率人者、从人者、使人者、事人者、教人者、学者，"六德"用于规范"六位"，即夫、妇、父、子、君、臣之秩序。从整章看，是以叙述"六位"为主的。
④ 李零：《郭店楚简校读记》，第170页。
⑤ 李零：《郭店楚简校读记》，第171页。
⑥ 李零：《郭店楚简校读记》，第171页。

第一章 宋之前的《中庸》研究

均将"性"解读为"五常"即"仁、义、礼、智、信"①。《成之闻之》篇和《六德》篇丰富了《中庸》,把"性"具体所指明确化和具体化了。《成之闻之》篇、《六德》篇是对《中庸》"天命之谓性,率性之谓道,修道之谓教"的承接和展开,同时,《成之闻之》篇和《六德》篇还开启了孟子之"反身而诚""反求诸己""求其放心"等说。

(二)对"性情"论的展开

从传世文献和竹简来看,《中庸》《性自命出》篇都表达了"性情"之意,而《性自命出》篇进一步发展了"中和"之意,并把"中和"与"性"和"情"联系起来。"中和"二字连用并作为哲学、心性学名词始于《中庸》,之前二字都是分开使用且表达各自的内涵。《中庸》云:"喜怒哀乐之未发,谓之中;发而皆中节,谓之和。中也者,天下之大本也;和也者,天下之达道也。致中和,天地位焉,万物育焉。"②此句用《性自命出》篇中的一句话来解释再恰当不过了:"喜怒哀乐之气,性也。及其见于外,则外物取之也。……道始于情,情生于性。"③"中"与"和"的本质内容就是"性"与"情",《中庸》之"中和"实际言的是"性情",但《中庸》却未明确"性"与"情"的关系,郭店楚简、上博简的《性自命出》《性情》篇接续了《中庸》而明确了"性"与"情"关系。

《性自命出》篇讲道:"喜怒哀乐之气,性也。"何为气?《左

---

① 郑玄云:"天命,谓天所命生人者也,是谓性命。木神则仁,金神则义,火神则礼,水神则信,土神则知。"(郑玄注,孔颖达等正义:《礼记正义》卷五十二《中庸》,载《十三经注疏》,上海:上海古籍出版社,2014年,1625页。)朱熹云:"命,犹令也。……人物之生,因各得其所赋之理,以为健顺五常之德,所谓性也。"(朱熹:《四书章句集注》,第17页。)
② 朱熹:《四书章句集注》,第18页。
③ 李零:《郭店楚简校读记》,第136页。

传》讲到："六气曰阴、阳、风、雨、晦、明也。"① 又："民有好、恶、喜、怒、哀、乐，生于六气。"② 这说明竹简之"气"指的是阴、阳、风、雨、晦、明之气，是天之属性，乃"性"。这样一种"性"（"气"），"其所要强调的，是性具有超越的根源，具有自身的规定、自身的常态，是不可违背、不可失去的"③。由"六气"而产生"喜、怒、哀、乐、好、恶""六情"，是人之属性。"情"要表现和谐才能长久，"哀乐不失，乃能协于天地之性，是以长久"④。而此"性"（"气"）又是需要外化的，"金石之有声，弗叩不鸣。人之虽有性心，弗取不出"⑤。只有接于外物，人之性和人之情感才能完整地展现出来，这与《中庸》之"中和"思想是一致的。竹简之"性"（"气"），不见于外时，是喜怒哀乐本来的静止状态，即"未发"之"中"的状态（"喜怒哀乐之未发，谓之中"）；当"性"见于外时，这种静的状态被打破，表现为人的各种情感状态（"情"），即"已发"状态，若发之合理，就是"和"（"发而皆中节，谓之和"）。朱熹认为《中庸》之"中和"言"性情之德"："喜、怒、哀、乐，情也。其未发，则性也，无所偏倚，故谓之中。发皆中节，情之正也，无所乖戾，故谓情之和。"⑥ 朱熹的解释与《中庸》之"中和"的原始义较为接近，比郑玄、孔颖达的解释更加合理。《中庸》并未

---

① 杜预注，孔颖达等正义：《春秋左传正义》卷四十一《昭公元年》，载《十三经注疏》，上海：上海古籍出版社，2014年，第2025页。
② 杜预注，孔颖达等正义：《春秋左传正义》卷五十一《昭公二十五年》，第2108页。
③ 梁涛：《郭店竹简与思孟学派》，北京，中国人民大学出版社，2008年，第139页。
④ 杜预注，孔颖达等正义：《春秋左传正义》卷五十一《昭公二十五年》，第2108页。
⑤ 李零：《郭店楚简校读记》，第136页。
⑥ 朱熹：《四书章句集注》，第18页。

第一章 宋之前的《中庸》研究

指出"情"这一范畴,《性自命出》篇不但提出了"情"这一范畴,而且把"性"与"情"联系起来,并指明了"性"与"情"的关系。这显然是对《中庸》"未发"与"已发"、"中"与"和"关系的进一步发展。《语丛二》篇又进一步把"性"与"情"的外延扩大了,指出"情""欲""爱""喜""恶""愠""惧""强""弱"等都生于"性"①,这说明"性"之发用表现为各种各样的心理活动和情感状态,人的心理活动和情感状态都源自"性"。

这里要注意区分两种情况,"天命之谓性"之"性"是与"天命"相对应的范畴,即人道与天道相类应;而"喜怒哀乐之气,性也"之"性"是与"情"相对应的范畴,即天之属性与人之属性相类应。两者是不同的理路,前者侧重天人合一思想,后者侧重性情论,前者包含后者。代表感性和社会关系的"情",是"天""性"("气")的外化。"修道"是与"教"(教化)联系起来的,"道"始于匹夫匹妇,"修道"要"始者近情,终者近义"②。"性""情""道"都本于天。"天""性""情""道""教"在互动的流转中实现天人合一、天地合参。可见,《中庸》与《性自命出》是一脉相承的,是子思及其学派的理论。

"天"降之"性"实有两个方面的内容,《成之闻之》篇和《六德》篇从"大常"的角度来释"性",《性自命出》篇从"情"的角度来释"性",《中庸》将这两方面都谈到了,儒家最终是将"性"落实在了世俗生活上。"天命"与"性"的关系就是"天道"与"人道"的关系,就是本与用的关系,就是宇宙与人之间的和谐关系。至宋明时期,"中和"问题成为热门讨论的话题,乃是对子思学派思想的发挥,虽在具体问题上有出入,但框架还是在其之内的。"中和"思想既是儒家伦理哲学的重要内容,是

---

① 李零:《郭店楚简校读记》,第220~221页。
② 李零:《郭店楚简校读记》,第136页。

儒家最重要的涵养工夫之一，是儒士生命存在的方式，是其生命活动展开的内在需要，更是民族精神的特质。

（三）对"慎独"论的展开

《五行》中的"五行""慎独"范畴是对《中庸》"慎独"范畴的说明和发展。《中庸》曰："道也者，不可须臾而离也，可离非道也。是故君子戒慎乎其所不睹，恐惧乎其所不闻。莫见乎隐，莫显乎微，故君子慎其独也。"① 《中庸》所要强调的是，"慎独"是认识"费而隐"的"道"的方法，还强调君子内心对"道"的敬畏，"慎独"与君子的内在修行相联系。但《中庸》并未解释"慎独"的含义，对"慎独"做出详细解说的是长沙马王堆帛书中《五行》篇之《说》（《说》是子思学派对《五行》篇的解释）。根据楚简《五行》篇的内容，"慎独"与"五行"密不可分。《五行》篇之"五行"由子思首倡，《荀子·非十二子》中讲道："案往旧造说，谓之五行，……子思唱之，孟轲和之。"② 郭店楚简和长沙马王堆帛书中的《五行》篇里"慎其独"出现了两次，楚简曰："'淑人君子，其仪一也。'能为一，然后能为君子，君子慎其独也。"③ 又："'瞻望弗及，泣涕如雨'。能'差池其羽'，然后能至哀。君子慎其独也。"④ 何谓"独"？帛书《五行》篇之《说》云："其至内者之不在外也，是之谓独。独也者，舍

---

① 朱熹：《四书章句集注》，第17页。
② 见王先谦：《荀子集解》上册，《新编诸子集成》本，北京：中华书局，1988年，第94页。又，李学勤先生将《尚书·洪范》《中庸》《五行》三者进行比较研究，指出《中庸》"唯天下至圣"一段本于《尚书·洪范》，并将《尚书·洪范》之"五行"、《中庸》"唯天下至圣"一段、简帛之"五行"之关系一一对应，指出仁、义、礼、智、圣即荀子所批判的"五行"系子思所首倡。（见李学勤：《帛书〈五行〉与〈尚书·洪范〉》，载《学术月刊》1986年第11期。）子思首先将物质属性的"五行"与道德属性的"五行"联系起来，将"五行"看成具有"天道"与"人道"双重属性的范畴。
③ 李零：《郭店楚简校读记》，第101页。
④ 李零：《郭店楚简校读记》，第101页。

体也。"① "独"指的是君子专注于内心而不被外界所限制、所迷惑。内心专一是慎独的一个重要特征。

何谓"慎独"？《说》曰："'君子慎其独'，慎其独也者，言舍夫五而慎其心之谓者也，然后一。一也者，夫五夫为一心也，然后德之。一也，乃德也。德犹天者，天乃德已。"② "五"实指《五行》篇首言之"五行"。"五行"有"形于内"与"形于外"之分，"五行：仁形于内谓之德之行，不形于内谓之行；义形于内谓之德之行，不形于内谓之行；礼形于内谓之德之行，不形于内谓之行；智形于内谓之德之行，不形于内谓之行；圣形于内谓之德之行，不形于内谓之行。"③ 从内来说，天然存在于心的仁、义、礼、智、圣，谓之"德"，这是从本体的层面来讲的；从外来说，仁、义、礼、智、圣又是可以学习和实践的，谓之"行"，这是从现实的道德层面来说的。内外之分，实则是"德"与"行"之分，是"天道"与"人道"之分。郑玄云："德行，内外之称。在心为德，施之为行。"④ "德"与"行"是"五行"的两种表现形态或者说两个层面，这两种形态彰显着内之"天道"的道德属性和外之"人道"的实践意义。"慎独"就是"心"对"五行"的认知而达于"一"，"一"指的就是"心"与"五行"贯然相通，从而体认到"天道"与德性。故郑玄云："用心于内，其德在内。"⑤ 其"道"亦在内。

---

① 郭沂：《郭店竹简与先秦学术思想》，第 167 页。又见庞朴：《帛书〈五行〉篇研究》，济南：齐鲁书社，1980 年，第 32 页。
② 郭沂：《郭店竹简与先秦学术思想》，第 163 页。又见庞朴：《帛书〈五行〉篇研究》，第 31 页。
③ 郭沂：《郭店竹简与先秦学术思想》，第 147 页，此章帛书与郭店楚简句子的顺序多有不同，但表达的意思并无差别。
④ 郑玄注，贾公彦疏：《周礼注疏》卷十四《地官司徒·师氏》，载《十三经注疏》，上海：上海古籍出版社，2014 年，第 730 页。
⑤ 郑玄注，孔颖达等正义：《礼记正义》卷二十三《礼器》，第 1434 页。

在郭店楚简和帛书中，"慎独"既是认识"天道"的重要方法和途径，也是君子人格。简牍、帛书之"慎独"与《中庸》之"慎独"的关系可从两个层面进行说明。第一个层面是，"慎独"与君子有关，是君子独有之品格。《中庸》与简牍、帛书之《五行》篇都强调君子当"慎独"。第二个层面是"五行"与"道"之关系。《中庸》之"慎独"指的是内心对"道"的敬畏，简帛之"慎独"指的是从内心认知"五行"而达于"道"。"五行"从内外方面照见"天道"与"人道"，因而"五行"与"道"是圆融共通的。所以，《中庸》之"慎独"与《五行》篇之"慎独"是一脉相承的，且《五行》篇之"慎独"的含义比《中庸》之"慎独"的含义更为丰富，故《五行》篇之"慎独"概念是对《中庸》之"慎独"概念的合理发展。郑玄、孔颖达、朱熹谓"慎独"指的是独居、独处之时要遵守内心的道德，显然是对"慎独"的误读。"慎独"并无独居、独处之意，其强调的是内心专一而致力于对道的认知和体悟。

（四）对"诚"论的展开

《成之闻之》篇中之"反本"是对《中庸》之"诚"的继承与发展。《中庸》讲到"诚"是"天道"，它本身自满自足："诚者不勉而中，不思而得"①，"诚者自成也"②。"诚"通过认知而被践履，"诚之者，择善而固执之也"③。杜维明先生指出，"诚"是"确定性地指向了人的真实存在。这种真实存在不仅是自我认识的基础，而且也是人同天合一的根据。这似乎意味着，使一个人能够充分实现自己并进而理解所谓天的东西，就内在于他自己的本性之中"④。如何做到"诚"和"诚之"呢？《中庸》曰：

---

① 朱熹：《四书章句集注》，第31页。
② 朱熹：《四书章句集注》，第33页。
③ 朱熹：《四书章句集注》，第31页。
④ 杜维明：《〈中庸〉洞见》，北京：人民出版社，2008年，第91页。

第一章 宋之前的《中庸》研究

"获乎上有道：不信乎朋友，不获乎上矣；信乎朋友有道：不顺乎亲，不信乎朋友矣；顺乎亲有道：反诸身不诚，不顺乎亲矣；信乎朋友有道：不明乎善，不诚乎身矣。"① 由此可知，人伦关系要得以有序维持，关键在于能否"诚乎身"。在竹简《成之闻之》篇中虽然没有提到"诚"字，但却表达了"诚乎身"之意："不求诸其本而攻诸其末，弗得矣。是故君子之于言，非从末流者之贵，穷源反本者之贵。苟不从其由，不反其本，未有可得也者。……不反其本，虽强之弗入矣。"② 君子不应追逐"末流"，即外在的东西，而应该通过"反"（回到自身）来得"本"，就是去认知事物之本原。《中庸》也是通过"反诸身"而得"诚"。《中庸》之"诚"也即事物的本原。《中庸》之"反诸身""诚"与《成之闻之》之"反""本"是一致的。

王国维先生提出："纸上之材料"即传世文献要与"地下之新材料"即出土文献相互印证，此即"二重证据法"③。运用这一比较分析的方法不难发现，《中庸》之主体范畴"天命""性""慎独""中和""诚"在郭店楚简之《性自命出》《五行》《成之闻之》《六德》等篇中得到了丰富和发展，且语言特点也符合子思学派之特征。这也证明了子思作《中庸》是可信的。《中庸》还有一个十分重要的范畴——"中庸"。孔子重视"中庸"，把"中庸"看成"至德"。孔子殁后，儒分为八，说明在当时孔子的弟子及再传弟子们，各持孔子思想的一端或者几端，各自形成学派，子思学派即为其中之一。《中庸》前半部分多论及"中庸"，对"中庸"思想的表述都是"仲尼曰"或"子曰"，故可以说子思一派当继承和发展了孔子的"中庸"思想。至于《中庸》文本

---

① 朱熹：《四书章句集注》，第31页。
② 李零：《郭店楚简校读记》，第158页。
③ 王国维：《古史新证》，北京：清华大学出版社，1994年，第2～3页。

中明显不是战国时期的个别表述,也并不影响《中庸》主要意义的表达。《中庸》以及郭店楚简、上博简反映了战国时期子思学派的思维方式和表达方式,即超越了日常道德训诫,而上升到哲学和心性的高度,儒家的心性哲学当是由子思学派开启的。

第三节　孟子对《中庸》学说的发展

子思承接孔子之学,下启孟子之学,孟子以孔子私淑自称,曾受学于子思之门人。孔子、子思、孟子的思想一脉相承,故常将孔孟合称以代表先秦儒学,又将子思、孟子一派称为思孟学派。孟子主要发展了《中庸》之"中""诚"以及心性论的思想,孟子还为《中庸》天人合一的理想境界找到了实现的途径。

孔子讲道:"中庸之为德也,其至矣乎!民鲜久矣。"[①] 可见,在孔子的时代,"中庸"这一至德已经鲜有人知晓和践行了。子思继承和发展了孔子的"中庸"思想,孟子在孔子、子思的基础上,进一步发展"中庸""中道"的思想。孟子云:"中道而立,能者从之。"[②] 他还引用孔子之语:"'不得中道而与之,必也狂狷乎!狂者进取,狷者有所不为也。'孔子岂不欲中道哉?不可必得,故思其次也。"[③] 这些引述表明了孟子对孔子和子思"中庸"思想的全面继承,但《孟子》又超越了《论语》《中庸》中的"中庸"思想,明确提出了"权"的思想,并把"权"看成实现"中庸""中道"的基本方法。孔子时已有权变的思想,子思也提出不同情况要不同对待,但这只是蕴含在他们对"中庸"思想的论述之中,侧重点在于"中",而非"权"。孟子指出,在

[①] 杨伯峻:《论语译注》,北京:中华书局,2010年,第63页。
[②] 杨伯峻:《孟子译注》,北京:中华书局,2014年,第297页。
[③] 杨伯峻:《孟子译注》,第316~317页。

第一章 宋之前的《中庸》研究

日常实践的时候,要适时而变,不可墨守成规。"权"贵在变,而变的目的在于不离"中道"。不懂得"权",就会有害于道。孟子云:"执中无权,犹执一也。所恶执一者,为其贼道也,举一而废百也。"① 孟子称赞商汤懂得权变,在选拔人才上,不曾机械地使用一个绝对统一的标准,有云:"汤执中,立贤无方。"② 用唐人冯用之在《权论》中的论述来释孟子之"权"甚是恰当:"夫权者,适一时之变,非悠久之用。然则适变于一时,利在于悠久者也。圣人知道德有不可为之时;礼义有不可施之时;刑名有不可威之时,由是济之以权也。"③ 权非常、非久,但其目的却是达于常与久。孟子告诫我们,在日常生活中,要正确地理解权变、运用权变。

春秋战国是波谲云诡的时代,孟子面对事无定常的现实,要在变中求道,就必须要懂得"权"的精神。"权"与"常"、与"经"相对。中国古代朴素辩证法指出,矛盾双方互为存在的依据,相辅相成,并在一定的条件下相互转化。"权"与"常"、与"经"是不同的概念,有着严格的界限,"权"从本质上来说是变,"常""经"是固有之事、固有之理,但当条件发生变化(空间、时间、人物等的不同),坚持固有只会适得其反,事与愿违,所以要适时而变才能促进事物的发展,也只有这样才能从根本上坚持固有之事、固有之理。故持守圣人之道,还必须善"权"。而且圣人也是善"权"的。《孟子》中还举例说明了"权"的重要性。"淳于髡曰:'男女授受不亲,礼与?'孟子曰:'礼也。'曰:'嫂溺,则援之以手乎?'曰:'嫂溺不援,是豺狼也。男女

---

① 杨伯峻:《孟子译注》,第289页。
② 杨伯峻:《孟子译注》,第176页。
③ 董诰等编:《全唐文·权论》,北京:中华书局,1983年,第4129~4130页。

授受不亲，礼也；嫂溺，援之以手者，权也。'"① 孟子认为刻板地去"执一"，是与道相背离的。朱熹亦有云："道之所贵者中，中之所贵者权。"② 权变思想是"中庸"思想的进一步发展和重要的组成部分，亦是儒家思想的重要组成部分和方法论之一。

孟子还继承和发展了《中庸》中"诚"的思想。《中庸》之"诚"具有天道与人道的双重属性。"天道"言的是形上之本体，"人道"言的是形下之现实和道德实践。从逻辑言，先有"天道"之"诚"，后有"人道"之"诚"。《孟子》的发展可以从以下几个方面进行论说，第一，从语言学角度分析，此角度郭沂先生已经做了十分精致的分析，他通过《中庸》第二十章（按照朱熹对《中庸》划分的章段）与《孟子·离娄上》相似章节的对比分析，指出《孟子》中的"而"和"是故"是多出来的连接词，而连接词是后来语言发展才有的③。第二，从思想的发展来分析，《中庸》云："诚者，天之道也；诚之者，人之道也。"④《孟子·离娄上》曰："诚者，天之道也；思诚者，人之道也。"⑤ 又，《孟子·告子上》曰："心之官则思，思则得之，不思则不得也。"⑥ 孟子认为要用"心"去思才能认识"诚"，这就将"诚"与人的内在之"心"联系起来，而《中庸》并没有直接明确"心"这一范畴以及"心"与"诚"的联系。孟子加入"心"这一重要的范畴，是在进一步构建"诚"的体系。孟子指出，认识"道"或者"诚"的途径就是要"尽心"，从而"知性"，以达于"知天"，这

---

① 杨伯峻：《孟子译注》，第162页。
② 朱熹：《四书章句集注》，第357页。
③ 见郭沂：《〈中庸〉成书辨正》，载《孔子研究》1995年第4期，第57~58页。
④ 朱熹：《四书章句集注》，第31页。
⑤ 杨伯峻：《孟子译注》，第158页。
⑥ 杨伯峻：《孟子译注》，第249页。

第一章 宋之前的《中庸》研究

是天人互动、相谐的过程。在此过程中,"天道"之"诚"与"人道"之"思诚"("诚之")在"心"的认知作用下贯通起来了。又如,《孟子·离娄上》云:"至诚而不动者,未之有也;不诚,未有能动者也。"① 此句话可与《中庸》"诚则形,形则著,著则明,明则动,动则变,变则化,唯天下至诚为能化"② 相互印证。"诚"("天道")是在不断的流转和运动中化育万物。第三,《中庸》之"诚"更多地表现为哲理性的论述,而《孟子》则将哲学意义上的"诚"与具体事物结合起来,如"心悦而诚服""诚信""诚意"都是针对具体事物而言的。第四,孟子在继承子思学派"诚"论的基础上,进一步将"诚"提升为一种内在超越的境界。从字面上讲,"诚者,实也"③。"诚"指的是人通过对自身的反省,做到实而不虚。郭店楚简《成之闻之》篇讲"反本",指的是以"反"为途径,而达于对"天道"的认识。《成之闻之》篇是接续《中庸》之"诚"而发展成"反本",到了《孟子》,"诚"的理论体系则更加丰富和系统了,并且将"诚"提升为一种人生境界。所谓"万物皆备于我矣。反身而诚,乐莫大焉"④。即人通过自我之"反"而贯通天地,体悟天人合一的境界。这种境界成为儒者生命活动、精神活动的最高追求。《中庸》《成之闻之》篇和《孟子》中"诚""反本"和"反身而诚"反映了由春秋时期孔子的"省身"向战国时期思孟学派更具哲理性的"诚"与"反本"的发展。

孟子又一重要的贡献是提出了"尽心""知性""知天"的思想,《中庸》有"天"、有"性",但无"心"。孟子强调人心在认

---

① 杨伯峻:《孟子译注》,第158页。
② 朱熹:《四书章句集注》,第33页。
③ 赵岐注,孙奭疏:《孟子注疏》卷十三上《尽心上》,载《十三经注疏》,上海:上海古籍出版社,2014年,第2764页。
④ 杨伯峻:《孟子译注》,第279页。

识世界中的重要作用，他和子思一起把儒家学术引向了另一个发展方向——心性之学。孟子把《中庸》纲领性的理论进一步完善和体系化，提出了更具操作性和现实性的理论。《中庸》的理路是"天"→"性"→"道"→"教"，是自上而下的贯通，而《孟子》则反其道而行之，"心"→"性"→"天"，是自下而上的贯通。孟子把人性本善，人人都能复其善心、善性作为其立论的根基，即人有"四端之心"——"恻隐之心""羞恶之心""辞让之心""是非之心"，分别对应仁、义、礼、智四性，四性根植于四心①。通过"尽心"（"尽心"的方法有很多种，如"求其放心""扩而充其心""养心莫善于寡欲"等），可复放逸之性，这就为体认《中庸》的"天""性""道"、实践"教"提供了认识论和方法论，从而很好地实现天与人的交通。"尽其心者，知其性也。知其性，则知天矣。存其心，养其性，所以事天也。"②孟子将《中庸》的天人合一、内圣外王的思想作了精致的发挥，为后儒内圣外王的思想提供了源头活水。

　　子思重哲学、心性的构建，孟子将哲学、心性与政治、社会结合起来。钱穆先生在谈到《孟子》与《中庸》二书的区别时，讲道："孟子只言人事，《中庸》所重则偏在天道。因此《孟子》论性乃专指人性言，《中庸》论性则必兼包物性。孟子论性，即就人心之发露呈现处指点陈说，《中庸》论性，则必从'维天之命，於穆不已'处推说根源。《孟子》即心见性，《中庸》则必本乎天以见性，其实则为即物而见性，此《孟子》《中庸》二者之别也。"③钱穆先生指出《中庸》与《孟子》的区别很有道理。

---

　　① 孟子言："君子所性，仁义礼智根于心。"见杨伯峻：《孟子译注》，第286页。
　　② 杨伯峻：《孟子译注》，第278页。
　　③ 钱穆：《中国学术思想史论丛》（五），北京：生活·读书·新知三联书店，2009年，第238~239页。

但我们以可从另一角度来看，区别的前提是二书的联系，而且区别也是一种接续与发展。

第四节　汉至唐的《中庸》研究

汉至唐的《中庸》研究要分为三个部分进行考察：第一，魏晋南北朝时期的《中庸》研究；第二，汉、唐中前期的《中庸》研究；第三，唐中后期的《中庸》研究。之所以如此划分，是因为魏晋南北朝时期对《中庸》的研究较汉、唐在重视的程度上和解经的方法上有所不同，汉、唐中前期的《中庸》研究大体一致，而唐中叶之后，韩愈、李翱等对"四书"的重视和研究，使得经学、儒学的研究范式开始发生重大的改变。

一、魏晋南北朝的《中庸》研究

从《隋书·经籍志》记载来看，魏晋南北朝时期对《中庸》的研究分为两种情况：

第一，《中庸》的单独研究。有戴逵的《中庸注》，未知卷数；戴颙的《中庸传》二卷；梁武帝《中庸讲疏》一卷；梁朝大臣张绾、朱异、贺琛《私记制旨中庸义》五卷；共四部著述，皆佚。戴逵、戴颙父子巧于琴技、善于书画、喜游山，好清谈，皆隐逸，为世人所称赞[①]。梁武帝崇尚佛学，魏晋南北朝时期玄学流行，所以魏晋南北朝时期对《中庸》的注解是很可能是儒、释、道兼糅的。虽然这些著述全都散佚，但我们根据时代思潮，大致可以推断，魏晋南北朝时期，《中庸》研究很可能已经发生了一些重要的变化。《中庸》既可以融于道家学说之中，又可以

[①] 戴逵、戴颙父子事迹可见沈约：《宋书·隐逸》，北京：中华书局，2000年，第1516~1517页。

融于佛学之中。《中庸》的价值得到一定程度的凸显。

第二，将《中庸》置于《礼记》中的研究。魏晋南北朝时期的《礼记》注解亦多亡佚，无法详知。《玉函山房辑佚书·礼记类》中辑录了部分魏晋南北朝时期学者的《中庸》研究。魏王肃《礼记注》中《中庸》原文为"小人之反中庸也"①，而郑玄《礼记注》则是"小人之中庸也"（通行本亦是"小人之中庸也"），虽然一个有"反"字，一个无"反"字，但其所表达的实质内容是一样的，即小人不能得"中庸"。晋范宣《礼记音义隐》有："'一卷石之多'，卷，羌阮反。"② 晋徐邈《礼记音》有：

1. "则拳拳服膺"，拳，羌权反；膺，音应，又于陵反。
2. "中立而不倚"，倚，其蚁反。
3. "费而隐"，费，音弗。
4. "睨而视之"，睨音诣；睅，睨也。
5. "洋洋乎"，注：人思想其傍偟之貌。傍，方刚反；偟，于恺反。
6. "缵大王、王季、文王之绪"，缵，哉管反。
7. "亲亲之杀"，杀，所例反。
8. "力行近乎仁"，行，下孟反。
9. "子庶民也"，子，将吏反。
10. "则不跲"，跲，踬也；踬，音致。
11. "一勺之多"，勺，市若反。
12. "既明且知"，知音智。
13. "衣锦尚䌹"，䌹，口定反，禅衣也。③

---

① 马国瀚辑：《玉函山房辑佚书·经编礼记类》，清光绪九年长沙嫏嬛馆刊本。
② 马国瀚辑：《玉函山房辑佚书·经编礼记类》，清光绪九年长沙嫏嬛馆刊本。
③ 马国瀚辑：《玉函山房辑佚书·经编礼记类》，清光绪九年长沙嫏嬛馆刊本。

南朝宋庾蔚之《礼记略解》有"子路问强",问强中之中庸者。① 梁何胤《礼记隐义》有"国家将兴,必有祯祥",国本有雀,今有赤雀来,是祯也。国本无凤,今有凤来,祥也。② 梁皇侃《礼记义疏》有:

1. "天命之谓性",注:木神则仁,金神则义,火神则礼,水神则信,土神则知。云木神则仁者,东方春,春主施生,仁亦主施;云金神则义者,秋为金,金主严杀,义亦果敢断决也;云火神则礼者,夏为火,火主照物而有分别,礼亦主分别;云水神则信者,冬主闭藏,充实不虚,水有内明,不欺于物,信亦不虚诈也;云土神则知者,金、木、水、火、土无所不载,土所含义者多,知亦所含者众。

2. "洋洋乎",注:人想思其傍僾之貌,傍,薄刚反,谓左右也。

3. "嘉乐君子",嘉,音加,善也。

4. "及其成功一也。"所知所行谓上五道三德。

5. "力行近乎仁",行,如字。

6. "则不跲",跲音给,讫立切,躓也。

7. "无征不信",无征谓无符验之征。③

北魏熊安生《礼记义疏》有:"期之丧达乎大夫",注:旁亲所降在大功者,其正统之期天子、诸侯犹不降也。封天子、诸侯,故云期之丧达乎大夫。其实大夫为大功之丧得降小功,小功之丧得降缌麻,是大功、小功皆达乎大夫。天子为正统之丧,適妇大功,適孙之妇小功。④

---

① 马国瀚辑:《玉函山房辑佚书·经编礼记类》,清光绪九年长沙娜嬛馆刊本。
② 马国瀚辑:《玉函山房辑佚书·经编礼记类》,清光绪九年长沙娜嬛馆刊本。
③ 马国瀚辑:《玉函山房辑佚书·经编礼记类》,清光绪九年长沙娜嬛馆刊本。
④ 马国瀚辑:《玉函山房辑佚书·经编礼记类》,清光绪九年长沙娜嬛馆刊本。

魏晋南北朝时期《中庸》研究有两条脉络：第一，承接汉代礼学尤其是郑学。魏晋南北朝时期的儒者尊郑学的不在少数。上述辑佚出来的魏晋南北朝学者如皇侃、熊安生等人的《中庸》阐释多遵郑学。隋唐应政治大一统的需要，接续郑学，定《五经正义》。同时，隋唐对魏晋南北朝时期的音韵学亦多有承袭。故从注疏和音韵这两个方面来说，汉、魏晋南北朝、隋唐时期是一条线，可统称为汉唐经学。第二，对先秦儒家学说，尤其是对子思学派理论有一定程度的回归。南朝梁五经博士贺玚（字德琏）著有《礼记新义疏》，他在注解《中庸》"天命之谓性"时论述了"性"与"情"的关系，其语言特点、表达方式、思想内容都与子思学派较为相似。《礼记正义》中全段引用贺玚的注解：

> 性之与情，犹波之与水，静时是水，动则是波。静时是性，动则是情。案，《左传》云："天有六气，降而生五行。"至于含生之类，皆感五行生矣。唯人独禀秀气。故《礼运》云："人者，五行之秀气。"被色而生，既有五常——仁、义、礼、智、信，因五常而有六情。则性之与情似金与镮印，镮印之用非金，亦因金而有镮印。情之所用非性，亦因性而有情。则性者静，情者动。故《乐记》云："人生而静，天之性也，感于物而动，性之欲也。"故《诗序》云"情动于中"是也。但感五行，在人为五常。得其清气备者，则为圣人；得其浊气简者，则为愚人。降圣以下，愚人以上，所禀或多或少，不可言一，故分为九等。孔子云："唯上知与下愚不移。"二者之外，逐物移矣。故《论语》云："性相近，习相远也。"亦据中人七等也。①

这段表述是对先秦性情论和董仲舒人性品级论的进一步发

---

① 郑玄注，孔颖达等正义：《礼记正义》卷五十二《中庸》，第 1625 页。

展。贺玚继承了子思学派"情生于性"的观点,提出"因性而有情"的观点,并指出,"性"具体指的是"五常",体现的是天道,那么人的感性、情感关系都应该以"性"为准则。贺玚又从性情关系中引申出人性品级论,通过人所秉受气的清浊、多少将人分为三等:圣人、中人、愚人。贺玚指出,得清气之全者,就是圣人;得浊气者,就是愚人;有清有浊者,为中人。根据禀受清浊的多少,中人又可以分为七等,中人可以通过修身为善而成为上者,亦可以为恶而成为下者。实际上人就分为了九等。惜贺玚有关《中庸》的绝大部分注释已经亡佚,不能详知全貌。贺玚的性情论和人性品级论对宋代理学家关于性情、心性、人性的探究有着重要的启示作用。

虽然魏晋南北朝时期单独研究《中庸》的著述皆散佚,但我们从文献中可以看出,此时期对《中庸》的研究力度显然要大于汉代。

二、郑玄、孔颖达的《中庸》研究

据现存文献的记载,汉、唐单独研究《中庸》的著述只有两种,汉代《中庸说》二篇和唐代李翱的《中庸说》,皆佚。我们只能在《礼记》的注解中去找寻汉唐儒者对《中庸》的研究。

汉代郑玄(字康成)兼纳众长,遍注群经。皮锡瑞云:"郑君兼通今古文,沟合为一;于是经生皆从郑氏,不必更求各家。郑学之盛在此,汉学之衰亦在此。"[①] 郑玄、卢植皆著《礼记注》,郑注存,卢注佚。在《玉函山房辑佚书》中有对卢植《礼记注》的辑佚,在黄奭《黄氏逸书考》中有其《礼记解诂》的辑佚,经过二者的对比发现,《礼记注》和《礼记解诂》是同一本

---

① 皮锡瑞著,周予同注释:《经学历史》,北京:中华书局,2008年,第95~96页。

书,《黄氏逸书考》中有关于其对《中庸》的阐释,而前者没有。通过对比亦可知,卢注与郑注多同。《黄氏逸书考》中有"追王大王王季"之解:"大王,王季之父也,美大故号之。王季,文王之父也。大王实始翦商,王季绥和,文王怀保,王业所兴,故追王也。三妣亦同尊其号。"①

汉代有今文经学与古文经学之分,今文经学是对依据汉代通用的隶书记录下来的儒家经典的阐释之学,古文经学是对民间或者旧宅古壁中发现的用先秦文字记录下来的儒家经典的阐释之学。

继汉初的黄老之学后,丞相田蚡尊儒,天下学士靡然向风,儒学遂开始盛行。汉武帝建元五年(前136)始立五经博士②,都是今文经学家,经学的正统地位正式确定。西汉末刘向、刘歆父子指责今文经学家抱残守缺、烦言碎词、无从善服义之心,并倡立古文经学于学官③,遭到了今文经学家的强烈抵制,遂掀起

---

① 黄奭辑:《黄氏逸书考》,朱长圻刊本。
② 《史记·儒林列传》有云:"及今上(笔者注:汉武帝)即位,赵绾、王臧之属明儒学,而上亦乡之,于是招方正贤良文学之士。自是之后,言《诗》于鲁则申培公,于齐则辕固生,于燕则韩太傅。言《尚书》自济南伏生,言《礼》自鲁高堂生,言《易》自菑川田生。言《春秋》于齐鲁自胡毋生,于赵自董仲舒。"(司马迁撰,韩兆琦评注:《史记·儒林列传》,长沙:岳麓书社,2016年,1635页。)此即汉代今文经学的五经传授系统,在当时和后世影响甚大,比较具有代表性的当属董仲舒的《春秋》公羊学,时乃显学。董仲舒以儒家为本位,结合阴阳、谶纬之说,着力阐发经书中的微言大义,宣扬大一统的思想,得到了当时统治者的认同和接纳。今文经学家至汉宣帝增至十二家,光武帝又增至十四家。汉章帝建初四年(79),诸儒论五经异同,作《白虎通义》,涉及社会政治、经济、思想的各个方面,将三纲五常的观点发挥到了极致,把经学制度化,同时也扼杀了其学术生命力。
③ 详见班固《汉书》中所载刘歆的《移让太常博士书》。(班固撰,颜师古注:《汉书》卷三十六《楚元王传》,北京:中华书局,1964年,第1968~1971页。)

第一章 宋之前的《中庸》研究

了今古文之争①。在此之前，今、古文之别只是版本不同而已。汉平帝时，在权臣王莽的支持下，立了古文经博士，王莽篡权后，古文经学大兴，其势头力压今文经学。光武中兴，古文经学遭废，光武帝建武五年（29）建太学，所立博士仍是今文经学者。东汉中叶后，古文经学东山再起，又一次压倒今文经学，并迅速发展至顶峰，涌现了以卫宏、贾逵、马融、许慎等为代表的颇有成就的古文经学家，他们兼通数经，学风严谨，重名物考证。他们斥责今文经学家的荒诞和虚妄，一定程度上回到了先秦的理性主义精神。但他们埋头故纸堆，阻碍了儒家思想的进一步发挥。东汉今古文之争以东汉末郑玄融汇今、古文，遍注群经而宣告终结。郑玄以《礼》学著称，其《三礼注》对后世影响最大。唐代孔颖达等奉命编定"三礼正义"就以郑玄《三礼注》为标准。郑学对唐代儒学的权威化、制度化起到了奠基的作用。东汉末以后，郑学成为显学，但并未从根本上解除经学所面临的危机。

魏晋南北朝时期，受到佛学影响而兴起的义疏之学架起了汉代注经与唐代疏注之间的桥梁，唐代《五经正义》因坚持疏不破

---

① 关于今、古文之别，清代经学家皮锡瑞从师法、家法的角度来区分："前汉重师法，后汉重家法。先有师法，而后能成一家之言。师法者，溯其源；家法者，衍其流也。师法、家法所以分者：如《易》有施、孟、梁丘之学，是师法；施家有张、彭之学，孟有翟、孟、白之学，梁丘有士孙、邓、衡之学，是家法。家法从师法分出，而施、孟、梁丘之师法又从田王孙一师分出者也。"（见皮锡瑞著，周予同注释：《经学历史》，北京：中华书局，2008年，第91页。）周予同十分详细地分析了今、古文之异，一一对比、分析了今、古文的十三个特点，从中我们可以看出今、古文之异，但却未点出今、古文本质性的差异。[见朱维铮编：《周予同经学史论著选集》（增订本），上海：上海人民出版社，1996年，第9页。] 柳诒徵则简意赅地点出了它们的本质区别："两汉同重经学，而学术风气不同。西汉多治今文，罕治古文；东汉则今古文并立。前汉今文说，专尚微言大义，后汉治古文，多详章句训诂，此两汉经学之别也。"[见柳诒徵：《中国文化史》（上），长沙：岳麓书社，2010年，第382页。]

注的解经原则,从总体上延续了以往的注经之学。所以从这个角度讲,可以将汉代和唐前期《中庸》学一起考察。汉代和唐前期对《中庸》的研究是置于对《礼记》整体研究之中的。隋唐经学的发展处于保守状态,《五经正义》的颁布使得学者难有发挥的空间。《礼记》文献更是少之又少,除了《礼记正义》外,几乎没有对后世有影响的《礼记》研究的文献出现。郑玄对《中庸》注解和孔颖达对《中庸》的义疏代表了汉代和唐前期《中庸》研究的水平。从《中庸》注疏中亦可以窥见汉、唐经学研究的基本理路和主要方法。

郑、孔的《中庸》学说主要思想有以下几个方面。

第一,郑、孔对《中庸》中"天命"与"性"的认识是从五行、五常的角度来探究的。郑注云:"天命,谓天所命生人者也,是谓性命。木神则仁,金神则义,火神则礼,水神则信,土神则知。《孝经说》曰:'性者,生之质命,人所禀受度也。'"① 郑玄用五行来配备五常,将"性"定义为仁、义、礼、信、智,把"性"规定在人性、人道的范围之内,并认为"性"禀受天命,是生而有之的,故要循性而行。但郑注中对"天"的属性未作说明,孔疏接续郑注而言,"天本无体,亦无言语之命,但人感自然而生,有贤愚吉凶,若天之付命遣使之然,故云'天命'"②。孔疏中把"天"归为自然属性之"天",人感自然之天而生,人因其禀气的清浊与多少的不同而有圣、愚、中人之别。把人的圣、愚看作禀气之不同是汉唐以"气"论人性的传统,这对之后宋代理学的人性论产生了至关重要的影响。

孔颖达对"性"与"情"关系的论述可谓是一个闪光点,他引用贺玚的话来表述"性"与"情"的关系,主要观点是"因性

---

① 郑玄注,孔颖达等正义:《礼记正义》卷五十二《中庸》,第1625页。
② 郑玄注,孔颖达等正义:《礼记正义》卷五十二《中庸》,第1625页。

第一章 宋之前的《中庸》研究

而有情""性静情动"。紧接着,孔颖达就将"性"与"情"的关系用于解释"喜怒哀乐之未发谓之中,发而皆中节谓之和"。疏为:

> "喜怒哀乐之未发谓之中"者,言喜怒哀乐缘事而生,未发之时,澹然虚静,心无所虑而当于理,故"谓之中"。"发而皆中节谓之和"者,不能寂静而喜怒哀乐之情,虽复动发,皆中节限,犹如盐梅相得,性行和谐,故云"谓之和"。"中也者,天下之大本也"者,言情欲未发,是人性初本,故曰"天下之大本也"。"和也者,天下之达道也"者,言情欲虽发而能和合,道理可通达流行,故曰"天下之达道也"。①

此段引述已经涉及性本情用的思想,而且指出"性"与"情"是一种和谐相成的关系。先秦对性情关系的表述非常抽象、概括。孔颖达对性、情的阐释在郑玄的基础上有一定的创新,但没有展开,更没有形成气候。而朱熹在继承前人思想的基础上,超越了汉唐关于性情关系的表述,形成了一套系统、精致的性情论思想。

第二,郑、孔二人都认为"诚"具有形而上和形而下双重属性。这具体体现在以下五个方面。

首先,能认知"诚"有两个前提条件,一是要明乎善,即体悟"诚"的出发点就是要挖掘和明了心中的善。郑云:"知善之为善,乃能行诚。"② 二是要"固执之",即要有坚持不懈的精神。孔云:"若决能为此百倍用功之道,识虑虽复愚弱,而必至明强。此劝人学诚其身也。"③

---

① 郑玄注,孔颖达等正义:《礼记正义》卷五十二《中庸》,第1625页。
② 郑玄注,孔颖达等正义:《礼记正义》卷五十三《中庸》,第1632页。
③ 郑玄注,孔颖达等正义:《礼记正义》卷五十三《中庸》,第1632页。

其次,"诚"是天之属性,代表天道,它不以人的存在、人的意识为转移("诚"能自成己),相反,它却能主宰人、物的存在("诚"能成物)。郑云:"言'诚'者,天性也。"① 孔接着言:"至诚之道,天之性也。则人当学其至诚之性,是上天之道不为而诚,不思而得。若天之性有杀,信著四时,是天之道。"②

再次,"诚"又是需要被认识、被践履的,即"诚之"或"明诚",其实就是明德、学习。《中庸》所谓博学、审问、明辨、慎思、笃行是认识"诚"的方法。这就将天道与人道和谐地统一起来了。孔云:"人能勉力学此至诚,是人之道也。不学则不得,故云人之道。"③

又次,"诚者"和"诚之者"分别与圣人和贤人相对应。无须通过外在努力而自然中道者乃"诚者",需通过内外兼修才能合于中道者乃"诚之者",即贤良之人。孔云:"唯圣人能然,谓不勉励而自中当于善,不思虑而自得于善,从容闲暇而自中乎道,以圣人性合于天道自然,故云'圣人也'。……谓由学而致此至诚,谓贤人也。言选择善事而坚固执之,行之不已,遂致至诚也。"④"诚者"同时还是五性之德,即仁、义、礼、智、信。五性之所以为德,是因内外所须而后能合也。孔云:"言诚者是人五性之德,则仁、义、礼、知、信皆犹至诚而为德,故云'性之德也'。'合外内之道也'者,言至诚之行合于外内之道,无问外内,皆须至诚。于人事言之,有外有内,于万物言之,外内犹上下,上谓天,下谓地,天体高明,故为外;地体博厚闭藏,故为内也。是至诚合天地之道也。"⑤

---

① 郑玄注,孔颖达等正义:《礼记正义》卷五十三《中庸》,第1632页。
② 郑玄注,孔颖达等正义:《礼记正义》卷五十三《中庸》,第1632页。
③ 郑玄注,孔颖达等正义:《礼记正义》卷五十三《中庸》,第1632页。
④ 郑玄注,孔颖达等正义:《礼记正义》卷五十三《中庸》,第1632页。
⑤ 郑玄注,孔颖达等正义:《礼记正义》卷五十三《中庸》,第1633页。

最后,"诚明"和"明诚"对应"性"与"教","性"是天然而成,"教"乃学而成之,由"诚"至"明",唯圣人能之,由"明"至"诚",乃贤人为之,圣、贤虽有异,但皆能"至诚"。孔云:"'诚则明矣'者,言圣人天性至诚,则能有明德,由至诚而致明也。'明则诚矣'者,谓贤人由身聪明习学乃致至诚,故云'明则诚矣'。是诚则能明,明则能诚,优劣虽异,二者皆通有至诚也。"①"诚"在先秦儒家哲学的语境中指的是通过反之于身而认识最本真的自我和达于天人合一的状态。汉、唐《中庸》学之"诚"接续而言之,但这样的发展显然不足。到了宋代,朱熹在前人的基础上形成了系统的"诚"论思想。

第三,郑、孔对《中庸》天人合一思想有一定的发挥。上述"诚者明矣,明则诚矣""合内外之道"都是天人合一思想的体现。《中庸》还讲到圣人通过"至诚"实现天人相合。其具体步骤是:圣人至诚→尽己之性→尽他人之性→尽物之性→与天地相参。郑、孔对"尽性"进行了发挥,指出"尽性"就是顺理,圣人顺理而天下太平。郑、孔云:"尽性者,谓顺理之使不失其所也。……助天地之化生,谓圣人受命在王位致大平……'为能尽其性者',以其至极诚信,与天地合,故能'尽其性'。既尽其性,则能尽其人与万物之性,是以下云'能尽人之性'。既能尽人性,则能尽万物之性,故能赞助天地之化育,功与天地相参。"②

第四,郑、孔二人对《中庸》重要的概念有一定的阐释。如"慎独""中庸"。二人将"慎独"理解为个人在独居、独处之时,也能谨慎道德的君子品格;将"中庸"理解为"用中为常道"。③

---

① 郑玄注,孔颖达等正义:《礼记正义》卷五十三《中庸》,第1632页。
② 郑玄注,孔颖达等正义:《礼记正义》卷五十三《中庸》,第1632页。
③ 郑玄注,孔颖达等正义:《礼记正义》卷五十二《中庸》,第1625页。

郑、孔二人的《中庸》学说是一脉相承的，主要表现在以下方面。

第一，对《中庸》一书的界定是一致的，郑、孔都认为《中庸》"以其记中和之为用也。……孔子之孙子思作之，以昭明圣祖之德也"①。即《中庸》是以"中和"问题为起点而展开的系列论述。

第二，孔疏是在郑注基础上的进一步阐释和充实。第一种情况是在原有注解上的进一步发挥，如"故君子慎其独也"。郑云："慎其闲居之所为。"② 孔云："以其隐微之处，恐其罪恶彰显，故君子之人恒慎其独居。言虽曰独居，能谨慎守道也。"③ 第二种情况是郑注在多数地方都只是对词语进行训诂，甚至没有训诂，孔疏则将词语和整句的训解连同起来进行扩展和补充，如"忠恕违道不远，施诸己而不愿，亦勿施于人"。郑只注："违，犹去也。"此外，再无其他阐释。孔疏："忠者，内尽于心，恕者，外不欺物。恕，忖也。忖度其义于人。违，去也。言身行忠恕，则去道不远也。"④ 孔疏不但对郑注作了相当详尽的诠释，而且还对每一个小节的思想主旨进行总结。

第三，孔疏一定程度上坚持了郑注的谶纬思想⑤。谶纬之学

---

① 郑玄注，孔颖达等正义：《礼记正义》卷五十二《中庸》，第1625页。
② 郑玄注，孔颖达等正义：《礼记正义》卷五十二《中庸》，第1625页。
③ 郑玄注，孔颖达等正义：《礼记正义》卷五十二《中庸》，第1625页。
④ 郑玄注，孔颖达等正义：《礼记正义》卷五十二《中庸》，第1627页。
⑤ 谶纬之学虽有违儒家理性主义的精神，但却是不可绕过的一个环节，它对儒家经典的穿凿附会造成了汉代儒学的歪曲发展。其一方面有利于宣扬君权神授，皇权神圣不可侵犯的思想，另一方面又暗含着神权压倒皇权的思想倾向。经过利弊的权衡，统治者发现谶纬之学并不能有效地维护统治、安稳社会。所以，南朝刘宋时，下令禁止传播谶纬之学，隋炀帝时，下令焚毁谶纬之书，至此，从今文经学中衍生出来的假托圣人和神意的怪诞之学便逐渐销声匿迹，不再是儒学中的主流思想了，此后的儒者基本不言或者少言谶纬。谶纬之学也有一些有益的成果，比如其中包含着一定的天文、历数、地理等方面的科学知识。

第一章　宋之前的《中庸》研究

作为汉代的一股思潮，是今文经学神学倾向的恶性发展，萌芽于董仲舒，兴盛于东汉（在东汉称为"内学"，尊为"秘经"）。在郑玄的《中庸》注解中毫无疑问带有时代思潮的烙印，孔颖达在疏不破注的原则下对其中的谶纬思想有所保留。如"至诚之道，可以前知。国家将兴，必有祯祥。国家将亡，必有妖孽。见乎蓍龟，动乎四体，祸福将至，善必先知之，不善必先知之，故至诚如神"。孔疏："'国家将兴，必有祯祥'者，祯祥，吉之萌兆，祥，善也。言国家之将兴，必先有嘉庆善祥也。……'国家将亡，必有妖孽'者，妖孽，谓凶恶之萌兆也。妖犹伤也，伤甚曰孽，谓恶物来为妖伤之征。若鲁国鸜鹆来巢，以为国之伤征。……'祸福将至'者，祸谓妖孽，福谓祯祥。萌兆豫来，是'祸福将至'。"[①]

第四，孔疏继承了郑注重名物训诂的学风。比较郑、孔二人对《中庸》的注和疏可以看出，郑注的训诂比较简单扼要，而孔疏则是面面俱到，这或许也能反映出郑玄对《中庸》的重视不够，而孔颖达的面面俱到亦不是出于对《中庸》的重视，而是在唐代大一统的条件下，政治和思想要统一，科举取士也需要制定学术的标准。重视名物、典章的训诂固然是注疏经典最基本、最重要的，但却忽略了对经典中义理的探究，从而难以发掘经典所要传达的哲学精神，而这才是经典的深意和儒学的生命力所在。

孔颖达并未反思郑学和两汉之学的弊病而有所发展或者创新。《五经正义》中无唐人之注，唐人之疏亦只是对汉、晋之注的延续，实际上就是总结，从中可以看出，即使在繁盛的大一统时代，也无法掩饰唐代经学思想相对薄弱的事实。

[①] 郑玄注，孔颖达等正义：《礼记正义》卷五十三《中庸》，第1632页。

三、韩愈的"道统"论及李翱的《中庸》研究

《五经正义》结束了南北朝经学的纷乱，是南北朝以来诸家义疏之学的集大成，亦是隋唐经学走向统一的标志。《五经正义》虽为明经取士、思想统一提供了准则，但却禁锢了思想，遏制了儒学的生命力和儒士的创新精神。不仅如此，释、道的盛行已经动摇了儒家文化的主体地位。如何找寻儒家文化的出路，是儒者面临的一个问题和挑战。

（一）韩愈的"道统"论

唐中叶之后，啖助、赵匡、陆淳等人在研究《春秋》的过程中，倡导以经典为本，掀起了一股舍传求经之风，开宋学之先河。此时又出现了对儒学转型起着关键作用的人物——韩愈。他是中唐复兴儒学的引领者。作为一个文学家和经学家，他对儒学的贡献不仅在于他一方面倡儒，另一方面排佛，还在于他提出的"道统"思想和对"四书"的重视为宋代理学的兴起奠定了基础①。陈寅恪先生言韩愈的特殊地位有六：一曰建立道统，证明传授之渊源；二曰直指人伦，扫除章句之繁琐；三曰排斥佛老，匡救政俗之弊害；四曰呵诋释迦，申明夷夏之大防；五曰改进文体，广收宣传之效用；六曰奖掖后进，期望学说之流传。②

韩愈认为汉代之后，佛、老占领了文化的领地，儒学却到了一种无所适从的境地。韩愈首先在《原道》中对儒之"道"进行了界定，以区分佛、老之"道"："博爱之谓仁，行而宜之之谓义，由是而之焉之谓道，足乎己，无待于外之谓德。仁与义，为

---

① 韩愈上承孔孟，下启程朱，其推本《大学》、尊尚《孟子》而撰《论语笔解》，但对《中庸》并未作更多的说明，真正重视《中庸》的是他的弟子李翱。

② 见陈寅恪：《金明馆丛稿初编·论韩愈》，北京：生活·读书·新知三联书店，2001年，319~332页。

第一章　宋之前的《中庸》研究

定名，道与德，为虚位。"① 简言之，韩愈所言之"道"是一种道德精神。韩愈从他的"道"出发，提出了儒家的"道统"论。韩愈的"道统"论为宋代儒者重新构建学术传承的秩序奠定了重要基础。有云：

> 斯吾所谓道也，非向所谓老与佛之道也。尧以是传之舜，舜以是传之禹，禹以是传之汤，汤以是传之文武周公，文武周公传之孔子，孔子传之孟轲，轲之死，不得其传焉。荀与扬也，择焉而不精，语焉而不详。②

韩愈指出，圣人之道在孟子之后就不再传承了。他提高了孟子在儒学中的地位，而将荀子与扬雄列于"道统"之外。这一举措的重要意义在于，不但为《孟子》由子入经做了准备，而且为宋代理学家找到与释之"佛性"、老之"道性"相抗衡的儒之"心性"奠定了基础。正是因为对"心性"的发掘，《大学》《中庸》《论语》《孟子》"四书"宝贵的学术价值自然而然彰显出来了。

韩愈除了提出"道统"论之外，其性情论直接继承和发展了先秦性情论思想，同时其思想亦开宋代性情论之先河，有云：

> 性也者，与生俱生也；情也者，接于物而生也。性之品有三，而其所以为性者五；情之品有三，而其所以为情者七。曰何也？曰：性之品有上中下三。上焉者，善焉而已矣；中焉者，可导而上下也；下焉者，恶焉而已矣。其所以为性者五：曰仁、曰礼、曰信、曰义、曰智。上焉者之于五也，主于一而行于四；中焉者之于五也，一不少有焉，则少

---

① 韩愈撰，马其昶校注，马茂元整理：《韩昌黎文集校注》第一卷《原道》，上海：上海古籍出版社，1986年，第13页。
② 韩愈撰，马其昶校注，马茂元整理：《韩昌黎文集校注》第一卷《原道》，第18页。

反焉，其于四也混；下焉者之于五也，反于一而悖于四。性之于情视其品。情之品有上中下三，其所以为情者七：曰喜、曰怒、曰哀、曰惧、曰爱、曰恶、曰欲。上焉者之于七也，动而处其中；中焉者之于七也，有所甚，有所亡，然而求合其中者也；下焉者之于七也，亡与甚，直情而行者也。情之于性视其品。①

韩愈认为，"性"是与生俱来的，"情"是因与外物接触而形成的情感。他没有把"性"和"情"简单地归为善与恶或善恶混成，而是将"性"和"情"都分为上中下三品级。于"性"，具体内容有五：仁、礼、信、义、智；于"情"，具体内容有七：喜、怒、哀、惧、爱、恶、欲。上之"性"者，为善，中之"性"者，可善可恶，下之"性"者，乃恶；上之"情"者，发而中节，中之"情"者，有过有失，但可修而得其中，下之"情"者，发而皆失，且"性"之上中下三品与"情"之上中下三品是对应的关系。这就是所谓的"性情三品说"。董仲舒将"性"分为圣人之性、中民之性与斗筲之性，这与韩愈之论没有本质的区别。但韩愈抛弃了董仲舒以阴阳论性情，而更加注重性情的现实意义。关于人性品级论，黄开国先生讲道："儒家人性论经历了三种基本理论形态，一是先秦的性同一说，二是汉唐以性三品说为代表的性品级说，三是宋代以来的性同一说（天命之性）与性品级说（气质之性）的合一，并由此构成儒家人性论发展史的正、反、合的逻辑进程。"② 董仲舒和韩愈的人性论是中国古代人性论发展史上的中间和过渡环节。

---

① 韩愈撰，马其昶校注，马茂元整理：《韩昌黎文集校注》第一卷《原道》，第18页。
② 黄开国：《董仲舒的名性论探析》，载《天府新论》2000年第5期，第45页。

（二）李翱的《中庸说》

刘禹锡与韩愈的不同点有二：第一，他不斥浮屠，融通儒佛，会通三教；第二，韩愈没有过多强调《中庸》，而刘则看到了《中庸》的现实和理论意义①。真正对《中庸》研究取得突破性进展的是李翱（字习之）。李翱传承了其师韩愈的基本精神和理念，对《中庸》之学大加阐释，《经义考》载李翱《中庸说》，注明未见，今已佚。幸留《复性书》传世，欧阳修云："予始读翱《复性书》三篇，曰此《中庸》之义疏耳。"② 故我们能从《复性书》中识其《中庸说》之大体。《复性书》采用问答形式，分为上中下三篇，为李翱二十九岁时作。下面简要解读一下李翱《复性书》的主要内容。

第一，李翱肯定《中庸》由子思所作，传孔子之道。他指出，世人误说孔子不传性命之学，实则孔子性命之学在《中庸》《易传》中，只是世人未明罢了。"性命之书虽存，学者莫能明，是故皆入于庄、列、老、释。不知者谓夫子之徒不足以穷性命之道，信之者皆是也。"③ 李翱作《复性书》的目的有二：一是开诚明之源，明孔子、子思性命之学；二是性命之学有致于道，是孔子、颜子、子思、孟子之真传，士人应传之。

第二，论《中庸》首章。李翱对《中庸》首章的解说不同于汉、唐之说。有云：

---

① 刘禹锡云："晚读佛书，见大雄念物之普，级宝山而梯之。高揭慧火，巧镕恶见；广辟便门，旁束邪径。其所证人，如舟沿川，未始念于前而日远矣，夫何勉而思之邪？是余知突奥于《中庸》，启键关于内典，会而归之，犹初心也。"（刘禹锡：《刘禹锡集》卷二十九《赠别君素上人》，北京：中华书局，1990年，第389页。）唐中叶之后，除了儒者开始察觉到《中庸》的价值，僧人也开始从《中庸》《易传》中找寻儒、佛融通之道。
② 欧阳修：《欧阳修全集》卷七十二《读李翱文》，第1049页。
③ 李翱：《李文公集》卷二《复性书》（上），《四部丛刊》本。

曰：" 敢问何谓'天命之谓性'？"曰："人生而静，天之性也。性者，天之命也。""'率性之谓道'，何谓也？"曰："率，循也，循其源而反其性者，道也。道也者，至诚也。至诚者，天之道也。诚者，定也，不动也。""'修道之谓教'，何谓也？"曰："'诚之者，人之道也'，'诚之者，择善而固执之者也'。修是道而归其本者，明也。教也者，则可以教天下矣。颜子其人也。"

"'道也者，不可须臾离也，可离非道也。'说者曰：'其心不可须臾动焉故也，动则远矣，非道也，变化无方，未始离于不动故也。'""是故君子戒慎乎其所不睹，恐惧乎其所不闻，莫见乎隐，莫显乎微，故君子慎其独也。'说者曰：'不睹之睹，见莫大焉；不闻之闻，闻莫甚焉。其心一动，是不睹之睹，不闻之闻也，其复之也远矣，故君子慎其独。慎其独者，守其中也。'"[1]

李翱所言的"性"是人之性，源自天，其特征是静。"道"指的是"至诚"，即人通过修炼而"复性"。人通过"至诚"而明"性"，则可以化育天下。李翱认为，通过心性的修炼便可达到天道和人道的和谐统一。这不同于汉、唐用五行配五常来释"性"与天、人之道。李翱对"道也者，不可须臾离也，可离非道也"的解释亦是独具匠心，指的是心不动，则近道，动则离道远。"慎独"则指的是心不动时，方能不睹不闻，不睹不闻便可执守"中"。这亦不同于汉、唐儒生解释为闲居之时亦要谨守道德。

李翱指出，情感发之合情合理是谓"中和"，这与汉、唐的解释差异不大。他还指出能真正"致中和"、参天地之化育的只有唯深、唯几、唯神的圣人方能之。云：

---

[1] 李翱：《李文公集》卷二《复性书》（中）。

第一章　宋之前的《中庸》研究

> 尧舜之举十六相，非喜也；流共工，放驩兜，殛鲧，窜三苗，非怒也。中于节而已矣。其所以皆中节者，设教于天下故也。《易》曰："知变化之道者，其知神之所为乎?"《中庸》曰："喜怒哀乐之未发，谓之中；发而皆中节，谓之和。中也者，天下之大本也；和也者，天下之达道也。致中和，天地位焉，万物育焉。"《易》曰："唯深也，故能通天下之志；唯几也，故能成天下之务；唯神也，故不疾而速，不行而至。"圣人之谓也。①

李翱在此未对"中""和""大本"作更详细的阐释。而这在宋代理学中，乃是大书特书之处。

第三，论性情。性情之论是《复性书》表达的核心思想。书中开头便言"性"与"情"：

> 人之所以为圣人者，性也；人之所以惑其性者，情也。喜、怒、哀、惧、爱、恶、欲七者，皆情之所为也。情既昏，性斯匿矣，非性之过也。七者循环而交来，故性不能充也。水之浑也，其流不清；火之烟也，其光不明。非水火清明之过。沙不浑，流斯清矣；烟不郁，光斯明矣；情不作，性斯充矣。性与情不相无也。虽然无性则情无所生矣，是情由性而生。情不自情，因性而情；性不自性，由情以明。性者，天之命也。圣人得之而不惑者也。情者，性之动也，百姓溺之而不能知其本者也。②

李翱对"性"与"情"的界定与韩愈有所不同，韩愈持"性情三品说"，李翱认为"性"乃天命所在，故将"性"只规定在善的范围之内，这就为普通大众通过努力而返回到本性提供了理

---

① 李翱：《李文公集》卷二《复性书》(中)。
② 李翱：《李文公集》卷二《复性书》(上)。

论上的可能。人性本善是李翱性情论的基础和出发点。李翱谓"情"是可善可恶的,但在《复性书》中更强调"情"恶的一面。又指出"情"是"无所因"①的,这似乎与"情者,性之动也"有矛盾。这里应分别论述之:"性"之动而产生的"情"合乎中道,是善的;而"无所因"的"情"即是"妄"和"邪",是恶的。李翱所认为"情"恶"无所因",实际上在他的《复性书》中已经提及了原因——"嗜欲",此亦是宋代理学家公认的情恶的原因。他还指出,圣人、恶人、平民之性无有差等,都有"性"有"情",区别在于,圣人依性而行,恶人嗜欲好恶,平民常为情所昏。李翱用水、火来比拟性情,认为"性"明则"情"灭,"情"作则"性"失,两者是一对矛盾体,是对立统一的关系。"性"与"情"需要通过对方得以彰显,"情"乃"性"之发,"性"由"情"而明。相比之下,韩愈"性情三品说"就有些含混不清,并不利于理论的深度展开,性情关系的阐述也不及李翱之论来得深刻和有逻辑性。李翱继承了孟子的性善论和发挥了《中庸》性情论思想,对以往的性情思想有明显突破,为宋代理学家对性情问题的深入展开奠定了基础。从孟子至朱熹,千余年的思想历程中,从道德、实践意义上的仁、义、礼、智根植于心到本体意义上的仁、义、礼、智、信为天所命,在这一思想演进的过程中,李翱的思想绝不可忽视。

既然"情"盛则"性"失,那如何灭情复性呢?李翱从《中庸》中找到了方法——"至诚""存诚"。《复性书》中大量引用了《中庸》有关"诚"的论述以释如何"尽性命之道"。"尽性命之道"首先要知如何"至诚",那何谓"诚"呢?李翱认为诚是定、是不动。而"至诚"的要点和关键在于如何防止"情"生。李翱云:"方静之时,知心无思者,是斋戒也;知本无有思,动

---

① 李翱:《李文公集》卷二《复性书》(上)。

第一章 宋之前的《中庸》研究

静皆离,寂然不动者,是至诚也。"① 又言:"弗虑弗思,情则不生。情既不生,乃为正思。正思者,无虑无思也。……闲邪存其诚。……此斋戒其心者也,犹未离于静焉。"② "至诚""存诚"的要点为心静、心无虑无思、寂然不动,即摒弃杂念、情欲,让心达到虚静而纯一无为的状态,从而止情而复性,通过对心的修炼即从人自我内在出发认识到性命之道,从而将天地囊括于心之中。孟子讲尽心而知性、知天,李翱则将如何尽心落到了实处,即心静、无欲。但不可否认,李翱在此还借鉴了道家之心斋、坐忘和佛教之静观的思想和方法,从而把传统儒学方法论推到了一个新的阶段,对宋代儒学研究范式的转型起到了奠基作用。

如何"尽性命之道"呢?李翱云:"道者,至诚也。诚而不息则虚,虚而不息则明,明而不息则照天地而无遗。非他也,此尽性命之道也。"③ "尽性命之道"的过程为:至诚的状态—至虚的状态—至明的状态—体天地而无遗—尽性命之道,展现的是"天道"自然地呈现、绽放和生生不息的过程。人通过克情复性而"至诚",从而悟得"天道"。其实,"至诚"的方法实则就是"尽性命之道"的方法;"至诚"的过程实则就是"尽性命之道"的过程。李翱的表述就是对《中庸》"故至诚无息。不息则久,久则征,征则悠远,悠远则博厚,博厚则高明。博厚,所以载物也;高明,所以覆物也;悠久,所以成物也。博厚配地,高明配天,悠久无疆。如此者,不见而章,不动而变,无为而成。天地之道,可一言而尽也:其为物不二,其生物不测"④ 的提炼,李翱在《复性书》中亦引用之。孟子认为通过反身而诚这一途径,就能把丢失的心和性找回来。李翱则把如何"反身而诚"细

---

① 李翱:《李文公集》卷二《复性书》(中)。
② 李翱:《李文公集》卷二《复性书》(中)。
③ 李翱:《李文公集》卷二《复性书》(上)。
④ 朱熹:《四书章句集注》,第34页。

化了。

　　李翱除了理论上的阐释，还指明了复归性命之道的现实路径，即圣人制礼作乐，使民习俗正，作风雅，自然而然无私欲之沾染而归于性命之道了。"圣人知人之性皆善，可以循之不息而至于圣也，故制礼以节之，作乐以和之。安于和乐，乐之本也；动而中礼，礼之本也。故在车则闻鸾和之声，行步则闻佩玉之音。无故不废琴瑟。视听言行，循礼而动。所以教人忘嗜欲而归性命之道也。"① 李翱描述的这一和谐的场景，就是儒者心中的理想世界，既有精神的境界，又有现实的和乐。

　　有人问李翱他注解的《中庸》与前人注解《中庸》之异何在，李答曰："彼以事解者也，我以心通者也。"② 此正是李翱不同于前人解《中庸》处，也是其突破和创新处。《复性书》以《中庸》为主体内容，旁征《大学》《论语》《孟子》《易传》，参以佛、老以明《中庸》。这是儒家向佛、老借取有益资源而又回到儒家的成功尝试。在"四书"中，李翱最看重的就是传儒家性命之学、心性之学的《中庸》，并对其做了有益的探索。他"第一次尝试了儒家心性论发展的可能性。这种尝试在儒学史上具有重要的意义"③。他接续韩愈，并把子思也看成"道统"中的一员，提升了子思的地位。他从人性本善出发，继承和发展了《孟子》与《中庸》天人合一的思想，他以性情关系为出发点，把复性作为其思想的核心，以致性命之学为其理论的宗旨，从而创建了自己的心性哲学。其人性论、性情论是汉、唐时期人性论思想发展的最高水平。

---

① 李翱：《李文公集》卷二《复性书》（上）。
② 李翱：《李文公集》卷二《复性书》（上）。
③ 张岂之主编：《中国思想学说史·隋唐卷》，桂林：广西师范大学出版社，2007年，第197页。

本章小结

总体来说，宋之前的《中庸》研究可分为四个阶段。第一阶段：子思学派的《中庸》研究。郭店楚简中的诸篇儒家文献被公认为子思学派的作品，其中《性自命出》《成之闻之》《六德》等篇与《中庸》关系密切，可以看作对子思《中庸》思想的进一步发展。第二阶段：魏晋南北朝时期的《中庸》研究。此阶段的《中庸》研究情况可分为两种：第一是遵郑玄之学；第二是回归子思学派重心性、性情的研究。第三阶段：汉、唐中前期的《中庸》学研究。因唐代儒生遵郑玄《礼记》学，还编成《礼记正义》，故这两个时期的《中庸》学可一起考察。郑玄、孔颖达对《中庸》诠释多重考证、训诂，但未能发掘出新意。第四阶段：唐中叶至宋以前的《中庸》研究，此阶段的《中庸》研究以李翱的《中庸说》为代表。李翱开启了《中庸》研究的新方法——以心通《中庸》，其中的人性、心性、性情思想对宋代《中庸》学的研究内容和方法起到了重要的启示作用。

第二章　朱熹《中庸》学的学术背景

本章主要论述朱熹《中庸》学的学术背景，学术背景是研究朱熹《中庸》学之前提。理学思潮的兴起为朱熹《中庸》研究提供了不同于以往的学术氛围。朱熹的家学渊源和师承源流为朱熹成为《中庸》学、"四书"学、理学之集大成者奠定了坚实的基础。

第一节　理学思潮的兴起

一、社会背景

理学思潮的兴起具有时代的必然性。唐宋之际，中国社会发生了历史性的变化。首先表现在生产方式的变革上，唐初的赋税制度是建立在均田制基础之上的租庸调制。唐玄宗时期均田制已经遭到了严重破坏，国家已无力阻止土地的私有化。均田制的不断破坏，到唐德宗时催生了两税法，两税法由宰相杨炎所创，以土地的私人占有为基础，宋沿用之。宋代国家制定和颁布法律条文来保证土地转移的合法性，标志着土地私有制的进一步确立，这与前代经济制度相比，就有了本质性的变化。由于土地制度的变化，兵役制度也发生了重要的变化。起于北魏的府兵制，至唐玄宗时遭彻底废止，遂开始了募兵制，由寓兵于农转变为兵农分离。同时，隋唐科举制度的兴起和唐末的农民运动彻底涤荡了门阀士族，至宋代，门阀士族已基本肃清，庶族地主成为宋代地主阶级的主体，农民阶级和地主阶级之间的人身依附关系较前代更为松弛，农民有了较大的自由。生产力的解放，使得农业、手工业、商业等都有了前所未有的发展，也必然会促进思想的革新。其次，宋代实行较为宽明的文化政策，为学术的发展创造了自由的空间。宋代开国皇帝赵匡胤为了加强皇权，采取了重文臣抑武将的国策，这一国策一直贯穿整个宋代。宋太祖极力推崇"宰相须用读书人"，甚至还要求武将读书，朝中读书风气盛行，读书人可以尽情发挥自己的才干而不受过多的限制。士人参政议政，畅所欲言，形成了皇帝与士大夫共治天下的局面。如范仲淹、王安石，他们既是政治家，致力于国家的改革；又是文学家，在学术上亦有颇高造诣。再次，宋代科举制度的进一步发展与完善客观上推动了学术的发展。为了改革隋唐科举制度的一些弊病和加大以文治国的力度，宋朝统治者命令采取誊录、糊名等方式以彰显考试的公平、公正，从而选拔出真正优秀的治国良材，同时还扩大了录取的范围、增加了录取的人数。北宋张载、苏轼、苏辙，南宋朱熹、吕祖谦等都通过科举而入仕，他们不但为国家的建设做出了贡献，而且还引领着学术的发展方向。最后，文教事业的蓬勃发展促进了宋代学术的繁荣。这主要表现在书院教育上，书院教育与宋代学术的发展和成熟密切相关。如应天府书院、岳麓书院、白鹿洞书院、嵩阳书院、城南书院、丽泽书院、象山书院等都是宋代大儒们教书育人，建立学派，创新学术的地方。同时，宋代雕版印书事业的发展大大加快了书籍的流通与普及，这也为书院平民教育的良好开展和宋代学术的繁盛提供了有利条件。

二、文化背景

理学思潮的兴起是学术发展内外因共同作用的结果。首先，理学的兴起具有儒学内在发展的逻辑性,即思想自身的演进规律。中唐之后,经学有了新的气象,新经学的气象是与新文学、新史学、新哲学联系在一起的。故从一新处可窥见和知晓他新处。"然既曰唐学,似不必侧重于文,事不孤起,必有其邻,有天宝、大历以来之新经学、新史学、新哲学,而后有此新文学(古文)。由新文学之流派以见一般新学术之流派则可,惟论新文派以及其思想,而外一般新学术将不免于隘。唐之新经学、新史学,其理论皆可于古文家之持说求之,是固一贯不可分离者。"①古文家的师承往往亦是新经学家、新史学家的师承,文史哲在中国传统学术中本来就未分开。

此处就新经学做重点论述。唐代的新经学指的是以啖助、赵匡、陆淳(又名陆质)《春秋》学为代表的(当时倡导新经学的人被称为"异儒"),主张对经典本身的重新解读,强调经典之义理。而且新经学与新文学师友相承,渊源同宗。啖助、赵匡、陆淳师徒相承,主张重新审视以往的《春秋》学,开疑经惑传之风。他们认为,《春秋》三传对《春秋》的解释是不对的,注、疏更是加剧了对经典本身的误读,遂主张抛弃对传的依赖而直解《春秋》。啖助云:

> 微言久绝,通儒不作,遗文所存三传而已。传已互失经指,注又不尽传意,《春秋》之义几乎泯灭。……故《春秋》之文简易如天地焉,其理著明如日月焉。但先儒各守一传,不肯相通,互相弹射,仇雠不若,诡辞迂说,附会本学,鳞杂米聚,难见易滞,益令后人不识宗本,因注迷经,因疏迷

---

① 蒙文通:《蒙文通全集》第三卷《评〈学史散篇〉》,成都:巴蜀书社,1995年,第403页。

注，党于所习，其俗若此。①

这股舍传求经之风，蔓延到对其他经典的解释，如施士丐之治《诗》，仲子陵、袁彝、韦彤、韦茝之治《礼》，蔡广成、韦处厚之治《易》，强蒙之治《论语》，刘珂之治《尚书》，萧颖士、施士丐之治《春秋》。这股疑经惑传的学风是对唐初政治化、制度化的经学体系的否定，在一定程度上解放了人们的思想。这种不追求文句字面之义而诉诸义理的解经方法，虽然赋予经典以新意，展现了经典的生命力，但容易导致主观臆测，这也是其遭人诟病之处。《四库全书总目》评陆淳《春秋集传纂例》（陆淳阐发其师友啖助、赵匡《春秋》经说之作）有云："盖舍传求经，实导宋人之先路。生臆断之弊，其过不可掩；破附会之失，其功亦不可没也。"② 这实际也指明了宋代理学之优缺点。

古文运动家韩愈、李翱、柳宗元等人反对骈丽之文，提出文以明道的文学和经学思想，即文学作品和儒家学术著作应该要表达一定的思想和义理。他们以心通儒经，直达义理。这种提倡以经为本、不惑于注的解经方法，在宋代具有普遍性的意义。权德舆主持明经考试，策问云："《大学》有明德之道，《中庸》有尽性之术，阙里宏教，微言在兹。"③ 把《大学》《中庸》看作孔门学术之核心，这与以往儒者对《大学》《中庸》的看法有很大不同。科举考试对《大学》《中庸》的大力推崇实际上就给儒者们指明了治学的方向。进士欧阳詹，曾著《自明诚论》，大力称颂《中庸》。韩愈在《原道》中援引《大学》，尊崇《孟子》，与李翱合作《论语笔解》，李翱又作《中庸说》。对《大学》《中庸》《孟

---

① 陆淳：《春秋集传纂例》卷一《啖氏集传注义第三》，文渊阁《四库全书》本。
② 永瑢等撰：《四书全书总目》卷二十六《经部·春秋类一》，北京：中华书局，2016年，第213页。
③ 董诰等撰：《全唐文》卷四百八十三《权德舆》，第4940页。

子》《论语》的重视昭示着儒学研究的重心开始转向。

然而这股疑经惑传、复兴儒学之风在唐中后叶并未呈弥漫之势，只是少数学者的文化活动。唐末五代之乱，让本可能慢慢踏入理学时代的步伐有所停滞。宋初，又开始恢复汉、唐之学，以《五经正义》为科举取士的圭臬。直到宋仁宗时，承唐中后期之学风，大批学者开始抛弃前说，著书立说，阐明新意。李觏、司马光疑《孟子》，欧阳修谓《系辞》《文言》《说卦》以下非孔子之作，刘敞之《七经小传》好以己意改经，王安石黜《春秋》，著《三经新义》为变法武器，程颐之《易传》专明义理，苏轼之《书传》多非前说，晁说之非《诗序》。学者抛弃了汉、唐之解而赋予经典以新意在北宋已经成为一种风尚。司马光有言：

> 新进后生，未知臧否，口传耳剽，翕然成风。至有读《易》未识卦爻，已谓十翼非孔子之言；读《礼》未知篇数，已谓《周官》为战国之书，读《诗》未尽《周南》《召南》，已谓毛、郑为章句之学；读《春秋》未知十二公，已谓《三传》可束之高阁。循守注疏者，谓之腐儒；穿凿臆说者，谓之精义。①

司马光对不守旧注，不管好坏的高奇之论、立异之说持批判的观点，但却无力改变现状，直求义理已蔚然成风。北宋柳开、穆修、石介、孙复、欧阳修、苏轼等人对韩愈、李翱等人推崇备至，十分重视"四书"，并提出了文以载道、经以载道的观点。他们认为，"四书"传承先贤之志，接续圣人之道，同时也符合了儒学发展的新需要。由此，儒学研究的重心逐步从"五经"转向了"四书"，理学的新时代真正到来了。

---

① 司马光：《司马文正公传家集》卷四十二《论风俗札子》，上海：商务印书馆，1937年，第539页。

第二章　朱熹《中庸》学的学术背景

理学的兴起除了儒学自身发展的内在逻辑性之外，还与外在的释、道思想对儒学的冲击密切相关。唐代释、道的兴盛，在现实和义理层面都给予儒学沉重的打击。体制化的汉唐儒学使得儒学丧失了生命力，故在理论上难以与哲理化极高的释、道抗衡。如何在释、道盛行的势头下重整儒学、彰著儒学精神是宋儒急需解决的问题。经过努力的探索，宋儒找到了"四书"、《易传》等经典，正是这些经典给了儒者以尽情发挥和想象的思维空间，从中找寻到儒家生生不息的精神源泉。

宋儒虽斥责释、道为"异端"，但绝大部分儒者对释、道都有极深的研究，自然会受到释、道思想的影响。任何学说要得以发展和创新，都要在充分发掘内在生命力的基础上，做到兼容并包，充分借鉴和吸收其他学说中的优秀成分为己所用，这样才能为自身学术的发展增添新的动力。宋代理学就是以儒为主，儒、释、道三家融合、互补的学说体系。理学不但适应了儒学转型的需要，而且还将儒学提升到一个新的高度。

关于什么是理学，学界有不同的定义。蔡方鹿先生认为："所谓宋学，指宋代（后延续到元明，至清代亦有汉学、宋学之争）义理之学。所谓义理之学，是指与章句训诂注疏之学相对应的讲求儒家经义、探究其道理的学问。"[①] 朱汉民先生认为："广义的理学是指宋代注重以义理阐释、阐发儒家经典的学问，不仅包括濂、洛、关、闽等被纳入道学范围的学派、学者，还应包括欧阳修、王安石、'三苏'以及南宋的浙东学派等各位学子。狭义的理学则是在上述重义理之学的前提下，具有标榜对孔孟道统的传承、注重心性天理的形上思考、强调修养身心工夫等思想文

---

① 蔡方鹿：《中国经学与宋明理学研究》（上），北京：人民出版社，2011年，第74页。

化方面的一般特征。"① 蔡方鹿先生是从经学史意义的角度来阐释的,朱汉民先生则是从理学之广义、狭义的角度来阐释的,比较具体。综合二位学者所论,笔者认为,理学的界定应包括以下四个方面的内容:第一,理学兴起于北宋,是与汉、唐章句注疏之学相对应的讲求义理的学问,是儒学发展至宋代的新阶段,并传承至元、明、清,延续到当代新儒家;第二,理学产生的思想参照系是释与道。时值释、道盛行,理学家在抵制释、道,复兴儒学的同时更是充分吸收了释、道有益的思想资源;第三,宋代有众多流派对经典进行义理化的阐释,从经学史的角度来看,程朱学派是主流派;第四,理学主要是围绕"四书"、《易》、《乐记》等经典而展开的有关本体论、心性论、"道统"论、格物致知论、修养论等的学说体系。

理学不是宋代学术文化的全部,但我们常以理学来指代宋代学术文化,因为其彰显了时代的特色和精神。陈寅恪讲道:"华夏民族之文化,历数千载之演进,造极于赵宋之世。"② 他还展望未来之文化,自信地说到,未来之文化乃"宋代学术之复兴,或新宋学之建立是已"③。陈寅恪的预测在今天中国传统文化的传承和发展中得到印证。

第二节　朱熹理学思想的学术渊源

恩格斯指出:"每一个时代的哲学作为分工的一个特定的领域,都具有由它的先驱者传给它而它便由此出发的特定的思想资

---

① 张岂之主编:《中国思想学说史·宋元卷》(上),桂林:广西师范大学出版社,2007年,第124页。
② 陈寅恪:《金明馆丛稿二编·邓广铭宋史职官志考证序》,北京:生活·读书·新知三联书店,2001年,第277页。
③ 陈寅恪:《金明馆丛稿二编·邓广铭宋史职官志考证序》,第277页。

料作为前提。"① 朱熹的哲学思想就是在其先驱们所提供的观念材料的基础上进行的创造性加工，由此构建了其自身的理学体系。

一、家学渊源：朱松对朱熹的影响——成圣志向

朱氏本是一个望族大姓，至朱森（朱熹祖父，字良材）、朱松（朱熹父亲，字乔年）时已没落衰微，儒业不兴。朱森告诫后人："吾家业儒，积德五世，后当有显者，当勉励谨饬，以无坠先世之业。"② 以儒传家的朱氏家族在战争、动乱中流离，到朱森、朱松时已处于在小地主与自耕农之间上下浮沉的窘境。③ 朱熹就在这样的家庭形势中呱呱坠地了。朱熹是朱松的第三子，不幸的是，长子和次子夭亡，朱松对朱熹给予了全部的期望。

---

① 马克思、恩格斯：《马克思恩格斯选集》第4卷，北京：人民出版社，1995年，第703~704页。

② 朱松：《韦斋集》卷十二《先君行状》，《四部丛刊续编》本。

③ 束景南先生道说："朱熹强烈的士大夫思想意识头脑中也较多容纳了一部分自耕农的要求和愿望，就是同他这种破落读书之家的出身有密切关系。"（见束景南：《朱子大传》（上），北京：商务印书馆，2003年，第11页。）石立善先生在《战后日本朱子学研究史述评：1946—2006》中谈及日本友枝龙太郎《朱子的思想形成》一书，书中在分析朱陆学说的差异时指出，应该从两人家庭背景对他们的影响中寻找根本原因。友枝龙太郎认为，"陆象山生于大家族，其家'累世义居'并'合族而食'，族人分工明确，协力维系大家族的生活。生活在这种宗族共同体（血缘共同体）里的陆象山，重视'爱哀钦敬'之心，主张'心即理'、'此心此理充塞宇宙'，其论理是寻求一种直接性的统一。而朱子则生于下级官吏之家，一直生活在小家庭里。朱子中举之后，靠自身仕官的俸禄生活，因而朱子着眼于家族、村落、国家的等级性，注意到了其中存在的矛盾与对立，朱子的学说则为了克服这些矛盾与对立而寻求统一"（石立善：《战后日本的朱子学研究史述评》，引自中国儒学网：http://www.confuchina.com/10％20lishi/riben％20zhuzi.htm）。束景南先生和友枝龙太郎通过朱熹所处的社会阶层来分析朱熹的思想是很有意义的。思想根源于现实社会，是对现实社会的反映。但是从社会地位来分析朱熹的思想还远远不够。朱熹的思想不仅仅是他自身地位和诉求的反映，朱熹构建的理学体系还有思想自身的逻辑性。

朱松早年以诗文闻名,后又致力于经、史研究,最终归属洛学。① "朱松对理学的拣择表现了理学兴起后,宋代知识分子关怀社会、由道德重建开拓功业的儒学复兴大潮,朱松也显然处在这个思想大潮之中。"② 朱松曾从杨时弟子罗从彦问学,研究《大学》《中庸》,致力于传承圣贤之学和理学的建设。朱熹理学思想的启蒙者就是其父朱松。朱松常课教朱熹,加之朱熹生来聪颖,好问多思,对问题的觉察和领悟要高于常人。朱熹五岁入小学,始诵《孝经》后,还大气凛然地讲道"若不如此,便不成人"③。他与伴嬉游,独在沙中作八卦,并默坐端识。朱熹还对渺渺太空,苦苦思索。"某自五六岁便烦恼道:'天地四边之外,是什么物事?'见人说四方无边,某思量也须有个尽处。"④ 五六岁的孩童对人生和宇宙能有如此思索和感悟,是一种生而有之的聪颖和气质,同时也彰显着朱熹在学术上非等闲之辈。朱熹在其父的引导下,开始读"四书"。朱熹曾讲道:"某少时四书,甚辛

---

① 朱熹在其父的行状中,概述了其父学术生涯:由诗文入经、史,再由经、史入程门理学。云:"公(笔者注:朱松)生有俊才,自为儿童时,出语已惊人。少长,游学校,为举子文,即清新洒落,无当时陈腐卑弱之气。及去场屋,始放意为诗文。其诗初亦不事雕饰,而天然秀发,格力闲暇,超然有出尘之趣。远近传诵,至闻京师,一时前辈以诗鸣者,往往未识其面而已交口誉之。……然公未尝以是而自喜,一日渭然顾而叹曰:'是则昌矣,如去道愈远何?'则又发愤折节,益取六经诸史百氏之书,伏而读之,以求天下国家兴亡理乱之变,……既又得浦城萧公顗子庄、剑浦罗公从彦仲素而与之游,则闻龟山杨氏所传河洛之学,独得古先圣贤不传之遗意,于是益自刻厉,痛刮浮华,以趋本实。日诵《大学》、《中庸》之书,以用力于致知诚意之地。"[见朱熹:《晦庵先生朱文公文集》卷九十七《朱公行状》,朱杰人、严佐之、刘永翔主编:《朱子全书》(修订本),上海:上海古籍出版社,合肥:安徽教育出版社,2010年,第4506~4507页。]
② 张勇:《朱熹理学思想的形成与演变》,西北大学博士论文,2008年,第24页。
③ 真德秀:《西山读书记》卷三十一,文渊阁《四库全书》本。
④ 黎靖德:《朱子语类》卷九十四《周子之书》,载朱杰人、严佐之、刘永翔主编:《朱子全书》,第3129~3130页。

苦"①，又："某十数岁时读《孟子》言'圣人与我同类者'，喜不可言，以为圣人亦易做，今方觉得难。"②经典中每讲到圣人处，孩童时的朱熹便是慷慨激昂，内心震颤，似能与圣人沟通，其少时确定的圣贤之志，牵引着朱熹慢慢踏上了理学的征程。除了教授经典之外，朱松还为朱熹讲诵《光武纪》和苏轼之《昆阳赋》，论古今兴亡成败之理，朱熹每每慨然久之。少年的朱熹对国家危难怀抱的忧患之情，让他的思想不至于高悬在形而上的思索中不知返。朱松对朱熹启蒙式的影响奠定了朱熹之后的为学方向。

惜朱松早逝，托孤"武夷三先生"（胡宪，字原仲；刘勉之，字致中；刘子翚，字彦冲），少年失怙的朱熹在颠沛中成长起来。品行与学问俱佳的三先生为朱熹的学术奠定了扎实的功底。据《宋元学案》全祖望案语："白水、籍溪、屏山三先生，晦翁所尝师事。白水师元城，兼师龟山；籍溪师武夷，又与白水同师谯天授；独屏山不知所师。三家之学略同，然似皆不能不杂于禅。"③全祖望指出，刘勉之（白水先生）、胡宪（籍溪先生）有师承传受，独刘子翚（屏山先生）无学术源流。黄宗羲认为刘子翚乃"洛学私淑"。据束景南先生考证，刘子翚家学传的是胡瑗的《春秋》学，他和他的兄长刘子羽还同受学于另一位《春秋》学大师胡安国④。刘子翚精于禅学，融儒、释、道为一体，受刘子翚和道谦禅师［绍兴十四年（1144）朱熹初见道谦禅师］的影响，出入释、老十余年。刘勉之授《西铭》之学与朱熹，为其后来的"理一分殊"思想奠定了基础。胡宪授《礼》学与朱熹，朱熹的

---

① 黎靖德：《朱子语类》卷一百四《朱子一》，第3427页。
② 黎靖德：《朱子语类》卷一百四《朱子一》，第3427页。
③ 黄宗羲原著，全祖望补修：《宋元学案》卷四十三《刘胡诸儒学案》，北京：中华书局，2013年，第1395页。
④ 见束景南：《朱子大传》，第55页。

《礼》学成就与胡宪对其的教授亦是密不可分的。

二、师承源流：理学正脉

真德秀云："二程之学，龟山得之而南，传之豫章罗氏，罗氏传之延平李氏，李氏传之考亭朱氏，此一派也；上蔡传之武夷胡氏，胡氏传其子五峰，五峰传之南轩张氏，此又一派也。"① 按《宋元学案·濂溪学案》之论，二程少曾游学濂溪，但不传濂溪之学，乃自家体贴出来的学问，故另列《明道学案》《伊川学案》。② 实际上，濂溪对二程之学的影响是启发式的，与二程排濂溪在"道统"之外不同，胡宏（字仁仲）、张栻（字敬夫，又字钦夫）、朱熹都肯定其在"道统"中的地位。

（一）周敦颐

周敦颐（字茂叔，学者称濂溪先生）对理学有开山之功，他的思想主要体现在《太极图说》和《通书》（《易通》）中。在不到三百字的哲文中，《太极图说》展示了周敦颐理学思想的基本框架和核心。第一，宇宙生成论。据《太极图说》，宇宙生成的模式如下：太极的运动产生阴阳，阴阳的矛盾运动又产生五气（五行），五气之流行，便有了四季，即太极—阴阳—五气—四季的生成模式。要指出的是，开篇"无极而太极"③ 是以"无极"形容"太极"，正是因为"无极"才能成"太极"。宇宙之本在于太极，宇宙化生的每个环节都是太极运动的结果，每个生成品也都蕴藏着太极的因子，故才有物物一太极之说。第二，人、物化生论。周敦颐认为，无极之真与阴阳、五行之精微在自然而然的

---

① 真德秀：《西山读书记》卷三十一，文渊阁《四库全书》本。
② 见黄宗羲原著，全祖望补修：《宋元学案》卷十一《濂溪学案上》，第 480 页。
③ 周敦颐：《周敦颐集》卷一《太极图说》，北京：中华书局，2009 年，第 3 页。

作用下化生成为天地间的男女和其他事物。"无极之真,二五之精,妙合而凝。'乾道成男,坤道成女,二气交感,化生万物,万物生生,而变化无穷焉。'"① 人之所以得天地间之灵秀,就在于得无极之"真"和阴阳、五行之"精"。第三,圣人立人极。人有欲望和善恶,因此需要圣人制定中正仁义之道来教导人们减少欲求和行善弃恶。中正仁义是道德境界的最高标准,主静(无欲)是修养身心的最高境界。而圣人则是可以达到这一标准和境界的理想人格。周敦颐引《周易》讲道:"故'圣人与天地合其德,日月合其明,四时合其序,鬼神合其吉凶'。君子修之吉,小人悖之凶。故曰:'立天之道,曰阴与阳;立地之道,曰柔与刚;立人之道,曰仁与义。'"② 周敦颐将儒家、道家思想相结合构筑了层层相因的宇宙生成模式,这是对儒家宇宙观的进一步发展,言简意赅,精微深厚。《太极图说》囊括了宇宙的流动,人、物的化生和圣人继天道立人极,把古人能认识的所有的物质和精神现象都纳入其中,将自然、社会、人生统为一体。这无疑影响了朱熹《中庸》诠释中的本体论思想。在《中庸》本体论诠释中,朱熹对阴阳五行、气、鬼神的阐释与濂溪之说紧密相关。

《通书》则是对《太极图说》的进一步展开,将宇宙生成论与伦理观进一步相结合。"诚"是《中庸》最重要的范畴之一。《通书》开宗明义即言"诚",周敦颐引《易》以明"诚"之来源。他提出,在天道伊始之时,刚健有力、生生不息的乾元之气("太极")推动着和贯通着天道运行的整个过程,"诚"在这个过程中就已经确立了。云:"'大哉乾元,万物资始',诚之源也。'乾道变化,各正性命',诚斯立焉。"③ 濂溪说"诚"乃至善,

---

① 周敦颐:《周敦颐集》卷一《太极图说》,第5页。
② 周敦颐:《周敦颐集》卷一《太极图说》,第6~7页。
③ 周敦颐:《周敦颐集》卷二《通书》,第13页。

乃五常之本，百行之源，是圣人具有的最重要品质之一（此外，还有"神"和"几"）。他还指出"诚"的特点是"无为"和"不动"。"诚，无为；几，善恶。"①"寂然不动，诚也。"② 周敦颐实际上发挥了《中庸》之"诚"的思想，并结合道家的思想，把"诚"看成"无为"和"不动"的。"诚"虽然"无为""不动"，但在周敦颐看来，"至诚则动"③。动就会有变，变就会有化，万物因此而生焉。周敦颐把"诚"看成"无为"和"不动"的，朱熹自然能从理学的角度联想到"无为""不动"可以作"真实无妄"之解。与周敦颐一样，朱熹亦将"诚"看成具有"天道"与"人道"双重属性的范畴。濂溪还强调中正仁义的圣人之道，这直接继承和发挥《易传》和《中庸》的"中道"学说④，并对中正和仁义进行了具体的说明，实际上就是对圣人立人极的具体论述⑤。此外《通书》还提出了辩证的"动静观"⑥ 和"是万为一，一实万分"⑦ 的命题，这些思想都对朱熹产生了重要的影响。朱熹极力推崇周敦颐的思想，为《太极图说》《通书》附解说，周子的思想是朱熹理学思想的直接来源。

---

① 周敦颐：《周敦颐集》卷二《通书》，第16页。
② 周敦颐：《周敦颐集》卷二《通书》，第17页。
③ 周敦颐：《周敦颐集》卷二《通书》，第40页。
④ 周敦颐以和言中，与《中庸》有一定的不同，《中庸》对中与和作了明显的区分。于仁义，则是以爱言仁，以宜言义。
⑤ 周敦颐主要论述了圣人制礼作乐（特别强调乐教"和"的功能），定三纲五常，为天下定道德准则。其目的在于教化世人通过主静的修养工夫而去欲存善。
⑥ 周敦颐讲道："动而无静，静而无动，物也。动而无动，静而无静，神也。动而无动，静而无静，非不动不静也。物则不通，神妙万物。"不把动、静绝对化体现了天道流行的生生不息、无所不在和神妙精微。（见周敦颐：《周敦颐集》卷二《通书》，第27页。）
⑦ 周敦颐：《周敦颐集》卷二《通书》，第32页。此命题启发了程朱之"理一分殊"思想。

第二章 朱熹《中庸》学的学术背景

（二）二程

程颢（字伯淳）、程颐（字正叔）兄弟的理学思想在北宋时期影响最大，其地位远超周敦颐、张载（字子厚）。朱熹是二程的嫡系四传弟子，其思想与二程最为密切，二程对其思想的影响亦是最为深刻的，故人们常以程朱理学并称。二程与濂溪一样，都是理学开山式的人物，其洛学同样是在儒学式微，经学衰落，释、道兴盛的时代背景下产生的。二程的天理论、理气论、性情论、心性论、"道统"论都是朱熹《中庸》学说直接的理论素材。二程以"天理"为最高的哲学范畴，其理论的基础是"天理"论，其理论最大的特色和创新点亦是"天理"论。程颢有言："吾学虽有所受，天理二字却是自家体贴出来。"① 把"天理"作为宇宙之原，造化之本，万物之源就是从二程开始的。"天理"就是道、天、性、命。二程云："天者理也。"② 又："理也，性也，命也。……天有是理，圣人循而行之，所谓道也。"③ "天理"，既有本体论的含义，亦有伦理学的含义。择其要者，主要有以下三个方面的内容：第一，"天理"超然独立于自然界和人类社会，又为自然界和人类社会的主宰，它不依赖于他物而存在，自满自足而又映照万物。程子说："万物皆只是一个天理。"④ 又："天理云者，这一个道理，更有甚穷已？不为尧存，不为桀亡。人得之者，故大行不加，穷居不损。这上头来，更怎生说得存亡加减？是佗元无少欠，百理具备。"⑤ 第二，"天理"

---

① 程颢、程颐：《河南程氏外书》卷第十二，载《二程集》，北京：中华书局，1981年，第424页。周敦颐其实也讲"理"，但他的"理"讲的是人伦和秩序规范。周子云："理，礼也。"（周敦颐：《周敦颐集》卷二《通书》，第25页。）
② 程颢、程颐：《河南程氏遗书》卷第十一，载《二程集》，第132页。
③ 程颢、程颐：《河南程氏遗书》卷第二十一下，第274页。
④ 程颢、程颐：《河南程氏遗书》卷第二上，第30页。
⑤ 程颢、程颐：《河南程氏遗书》卷第二上，第31页。

是事物运行的法则和规律。程子说："所以谓万物一体者，皆有此理，只为从那里来。"① 又："天下物皆可以理照，有物必有则，一物须有一理。"② 第三，"天理"亦是人伦得以有序展开的道德原则和规范。程子说："人伦者，天理也。"③ 又："父子君臣，天下之定理，无所逃于天地之间。"④ 这就把先秦确立下来的道德伦常通过亘古不变的"天理"加以固定化，所谓"天不变，道亦不变"，这是对儒家道德伦理合法性、合理性的新论证。朱熹《中庸》诠释中的"天理"论完全是对二程思想的继承。在理气关系上，二程认为，万物的生成都是气化的过程，"气"是构筑万物的基本质料。"气"聚则物生，"气"散则物亡。但"气"能生成万物的根本原因是因为"理"的作用。"理"是第一性的，"气"则是从属的，"有理则有气"⑤，"理"是形而上的，"气"是形而下的。

　　二程还提出了格物穷理的认识论。二程认为，人的知识分为德性之知与闻见之知，德性之知是先天知识，闻见之知是后天经验中得来的。在二程看来，德性之知和闻见之知都是"天理"的表现形式。但人可能会被物欲所蔽，"天理"就得不到彰显，故要格之。"'致知在格物'，非由外铄我也，我固有之也。因物有迁，迷而不知，则天理灭矣，故圣人欲格之。"⑥ 又："惟格物可以尽理。"⑦ 二程所格之理主要是人先天的道德意识，其认识论路径是：理—格物—理，"理"首先内具于人心，通过格的工夫，

---

① 程颢、程颐：《河南程氏遗书》卷第二上，第33页。
② 程颢、程颐：《河南程氏遗书》卷第十八，第193页。
③ 程颢、程颐：《河南程氏外书》卷第七，第394页。
④ 程颢、程颐：《河南程氏遗书》卷第五，第77页。
⑤ 程颢、程颐：《河南程氏经说》卷第一，载《二程集》，第1030页。
⑥ 程颢、程颐：《河南程氏遗书》卷第二十五，第316页。
⑦ 程颢、程颐：《河南程氏粹言》卷第二，载《二程集》，第1267页。

将心中之理展现出来，这亦是对儒家传统认识论的继承和发展。二程指出穷理的方法多种多样："或读书，讲明义理；或论古今人物，别其是非；或应事接物而处其当，皆穷理也。"① 同时在格物知理的过程中还要做到举一反三，日积月累后方可豁然贯通。二程最终将"天理"落实到实践上，让人有攀登之基石。二程将形上之本体和形下之实践都统一于"天理"之中，这在中国哲学史上和宋明理学史上都具有划时代的意义。

在对"天理"范畴有了基本的界定之后，二程在佛教华严宗、禅宗和周敦颐、张载思想的启发下，提出了儒家的"理一分殊"的理论。即天理与万物之理是一般与个别、抽象与具体的关系。"天下之理一也，涂虽殊而其归则同，虑虽百而其致则一。虽物有万殊，事有万变，统之以一，则无能违也。"② 二程又用"理一分殊"的理念来认识《中庸》一书，讲道："《中庸》始言一理，中散为万事，末复合为一理。"③（朱熹完全认同二程对《中庸》的这种认识）但二程并未将"理一分殊"的理论体系化，直到朱熹，才真正从本体论的角度将"理一分殊"的理论构建起来。

二程还对"天命之性"与"禀受之性"（"气质之性"）作了区分。在人性论上，程颢和程颐有一定的区别，程颢认为性中有善有恶，而程颐认为性无不善。程颐指出，由于人禀受的气不同，加之私欲的沾染，就有了七情六欲。关于性情关系，程颐认为，性情不相离，有性便有情，性之动乃情。因为情有恶的一面，程颐就提出通过"性其情"来正心和明善以防范恶的滋生。"情既炽而益荡，其性凿矣。是故觉者约其情使合于中，正其心，

---

① 程颢、程颐：《河南程氏遗书》卷第二十五，第188页。
② 程颢、程颐：《周易程氏传》卷第三，载《二程集》，第858页。
③ 程颢、程颐：《河南程氏遗书》卷第十四，第140页。

养其性，故曰性其情。愚者则不知制之，纵其情而至于邪僻，梏其性而亡之，故曰情其性。……凡学之道，正其心，养其性而已。"①为了更好地修养性情，程颐还提出了"涵养须用敬"②（"持敬"）和克己复礼的修养论。此外需要提出的是，程颐与吕大临论"中和"启发了朱熹的"中和"新说（后文有详述），为朱熹心性思想的最终确立奠定了思想基础。

　　二程在批判释、道的同时，还以传承"道统"为己任。二程比韩愈说的"道统"人物多了曾子和子思，"孔子没，传孔子之道者，曾子而已。曾子传之子思，子思传之孟子。孟子死，不得其传，至孟子而圣人之道益尊"③。这是有深意的，二程所重的"四书"与他们所列举人物密切相关，《论语》乃孔子言论之汇编，《孟子》乃孟子言论之汇编，《大学》为曾子所作，《中庸》为子思所作，且他们有师承传授。二程从"四书"中汲取有益的思想资源以建立新的儒学体系，将孔、曾、思、孟纳入"道统"，这实际上也增强了他们学术的正统性、权威性。孟子之后，圣人之道不传，二程自觉担负起复兴儒学的任务。程颐称赞其兄程颢为"道统"传人，对儒学贡献巨大。"先生出，揭圣学以示人，辨异端，辟邪说，开历古之沉迷，圣人之道，得先生而后明，为功大矣。"④在理学思潮下，二程所谓的"道"指的是"天理"。并将儒学之"道"用于政治实践中，程颢在上书宋神宗的《论王霸札子》中就讲道："臣伏谓：得天理之正，极人伦之至者，尧、舜之道也；用其私心，依仁义之偏者，霸者之事也。"⑤二程还将《尚书·大禹谟》中"十六字心传"（"人心惟危，道心惟微，

---

① 程颢、程颐：《河南程氏文集》卷第八，载《二程集》，第577页。
② 程颢、程颐：《河南程氏遗书》卷第十八，第188页。
③ 程颢，程颐：《河南程氏遗书》卷第二十五，第327页。
④ 程颢、程颐：《河南程氏文集》卷第十一，第640页。
⑤ 程颢，程颐：《河南程氏文集》卷第一，第450页。

惟精惟一，允执厥中")落实在"天理""人欲"上，由此而提出了"灭私欲则天理明"①的观点。这为后来朱熹从"道统"的角度详细分析"十六字心传"奠定了基础。二程由文化卫道延伸至政治卫道，实际上也给朱熹的"道统"思想提供了一种思维路径。

二程还极力推崇《论语》、抬高《孟子》、表彰《大学》，挖掘《中庸》深意，为"四书"独立于"五经"之外并最终形成"四书"学系统起到了直接的作用。二程在经学史和理学史上占有举足轻重的地位，他们将经学理学化，使得理学成为中国传统社会后半期的社会意识形态。如果说二程提出了许多的命题，后继者们则拈择其中一个或多个进行具体的研究，而朱熹基本上涉及二程思想的各个方面。李申先生说程朱学派是"以正心诚意为核心；以格物致知为前提；以修身为根本；以复性为归属；以治国平天下为目的；始终以持敬的态度去存天理灭人欲"②。还应该包括以"天理"为本体，以"四书"、《易》、《乐记》等为理学经典，以接续"道统"为己任。

（三）杨时及李侗

杨时（字中立，亦称龟山先生），问学于二程，乃程氏之正宗。杨时学成辞归，程颢直言"吾道南矣"。杨时穷究、笃信二程之学。他致力于二程著作的编校，校正《伊川易传》，编次《河南程氏粹言》，其目的在于通过这些书籍，将纯正的二程之学传给后学，可谓用心良苦。同时，杨时又在传承二程之学的基础上，阐发自己的见解。杨时对后学影响较大的就是其所著的《中庸义》。杨时为传扬二程的《中庸》学说，著《中庸义》以广圣学、道学，并指出《中庸》乃圣学之源，入德之方。云："追述

---

① 程颢，程颐：《河南程氏遗书》卷第二十四，第312页。
② 李申：《简明儒学史》，北京：中国人民大学出版社，2006年，第236页。

先生之遗训，著为此书，以其所闻，推其所未闻者。虽未足尽传先生之奥，亦妄意其庶几焉。学者因吾言而求之于圣学之门墙，庶乎可窥而入也。"① 惜《中庸义》已佚，在朱熹、张栻等人的论述和《中庸辑略》中有部分引用和阐释，从中可窥见一斑。杨时《中庸》学说的主旨在"未发"之大本上，其《中庸义》对朱熹的《中庸》学影响甚大。罗从彦笃信程氏之学，遂求学杨时，"尽得龟山不传之秘"②。黄宗羲、全望祖对罗从彦的评价不高，但亦认为其得龟山之传，肯定了其承上启下的作用。

李侗（字延平）与朱熹之父朱松相识甚早，二人同时问学于罗从彦，交往十余年，友谊甚深，"先子（笔者注：朱松）与之（笔者注：李侗）游数十年，道谊之契甚深"③。李侗是带领朱熹由佛、老入儒最关键的人物。明代戴铣，明代李默、清代王懋竑所作《年谱》都认为绍兴二十三年（1153）夏，朱熹始见李侗。宋代李方子、李默，明代戴铣均认为朱熹于此时开始受学于李侗④。王懋竑则认为绍兴三十年（1160）冬二人再次见面，朱熹受学于李侗始于此。而据束景南先生考证，绍兴二十七年（1157），朱熹写信给李侗，李侗答之，这才标志着朱熹始问学于李侗⑤。关于朱熹从何时开始问学于李侗，朱熹曾言："后赴同安任，时年二十四五矣，始见李先生。与他说，李先生只说不

---

① 杨时：《杨龟山集》卷之四《中庸义序》，《丛书集成初编》本，上海：商务印书馆，1936年，第82页。
② 罗从彦：《罗豫章集·原序》，《丛书集成初编》本，上海：商务印书馆，1936年，第1页。
③ 朱熹：《晦庵先生朱文公文集》卷三十七《与范直阁》，第1606页。
④ 见戴铣：《朱子实纪年谱》卷一，李默：《紫阳文公先生年谱》卷一，王懋竑《朱熹年谱考异》卷一，载朱杰人，严佐之，刘永翔主编：《朱子全书》，第24页，第110页，第180页。李方子：《紫阳年谱》（辑），载束景南：《朱子年谱长编》（增订本）卷下，上海：华东师范大学出版社，2014年，第1529页。
⑤ 见束景南：《朱子年谱长编》卷上，第225页。

是。某却倒疑李先生理会此未得,再三质问。李先生为人简重,却不甚会说,只教看圣贤言语。某遂将那禅来权倚阁起,意中道禅亦自在,且将圣人书来读。读来读去,一日复一日,觉得圣贤言语渐渐有味。却回头看释氏之说,渐渐破绽罅漏百出。"① 从此段引述可知,朱熹始见李侗,就向李侗问了一些学术问题,请李侗为其解惑,李侗告诉朱熹应多读圣贤之书。正是李侗的这种告诫,才使得朱熹为学的方向发生了变化,为以后朱熹成为理学大师迈出了重要的一步,故朱熹求学李侗始于初次见面是合理的。初次见面之后,绍兴二十七年,朱熹又致信李侗求教问学。绍兴二十八年(1158)正月,朱熹又见李侗,二人师徒之情谊,学术之交往慢慢展开。于延平求学期(1153—1163),朱、李主要讨论的问题有理一分殊、忠恕之道、仁说、《太极图说》《论语》《孟子》《中庸》等问题,同时还批评了释、老之学。

二程、杨、罗、李、朱这一脉相承的传授系统,被宋、元、明、清的学者所认同。但也有学者持不同的见解,蔡仁厚先生讲道:"从师承上说,朱子当然是延平弟子;但若专就理之脉传而言,朱子实不传龟山延平之学。黄梨洲所谓'龟山三传而得朱子,而其道益光',实只是单从师承上说的仿佛之见。朱子所光大的乃是伊川之道,并非龟山之道,龟山一脉,实到延平为止。"② 从程颐对朱熹学术之影响来看,蔡先生的话有一定的道理,但我们从对朱子的《中庸》学分析上看,朱子之学显然对龟山一派的思想是有传承的,详见后文的具体论述。

在朱熹的学术生涯中,对真理急切的渴望,使得他纳采众长,与贤者为师。除了上述人物之外,邵雍、张载、胡宏、张栻等人都是他在追求学术理想过程中的良师益友,正是这种学无常

---

① 黎靖德:《朱子语类》卷一百四《朱子一》,第3438页。
② 蔡仁厚:《新儒家的精神方向》,台北:台湾学生书局,1984年,第211页。

师的学术态度成就了朱熹高水准的学术造诣。

本章小结

　　朱熹理学体系的构建与其家学与师承关系密切。家学奠定了其理学根基，培养了其成圣志向；二程一脉的理学传承，决定了朱熹理学之高度。朱熹之所以最终能成为集大成者，一方面是因为他的勤奋好学、多问深思，另一方面是他站在前人的肩膀上。前人已经为朱熹的理学研究积累了丰富的思想素材，故其理论上的极高造诣可谓是水到渠成。就朱熹《中庸》学来说，程门学派对其的影响是决定性的。朱熹继承了二程以来《中庸》研究之精华，并在此基础上建立了自己的《中庸》学体系。

第三章　朱熹《中庸章句》成书过程研究

《中庸章句》是朱熹《中庸》学的代表作，也是宋代《中庸》研究之大成。但《中庸章句》的成书并非一蹴而就，而是经过近三十年的修正与完善才完成的。对《中庸章句》成书过程的分析就是对朱熹《中庸》思想变化过程的分析，在此过程中，我们可以看到朱熹对《中庸》的研究从表象到成熟，从简单到深刻。《中庸章句》成书过程的分析和研究是朱熹《中庸》学的基础内容。

《中庸》是朱熹儿时的启蒙读物之一，朱熹说儿时读"四书"甚辛苦，至少说明他对"四书"文本是十分熟悉的。至十五六岁时，朱熹对吕大临《中庸解》产生了共鸣，"某年十五六时，读《中庸》'人一己百，人十己千'一章，因见吕与叔解得此段痛快，读之未尝不竦然警厉奋发。人若有向学之志，须是如此做工夫方得"[①]。说明朱熹在青少年时期对《中庸》已有所了解，但鲜涉及《中庸》中的哲思性部分。当然，我们不能要求一个十五六岁的青少年对义理性极强的《中庸》能有多么深刻的认识。但受到"武夷三先生"的影响，他出入释、道十余年。直到遇到李侗，朱熹才觉圣人之学的重要性，遂开始由释、道转向了儒学。李侗继承了道南学派（龟山学派）重视《中庸》"未发"之"大

---

① 朱熹：《朱子语类》卷四《性理一》，第 194~195 页。

本"的观点,他教导朱熹于静中参验"未发"之"大本"。朱熹花费多年才领悟到李侗学术之旨要。可以说,朱熹由释、道入儒就是从体验《中庸》开始的。

第一节 《中庸章句》成书之准备阶段

从对张九成《中庸解》的批判至乾道八年(1172)朱熹草成《中庸章句》前,都是《中庸章句》成书的准备阶段。此数阶段包括七个小阶段:对张九成《中庸解》的批判阶段、"中和旧说"阶段、"潭州之行"阶段、"中和新说"阶段、对胡宏《知言》的批判阶段、首章论辩阶段、《中庸集解》阶段。此数阶段朱熹思想前后有很大的变化,经过多次的辩难和思考,最终奠定了《中庸章句》的基本思想和格局。

一、对张九成《中庸解》的批判阶段

《张无垢中庸解》载于朱熹《杂学辨》[①]。《杂学辨》成于隆兴二年(1164),是朱熹对宋代几个大儒杂于佛、老之学的批驳。《杂学辨》包括苏轼《易传》十九条、苏辙《老子解》十四条、张九成《中庸解》五十二条、吕大临《大学解》四条,摘录原文,附驳正于后。朱熹作《张无垢中庸解》时,李侗已经去世,而此时亦未向张栻等人请教和论辩。朱熹对张九成《中庸解》驳斥的是儒者对佛学本能的反击。"无垢"本佛语,指的是心清净无垢染,张九成以"无垢"为名,彰显其对佛学的热衷。他曾师事杨时,后逃儒归释。朱熹对张九成学术评价甚低,认为张氏之

[①] 《杂学辨》后附《记疑》一卷,是朱子偶得《杂书》一册,盖是二程弟子所作,朱子认为此书陷入佛、老之弊病,摘录而与之辨,凡二十条,遂成《记疑》一卷,成于乾道二年(1166),后人附于《杂学辨》之后,以类相从。

论说,阳儒而阴释,愚人耳目而不知悔悟。

张氏对《中庸》首句之解为:"天命之谓性,第赞性之可贵耳,未见人收之为己物也。率性之谓道,则人体之为己物,而入于仁义礼智中矣。然而未见其施设运用也。修道之谓教,则仁行于父子,义行于君臣,礼行于宾主,知行于贤者,而道之等降隆杀于是而见焉。"① 朱熹认为"天命之谓性",并不仅仅赞"性"之可贵,而更重要的是言"性"乃天所赋,固存于人心中的义理本自天。张氏认为"性"(仁、义、礼、智)通过体之而存于己,朱熹指出,"性"由天所赋,仁、义、礼、智本就存于个体的人之中,为何还要体之?是乃多余。朱熹还指出,仁、义、礼、智的表现和践履指的是"率性之谓道",而不是张氏所言的"修道之谓教"。由此可以看出,张九成和朱熹在对性、道、教范畴的认识上是不同的。朱熹对范畴的界定比张九成要严格得多。

张九成"慎独"之解为:恐招祸辱而须"慎独"②。而对于什么是"慎独",怎样"慎独"未作说明,朱熹指出"慎独"的意义并不仅是免于祸辱,但此时朱熹亦未能对"慎独"做出明确的阐释,说明还未思考透彻。

张九成对"中和"之解为:"未发以前,戒慎恐惧,无一毫私欲。"③ 又:"戒慎恐惧以养喜怒哀乐,使为中为和,以位天地、育万物。"④ 又:"察始于戒慎恐惧以养中和,而喜怒哀乐未发已发之间,乃起而为中和。"⑤ 张氏将"戒慎恐惧"看作体验情感之"已发""未发"和悟得"中和"的方法,以此参天地之

---

① 朱熹:《晦庵先生朱文公文集》卷七十二《张无垢中庸解》,第 3473~3474 页。
② 朱熹:《晦庵先生朱文公文集》卷七十二《张无垢中庸解》,第 3474 页。
③ 朱熹:《晦庵先生朱文公文集》卷七十二《张无垢中庸解》,第 3475 页。
④ 朱熹:《晦庵先生朱文公文集》卷七十二《张无垢中庸解》,第 3477 页。
⑤ 朱熹:《晦庵先生朱文公文集》卷七十二《张无垢中庸解》,第 3478 页。

化育。张氏指出"未发"之前要"戒慎恐惧",朱熹批驳道,"戒慎恐惧"已是"已发"(但据朱熹后来的阐释,"戒慎恐惧"指的是"未发"),朱熹还指出,张氏"起而为中和"的表达是欠准确的,"中和"何要起之?其只是情感状态的自然呈现。张氏认为通过"起中和"便可"以位天地、育万物",朱熹驳斥道,加上"以"字是将自然的"天理"加入了人为的因素。张氏还指出,运用"戒慎恐惧"的工夫,可悟得超然之性,以达于人欲皆忘,我心皆丧的境界。朱熹对"中和"的理解为:"喜怒哀乐,莫非性也,中节,则无不善矣。"① 又:"喜怒哀乐之未发,乃本然之中;发而中节,乃本然之和,非人之所能使也。天地位焉,万物育焉,亦理之自然。"② 可以看出,朱熹此时对"已发"和"未发"、"中"与"和"的认识只是在《中庸》原文基础上的补充解释,还未能找到认识"中和"的方法。直到后来在与张栻等人的学术互动中才系统地提出了"持敬""察识""涵养"等思想和方法。朱熹指出,人欲皆忘,我心皆丧不是儒者的追求,张氏却将之视为悟道的工夫,实则是不明"中和"之旨,伤害"天理"的表现。

"戒慎恐惧"是张氏《中庸解》的基础理论,也是张氏的认识论和方法论,张氏对"慎独""中庸""中和"、道之"费"与"隐"、知性、知天、"尊德性"与"道问学"等范畴和问题的阐述多围绕"戒慎恐惧"而展开。在他看来,此认识论和方法论对天地之间的事物和道理具有普遍性的认知功用,而且他认为此方法与佛教的修养论有异曲同工之妙。"戒慎恐惧"的关键在于察于几微之处,这个察的过程,就是儒家的仁、义、礼、智之善性和君子之德性得以彰显的过程。但在张氏看来,仁义礼智的彰显

---

① 朱熹:《晦庵先生朱文公文集》卷七十二《张无垢中庸解》,第3476页。
② 朱熹:《晦庵先生朱文公文集》卷七十二《张无垢中庸解》,第3477页。

第三章 朱熹《中庸章句》成书过程研究

并不是认识过程的完结,而是继续察之,最终能悟得超然,此亦说明张氏理论的归宗在佛学。

张氏对道之"费"与"隐"解为:"中庸无止法,故圣人有所不知不能。自谓知能,止矣。"① 朱熹驳斥张氏未能领悟到"中庸"之意,在朱熹看来"无止"指的是高者过之,卑者陷之,而"中庸"所要表达者正与此相反。朱熹还指出,圣人从不谓己无所不知,而张氏却说圣人自以为知,显然张氏的解释并不合乎儒家对圣人的普遍认知。张氏接着又言:"君子之道所以大莫能载、小莫能破,以其戒慎恐惧,察于微茫之功也。"② 朱熹则认为道之大莫能载、小莫能破指的是道体之无穷,根本没有"戒慎恐惧"和察于微茫之意。张氏用"戒慎恐惧"来阐释《诗经》"鸢飞戾天,鱼跃于渊",而朱熹则认为诗句的引用只是为了表达"道"之"费"与"隐"。

张氏对"诚"之解为:

> 行知仁勇者,诚也。而所以知此诚者,非他物也,亦即诚也。所以行此诚者,非他物也,亦即诚也。此圣人极诚之所在而指之也。又云:诚字虽同,而行知仁勇之诚,不若知诚之诚为甚明;知诚之诚,不若行诚之诚为甚大也。③

从引述看,张氏将"知仁勇"的实践归因为"诚",也就是说,人之所以能践履德性,是因为人有"诚"。张氏又将人能知和行"诚"的原因归结为"诚"本身。他还将"诚"作了层次的划分,"行知仁勇"之"诚"是最基本层次之"诚","知诚之诚"是较高层次之"诚","行诚之诚"是最高层次之"诚",只有圣

---

① 朱熹:《晦庵先生朱文公文集》卷七十二《张无垢中庸解》,第3477页。
② 朱熹:《晦庵先生朱文公文集》卷七十二《张无垢中庸解》,第3477页。
③ 朱熹:《晦庵先生朱文公文集》卷七十二《张无垢中庸解》,第3483页。

人才能行此"极诚"。朱熹批驳道,"诚则无为而成"①,又,"所谓诚者,一而已矣"②。"诚"自然而成,自满自足,将"诚"进行层次的划分是极不恰当的,朱熹认为此是张氏无准则、自以为智的表现。张氏指出预养"诚"于日常生活之中。朱熹认为一旦"诚"立,无不预也,何预养之有?张氏认为需要一个养的过程,才能认知和践履"诚"。朱熹则认为"诚"本身就是一个完满的范畴,无须养之而自然流行于天地之间。张氏指出士人以"专"为"诚"而偏离本位,行"诚"而不知变通。朱熹批驳道,"专"固不是尽"诚",但"专"怎能说是偏离本位?至于行"诚",朱熹云:

> 愚谓圣贤惟言存诚、思诚,未尝言行诚。盖思之既得、存之既著,则其诚在己,而见于行事者无一不出于诚。谓之行诚,则是己与诚为二,而自我以行彼,诚之为道不如是也。如此者,其失不但不知变通而已。若曰所行既出于诚,则又不可谓之行诚,而亦无不知变通之理。③

"诚"可思于己、可存于己,"诚"为己所有,为己所存,行事自然为"诚"而无不变通,而张氏所言"行诚",有一个由此到彼的过程,这就违背了"诚"之本意。"诚"并不需要通过外界的力量去认知它,而是通过心存而自然发之于外,天理则自然彰显。

关于"至诚"的作用,张氏认为有二:第一是"至诚"能"见性"。云:"此诚既见,己性亦见,人性亦见,物性亦见,天

---

① 朱熹:《晦庵先生朱文公文集》卷七十二《张无垢中庸解》,第 3483 页。
② 朱熹:《晦庵先生朱文公文集》卷七十二《张无垢中庸解》,第 3483 页。
③ 朱熹:《晦庵先生朱文公文集》卷七十二《张无垢中庸解》,第 3485~3486 页。

地之性亦见。"① 朱熹并不赞同此解,指出,"至诚"能"尽性"而不是"见性","见性"与"尽性"是大不同的,佛家言见性成佛,儒者所言"尽性"是内求的,不需外在神灵的存在。第二是"至诚"能造化万物、主宰祸福。《中庸》言:"至诚之道可以前知",张氏理解为:"既前知之,则以诚造化,转移变易,使祸为福、妖为祥、亡为兴,盖无难也。"② 朱熹驳斥道,"诚"贯穿于事物发展的始终,虽能转祸为福,易灾为祥,但其促进事物的转化是自我成就的,而不是张氏所言的需要外在事物的加入。

张氏在其《中庸解》中对"异端"作了界定:"上智自得而不合于圣人之教,则为异端矣。"③ 朱熹驳斥其身处"异端"而不自知。儒者一般是将儒家正统之外的学术称之为"异端",在宋代,儒者口中的"异端"主要是指释、道之学,儒、释、道兼杂之学以及诸子之学。宋代儒者对"异端"思想的抨击,实际上也反映出儒、释、道三家思想不可避免的交锋、交融和相互借鉴。宋代的理学思潮,也正是在释、道思想的刺激下产生的。朱熹批判张九成就在其归心释者又曲解儒经,把圣人之学弄得不伦不类。

朱熹认为,儒、释大旨不同,以儒解释或以释解儒都是不恰当的。但实际上,朱熹在其后来的学术生涯中,排斥佛学虽说是主流,但亦未说佛学一无是处。总体上来说,张氏的《中庸解》是想通过阐释儒家经典的方式来沟通儒、释,但他这样的尝试并未成功。首先,他对《中庸》学说的把握不够准确,朱熹在《张无垢中庸解》中,除了对其思想归旨和范畴把握的批驳之外,对其用词的精准性也提出了批评。其次,他对儒学基本问题的认知

---

① 朱熹:《晦庵先生朱文公文集》卷七十二《张无垢中庸解》,第3488页。
② 朱熹:《晦庵先生朱文公文集》卷七十二《张无垢中庸解》,第3488页。
③ 朱熹:《晦庵先生朱文公文集》卷七十二《张无垢中庸解》,第3487页。

也是有一定问题的,比如他认为圣人标榜自己无所不知,又如他亦未能明白儒家通过内求于己而去追求修身、齐家、治国、平天下的人生价值,而不是追求人欲泯灭和人心丧失的超脱境界。早在北宋,佛教徒释智圆和契嵩就倡导儒释二者的融通[①],但二人所做的尝试显然比张无垢要成功得多。当然,不可否认的是,不管是以儒为参照物,还是以释为参照物,在儒、释的融合与沟通上,他们无疑做出了努力,为后来的儒者提供了思考儒学和构建儒学体系的新方法。也正是他们看到了《中庸》与佛学理论融通的可能性,才促进了朱熹不断思考《中庸》的深意。

张氏曾问学龟山,龟山倡导在"未发"中体验"大本",他未能在龟山的启发下有所前进,反而由儒入释。但朱熹对张氏《中庸解》的驳斥也并不全面、深刻。此时朱熹对《中庸》之深意还未有真正的领悟,他除了对张氏"诚"的批驳较为详细之外,对首句之解、"慎独""中和""中庸"等问题的阐释都较略。朱熹作《张无垢中庸解》时,李侗已经去世,无人为其解答《中庸》中的一些问题,但思考的脚步并未因此而停下,反而在此后开始加大对《中庸》的探索。著《张无垢中庸解》后不久,朱熹就《中庸》之"中和"问题求教于湖湘学派的张栻。

[①] 释智圆作《中庸子传》,云:"儒者,饰身之教,故谓之外典也;释者,修心之教,故谓之内典也。惟身与心,则内外别矣。蚩蚩生民,岂越于身心哉?非吾二教,何以化之乎?嘻!儒乎,释乎,其共为表里乎!"认为儒乃修身,是外,释乃修心,是内,内外相协,互为表里。又:"释之言中庸者,龙树所谓中道义也。"认为儒家的中庸之道与佛家的中道义是一致的。(见释智圆:《中庸子传》,载石峻、楼宇烈、方立天等编:《中国佛教思想资料选编》第三卷第一册,北京:中华书局,1987年,第125~126页。)契嵩则借助《中庸》《易传》《尚书》等儒家经典来论述佛学思想。契嵩作《中庸解》,把《中庸》的性命思想与禅宗的教义结合起来,认为二者的思想在本质上是相同的。在人性论上,他反对儒家上智与下愚之分,认为性无高低、善恶之分;在性情论上,他批评孟子、韩愈等人以情为性。

第三章　朱熹《中庸章句》成书过程研究

二、"中和旧说"阶段

"中和旧说"又称"丙戌（1166）之悟"（时年朱熹 37 岁）。李侗认为《中庸》之旨要就是悟得"喜怒哀乐未发之旨"，将"未发"时的"涵养"工夫持之以恒，自然精明纯粹，"发"之自然得"中节"。惜朱熹未能领会李侗之旨李侗就去世了，遂请教得衡山胡宏之学的张栻[①]。朱熹云："余蚤从延平李先生学，受《中庸》之书，求喜怒哀乐未发之旨，未达而先生没。……闻张钦夫得衡山胡氏学，则往从而问焉。"[②] 我们可以从朱熹写给张栻论"中和"的几封信中[③]窥见"中和旧说"的主要内容。在"旧说"阶段，朱熹接受了湖湘学派关于人生多在"已发"、先"察识"后"涵养"、心乃"已发"、重道德实践的观点。在《文集》卷三十《与张钦夫》（三）中有云：

> 人自有生即有知识，事物交来，应接不暇，念念迁革，以至于死，其间初无顷刻停息，举世皆然也。然圣贤之言，则有所谓未发之中，寂然不动者。夫岂以日用流行者为已发，而指夫暂而休息，不与事接之际为未发时耶？尝试以此求之，则泯然无觉之中，邪暗郁塞，似非虚明应物之体，而

[①] 朱、张一生会面三次，第一次会面是隆兴元年（1163），讨论的是政治和战争问题；第二次会面是隆兴二年（1164），朱熹千里迢迢哭祭张浚，张栻向朱熹介绍了胡宏的学说；第三次会面是乾道三年（1167），此次会面讨论的问题广泛，涉及"太极"、"仁"、《中庸》等问题。三次会面对二人思想的交流和沟通具有重要意义。

[②] 朱熹：《晦庵先生朱文公文集》卷七十五《中和旧说序》，第 3634 页。

[③] 自王懋竑以来，学界普遍认为这几封信代表了朱熹的"中和旧说"，这几封信分别是：《文集》卷三十《与张钦夫》（三）（四）和《文集》卷三十二《答张敬夫》（三）（四）。据陈来先生考证，《与张钦夫》（三）（四）和《答张敬夫》（四）都作于乾道二年（1166），《答张敬夫》（三）作于乾道三年（1167）。[见陈来：《朱子书信编年考证》（增订本），北京：生活·读书·新知三联书店，2007 年，第 37、42 页。]

几微之际，一有觉焉，则又便为已发，而非寂然之谓。盖愈求而愈不可见，于是退而验之于日用之间，则凡感之而通，触之而觉，盖有浑然全体应物而不穷者。是乃天命流行、生生不已之机，虽一日之间万起万灭，而其寂然之本体则未尝不寂然也。所谓未发，如是而已，夫岂别有一物，限于一时，拘于一处，而可以谓之中哉？然则天理本真，随处发见，不少停息者，其体用固如是，而岂物欲之私所能壅遏而梏亡之哉？故虽汩于物欲流荡之中，而其良心萌蘖，亦未尝不因事而发见。学者于是致察而操存之，则庶乎可以贯乎大本达道之全体而复其初矣。不能致察，使梏之反覆，至于夜气不足以存而陷于禽兽，……程子曰："未发之前更如何求？只平日'涵养'便是。"又曰："善观者，却于已发之际观之。"二先生之说如此，亦足以验大本之无所不在、良心之未尝不发矣。①

朱熹受到湖湘学派的影响，认为宇宙是生生不息的动态过程，无半刻停歇。就实践来说，圣人所言的"未发"之"中"难以求得，朱熹说他自己只能体验到"已发"，而且在"已发"中他能感验"浑然全体应物而不穷"。朱熹指出，所谓的"寂然之本体"是未尝一刻不在发的状态。既然"已发"贯穿于宇宙与人生之中，那么与之相对应的工夫则是"致察而操存"。在同卷《与张钦夫》（四）中，朱熹疑惑杨时和程颐的"未发"该如何作解，并向张栻求教，他还批判杨时未置"已发"②。朱熹在心性问题上开始逐步抛弃道南一派"静中体认大本未发时"的直觉主义的心理体验，并接受了湖湘学派大部分的观点。

在《文集》卷三十二《答张敬夫》（四）中，朱熹和张栻讨

---

① 朱熹：《晦庵先生朱文公文集》卷三十《与张钦夫》，第1315~1316页。
② 朱熹：《晦庵先生朱文公文集》卷三十《与张钦夫》，第1316~1317页。

论了"未发"之旨和良心发用之端的问题,二人注意到"心"在工夫论、修养论中的重要意义。朱熹认为,在"已发"中就可体认全体大用,"盖通天下只是一个天机活物,流行发用,无间容息。据其已发者而指其未发者,则已发者人心,而凡未发者皆其性也,亦无一物而不备矣。"①"据其已发者而指其未发者",此话尤值得琢磨。此时朱熹接受了湖湘学派心为"已发"的观点,并指出从"已发"之流行中去体验"未发"之本性,即"已发"之"心"可以识得"未发"之"性",这就是湖湘学派"性体心用"的观点。朱熹开始触及"心"与"性"的关系,而不仅仅是"心"与"已发"的关系。朱熹在张栻的引导下,认为人生多在"已发","已发"的意义要远远大于"未发","已发"能直指人心,切近实践。实际上,据《中和旧说序》所云,朱熹一开始并未悟得张栻之论,后才在与张栻的学术互动和自我体验中得以领会。"钦夫告余以所闻,余亦未之省也,……一日,喟然叹曰:'人自婴儿以至老死,虽语默动静之不同,然其大体莫非已发,特其未发者为未尝发耳。'"② 在《文集》卷三十二《答张敬夫》(三)中,张栻给朱熹介绍了数条他自己的观点,但"致中和"这点朱熹未能详明,又致信张栻请教。两人还讨论了张载《正蒙》的问题,惜具体内容已无法详知。在同卷《答张敬夫》(四)中朱熹还质疑胡宏"性不可以善恶名"③ 的观点并向张栻请教,说明朱熹对湖湘之学还是有存疑之处。

三、"潭州之行"阶段

乾道三年(1167),朱熹赴潭州访张栻,此次湖湘之行二人

---

① 朱熹:《晦庵先生朱文公文集》卷三十二《答张敬夫》,第1393~1394页。
② 朱熹:《晦庵先生朱文公文集》卷七十五《中和旧说序》,第3634页。
③ 朱熹:《晦庵先生朱文公文集》卷三十二《答张敬夫》,第1395页。

所涉猎的内容更加广泛:"仁"、《中庸》之义、"察识""涵养"的工夫论、"太极"之妙、乾坤之动静等问题。在旧说阶段朱、张二人重点论及的是"未发""已发"和"察识""涵养"的问题,而此次湖湘之行,二人在遵循胡宏之学的基础上有了一定的发展,张栻在其师思想的基础上把工夫论与孟子的"四端之心"联系起来,这样"中和"之说就丰富起来了。"中和旧说"和"潭州之行"阶段都是以张栻思想为主导的。

朱熹《答程允夫》中云:

> 去冬走湖湘,讲论之益不少。然此事须是自做工夫于日用间行往坐卧处,方自有见处。然后从此操存,以至于极,方为己物尔。敬夫所见超诣卓然,非所可及。……如《艮斋铭》便是做工夫底节次。①

张栻作《艮斋铭》于乾道四年(1168),此铭讲到人如果不能在物欲中保持自我,则会损伤天理,所以要谨慎"察识""四端之心",注意时刻保持人的至善本心。张栻说:

> 物之感人,其端无穷。人为物诱,欲动乎中。不能反躬,殆灭天理。……四端之著,我则察之。岂惟思虑,躬以达之。工深力到,大体可明。非由外烁,如春发生。②

张栻此时把"心"与"察识""天理"联系起来。他指出,要懂得反躬自身,持守人的至善本心,认真践行,才能顺应"天理"。朱熹接受了张栻的观点,且很推崇。二人把孟子的"四端之心"纳入心性论的体系之中,"心"的内涵丰富起来,但此

---

① 朱熹:《晦庵先生朱文公文集》卷四十一《答程允夫》,第1871~1872页。
② 张栻:《南轩先生文集》卷第三十六《艮斋铭》,朱杰人、严佐之、刘永翔主编:《朱子全书外编》第4册,上海:华东师范大学出版社,2010年,第529~530页。

"心"仍然指的是发用,强调的是"心"之著见和操存,未能提及"情",更不可能讨论和思考到"心"之"统"和"心"之"主"。

如果说"旧说"对一些问题还有困惑,此时朱熹完全接受了湖湘学派"性体心用"、人生大抵在"已发"的状态、先"察识"后"涵养"、持敬等观点。由此可见,"潭州之行"阶段的认识是"中和旧说"的延续。然而这在朱熹思想的进程中只是一个插曲,紧接而来的"中和新说"使得朱熹的心性论观点有了彻底的变化,并为朱熹心性论的最终形成奠定了基础,而这样的变化仍然与张栻等人的学术交往密不可分。

四、"中和新说"阶段

"中和新说"又称"己丑(1169)之悟",朱熹时年四十岁,代表"己丑之悟"观点的主要文献有《朱文公文集》卷三十二与张栻书信第十八篇、《已发未发说》《与湖南诸公论中和第一书》等。乾道五年(1169),朱熹开始觉前说非是,又复取二程之书读之,遂豁然开朗,冻解冰释。朱熹"中和新说"主要受益于二程尤其是程颐的思想。"中和新说"阶段,朱熹在与张栻有关"中和"问题的论辩中,开始占据思想上的主导。"中和新说"的主要观点有二。

一是"察识"与"涵养"的先后问题。旧说阶段认为,人自有生大多在"已发",与之相应的是先"察识"后"涵养"的工夫。朱熹意识到如无平日"未发"之"涵养"一截工夫,遇事就察其"已发",会茫然而无处着手。

> 盖发处固当察识,但人自有未发时,此处便合存养,岂可必待发而后察、察而后存耶?且从初不曾存养,便欲随事察识,窃恐浩浩茫茫,无下手处,而豪厘之差、千里之谬将有不可胜言者。……且如"洒扫应对进退",此存养之事也,

不知学者将先于此而后察之耶，抑将先察识而后存养也？以此观之，则用力之先后判然可观矣。①

朱熹写信给张栻商榷"未发"的工夫问题，朱熹认为在日常之中就当存养，只有存养于"未发"之时，临事"已发"才能自然得中节。朱熹此时已扬弃湖湘学派先"察识"后"涵养"的观点。这说明朱熹开始重新思考和体验道南一派存养于"未发"的工夫。从朱熹写给林择之的信中，可知张栻一开始并未认同朱熹的观点。"近得南轩书，诸说皆相然诺，但先察识、后涵养之论执之尚坚；未发、已发条理亦未甚明。盖乍易旧说，犹待就所安耳。"②这说明此时张栻仍然坚持先"察识"后"涵养"之论。在后来与朱熹和吕祖谦（字伯恭）的辩论中，张栻开始逐步改变自己的观点，提出"察识""涵养"相须并进的观点，此后，朱熹又受张栻观点影响，提出"察识""涵养"交相助的观点。

二是明确了"心"有体用之分。朱熹受到了程颐"心有体用"观点的影响，指出要以"心"为主来论"性情""中和""动静"，指明了"未发"是"性"，是思虑未萌阶段，"已发"是"情"，是思虑已萌阶段，这就推翻了"心"为"已发"的前说，把"心"作为观照"性情""中和""动静"的理性认知工具，"心"因此而具有了纲领性的意义，这可谓是一个重大的突破。同时，朱熹还强调要把"敬"贯穿于"已发""未发"之中。其意义在于将"性情""中和""动静"有条不紊地置于以"心"为主导的体系之中，通过对"心"的修炼（主敬）而回归到人的至善之性，这就比前说更加兼顾和周全，也更有利于心性论体系之构建。朱熹云：

---

① 朱熹：《晦庵先生朱文公文集》卷三十二《答张钦夫》，第1420页。
② 朱熹：《晦庵先生朱文公文集》卷四十三《答林择之》，第1965页。

第三章　朱熹《中庸章句》成书过程研究

> 然比观旧说，却觉无甚纲领，因复体察，得见此理须以心为主而论之，则性情之德、中和之妙，皆有条而不紊矣。然人之一身，知觉运用，莫非心之所为，则心者，固所以主于身，而无动静语默之间者也。然方其静也，事物未至，思虑未萌，而一性浑然，道义全具，其所谓中，是乃心之所以为体而寂然不动者也。及其动也，事物交至，思虑萌焉，则七情迭用，各有攸主，其所谓和，是乃心之所以为用，感而遂通者也。然性之静也而不能不动，情之动也而必有节焉，是则心之所以寂然感通、周流贯彻而体用未始相离也。……未发之前，是敬也固已主乎存养之实；已发之际，是敬也又常行于省察之间也。①

此段引述基本上包含了朱熹"中和新说"的要点，可见朱熹已经开始着手从哲学的角度构建逻辑清晰、体系严密的"中和"论。朱熹把此悟以书信的形式寄给张栻，张栻深以为然，表示同意朱熹新悟的观点。但据朱熹自己所言，他的新悟并未取得普遍的认同，这就说明还有进一步讨论的必要。

朱熹就《中庸》"已发""未发"问题（"中和"问题）作《已发未发说》《与湖南诸公论中和第一书》，两篇文章所论大同小异。前者寄给张栻，后者寄给湖南其他诸公。信中，朱熹再三强调平日之涵养工夫的重要性和明确心有体用之分的观点：

> 向来讲论思索，直以心为已发，而所论致知格物，亦以察识端倪为初下手处，以故缺却平日涵养一段功夫。其日用意趣，常偏于动，无复深潜纯一之味，而其发之言语事为之间，亦常躁迫浮露，无古圣贤气象，由所见之偏而然尔。②

---

① 朱熹：《晦庵先生朱文公文集》卷三十二《答张钦夫》，第1418~1419页。
② 朱熹：《晦庵先生朱文公文集》卷六十七《已发未发说》，第3268页。

又：

> 此心寂然不动之体，而天命之性，当体具焉。以其无过不及，不偏不倚，故谓之中。及其感而遂通天下之故，则怒哀乐之性发焉，而心之用可见。①

朱熹强调只有常做"未发"之涵养工夫，"已发"之时才能"中节"，也就是说，先要有"涵养"，"察识"才能有的放矢。由此可见，朱熹此时认为，"未发"（"涵养"）才是更本质的（在后来的论述中，他又说"未发""已发"是一项工夫），更具有本体的意义，这一定程度上是对龟山学派理论的回归。

五、对胡宏《知言》的批判阶段

"中和新说"使得朱熹心性论的观点发生了重大的转变，但还是未能详细论述"心"的纲领性（统摄、主宰）作用。朱熹心性论体系的进一步完善是与张栻、吕祖谦批判五峰之学为标志的。他们批判的焦点集中在胡宏的代表作——《知言》②。在批判《知言》中朱熹提出了其心性论的纲领和核心——"心统性情"。首次提出"心统性情"命题的是张载："张子曰：心统性情者也。有形则有体，有性则有情。发于性则见于情，发于情则见于色，以类而应也。"③ 张载应该是有专门论述此命题的文章，惜论述如今已亡佚。从以上只言片语中，我们只能知晓他是把心、性、情三范畴联系起来了，"形"与"体"相类应，"性"与

---

① 朱熹：《晦庵先生朱文公文集》卷六十四《与湖南诸公论中和第一书》，第3130~3131页。
② 乾道六年（1170），朱熹把对《知言》的疑义寄给当时知严州的张栻和教授严州的吕祖谦，张、吕二人也在朱熹的基础上提出了对《知言》的疑义，最后由朱熹加以整理，成《知言疑义》。对《知言》的批判，始于乾道六年，终于乾道七年（1171）。
③ 张载：《性理拾遗》，载《张载集》，北京：中华书局，2014年，第374页。

"情"相类应,"情"与"色"相类应,且前者是后者的来源,后者是前者的表现,但"心"如何"统性情"却未详明。但我们可从横渠关于"心"的论述中,窥探他是如何安置"心"的,以及为何会提出"心统性情"这一在心性论史、伦理学史上具有重要意义的命题。

张载依然遵从的是传统的"尽心知性"这一理路,他说:"心能尽性,'人能弘道'也;性不知检其心,'非道弘人'也。"① "心"能认识"性"与"道",但人常常被"耳目见闻""七情六欲"所累,所以必须"使常游心于义理之间"②,"不以嗜欲累其心"。当心不再被物欲所遮蔽时,"大其心能体天下之物"③。天地之化育,仁、义、礼、智之性则自见于本心之中。张载指出,认识天道、人道的途径是尽其心,"心"是识"性"的理性认知工具。但人的气质有偏,人心也常被物欲所污染,所以横渠主张克服气质之偏,才能回归"天地之性"(即太虚本然之性),张载因此又提出了知"性"的具体方法:"反之本而不偏,则尽性而天矣。"④ "反之本"就是孟子所讲的"反求诸己""求其放心",即反观自身,回归人的至善本心。能不能够识"性",就在于"善反不善反"⑤。而源自"性"的"情"和源自"情"的"色",当然也需要不偏之心来认知,通过不偏之心,"情"之发才有度,"色"之相才合礼,也才能逐步知性而知天,"故思尽其心者,必知心所从来而后能"⑥。

显然,张载提出"心统性情"这一命题的目的是防止心被蒙

---

① 张载:《正蒙·诚明》,《张载集》,第22页。
② 张载:《经学理窟·气质》,《张载集》,第271页。
③ 张载:《正蒙·大心》,第24页。
④ 张载:《正蒙·诚明》,第23页。
⑤ 张载:《正蒙·诚明》,第22页。
⑥ 张载:《正蒙·大心》,第25页。

蔽、性偏和情坏。所以"心统性情"首先是要正心，即心不偏。其次，张载把心之于"性""情"的关系当成主体和对象的关系，即认知的关系，也就是说通过不偏之心去认知"性"与"情"，则自然应顺天理、自然得而中节。至于后来的"心主性情"和"心兼性情"之意，乃是朱熹、张栻二人的发展与创新，但不管是心"主"还是心"兼"，其前提仍然是"心"具备的认识功能。横渠对朱熹心性论体系的构建产生了重大影响。所以朱熹赞曰："伊川'性即理也'，横渠'心统性情'，二句颠扑不破。"[①]

朱熹对《知言》的批判有以下几个方面。

首先，朱熹批判了胡宏心性论，提出了"心统性情"这一纲领性的思想，云：

> 《知言》曰：天命之谓性。性，天下之大本也。尧、舜、禹、汤、文王、仲尼六君子先后相诏，必曰心而不曰性，何也？曰：心也者，知天地，宰万物，以成性者也。六君子，尽心者也，故能立天下之大本。人至于今赖焉。……熹谓："以成性者也"，此句可疑，欲作"而统性情也"，如何？栻曰："统"字亦恐未安，欲作"而主性情"，如何？熹谓：所改"主"字极有功。[②]

朱熹和张栻认为胡宏"心以成性"的思想有可疑之处，将之

[①] 张载：《张子语录·后录下》，《张载集》，第338页。又见黎靖德：《朱子语类》卷五《性理二》，第229页。陈来则指出："众所周知，朱熹后来极力推崇张载'心统性情'之说，以为二程所道不到，而在这里，朱熹提出'统'却未及横渠，以及又立即转为赞同张栻改'统'为'主'，这表明朱张二人都没有注意到张横渠本有心统性情之说，也就是说，在《知言疑义》中朱熹是通过自己的途径得出心统性情的思想。"见陈来：《朱子哲学研究》，上海：华东师范大学出版社，2000年，第183页。

[②] 朱熹、张栻、吕祖谦：《胡子知言疑义》，《胡宏集》，北京：中华书局，1987年，第328页。

第三章 朱熹《中庸章句》成书过程研究

改为"心统性情"和"心主性情"（张栻在心性论史上首次提出了"心主性情"的思想）。此时，朱熹对其"心统性情"论并未详细论述，而是之后在与张栻、吕祖谦等人的辩难中不断丰富的。朱熹"心统性情"论主要有两个层面的内容：

1. "心主性情"，即"心"主宰、统摄"性情"之意：

> 熹谓感于物者心也，其动者情也，情根乎性而宰乎心，心为之宰，则其动也无不中节矣，何人欲之有？①
>
> "心妙性情之德"，妙是主宰运用之意。②
>
> 性对情言，心对性情言。合如此是性，动处是情，主宰是心。③
>
> 心，主宰之谓也。动静皆主宰，非是静时无所用，及至动时方有主宰也。言主宰，则混然体统自在其中。心统摄性情，非侗恫与性情为一物而不分别也。④

由此可见，"心"的主宰性指的是人的理性认知能力，人能运用自己的理性认知能力对性情、动静进行统摄、控制。要注意的是，"心"的主宰作用并不指"心"对万物的主宰，"心"并不是本体论的范畴而是心性论的范畴。朱熹所言的"心"的主宰性只与"性情"、道德相联系。

2. "心兼性情"，即"心"包括、包载"性情"之意：

> 性便是心之所有之理，心便是理之所会之地。性是理，心是包含该载，敷施发用底。……动处是心，动底是性。⑤
>
> 性是未动，情是已动，心包得已动未动。盖心之未动则

---

① 朱熹：《晦庵先生朱文公文集》卷三十二《答张敬夫》，第1395页。
② 张载：《张子语录·后录下》，《张载集》，第338页。
③ 黎靖德：《朱子语类》卷五《性理二》，第224页。
④ 黎靖德：《朱子语类》卷五《性理二》，第229页。
⑤ 黎靖德：《朱子语类》卷五《性理二》，第223页。

为性，已动则为情，所谓"心统性情"也。①

性，其理；情，其用；心者，兼性情而言；兼性情而言者，包括乎性情也。②

"心统性情"，统，犹兼也。③

"心"兼摄体用，包载"性情"，"性"是大本、是理，"情"是"性"之发用。"心"之所以能兼"性情"，在于"心"的包容性和圆融性。可见，朱熹将"心"与"性情"置于一个逻辑严密的体系之中，构建起了较为完整的心性论体系。

其次，朱熹批判胡宏的性无善恶说。朱熹指出，如果性有善恶的区分，至善的人道何以能说得通？人致力于身心修养的意义又何在？

熹按："人之为道，至善也，至大也"，此说甚善。若性果无善恶，则何以能若是邪？栻曰：论性而曰"善不足以名之"，诚为未当，如元晦之论也。夫其精微纯粹，正当以至善名之。……夫专善而无恶者，性也，而其动则为情。情之发，有正有不正焉。其正者，性之常也；而其不正者，物欲乱之也，于是而有恶焉。④

朱、张二人经过论辩，批判了胡宏在人性论的错误，指出性本善而情有恶，坚持了儒家性善论的传统观点。朱熹超越之处在于他不但坚持了人性本善的观点，而且将"性"与"情"，"性情"与"心"，"性"与"天理"有机地联系起来，形成了系统的人性论、性情论、心性论、天理论。

再次，朱熹进一步反省"察识""涵养"的工夫论。朱熹云：

---

① 黎靖德：《朱子语类》卷五《性理二》，第229页。
② 黎靖德：《朱子语类》卷二十《论语二》，第704页。
③ 黎靖德：《朱子语类》卷九十八《张子之书一》，第3304页。
④ 朱熹、张栻、吕祖谦：《胡子知言疑义》，第331页。

第三章 朱熹《中庸章句》成书过程研究

> 及其见而操之，则所操者亦发用之一端耳，于其本源全体未尝有一日涵养之功，便欲扩而充之，与天同大，愚窃恐其无是理也。①

张栻此时已经开始怀疑先"察识"后"涵养"的工夫。在此后朱、张二人的不断辩难中，张栻提出了在"涵养"为本的基础上，"涵养""省察"并进的工夫。朱熹又在张栻的影响下开始改变其先"涵养"后"察识"的思想，提出"涵养""察识"交相助的思想：

> 未发已发，只是一件工夫，无时不涵养，无时不省察耳。……今言涵养，则曰不先知理义底，涵养不得。言省察，则曰无涵养，省察不得。二者相推，却成擔阁。……要知二者可以交相助，不可交相待。②

最后，朱熹批判了胡宏"性体心用"说，再次明确了"性体情用"的观点。"《知言》曰：……圣人指明其体曰性，指明其用曰心，性不能不动，动则心矣。……熹按：……凡此'心'字，皆欲作'情'字，如何？"③ 张栻赞同性之动为情，但他认为还不够完整，他指出程颐"自性之有形者谓之心，自性之有动者谓之情"④ 的表述才得当。朱熹表示不能理解"自性之有形者谓之心"之"有形"作何解。吴晦叔也就"自性之有形者谓之心，自性之有动者谓之情"的问题请教张栻，张栻在《答吴晦叔》中讲道：

> 自性之有动谓之情，而心则贯乎动静而主乎性情者也。

---

① 朱熹、张栻、吕祖谦：《胡子知言疑义》，第335页。
② 黎靖德：《朱子语类》卷六十二《中庸一》，第2045~2046页。
③ 朱熹、张栻、吕祖谦：《胡子知言疑义》，第336页。
④ 朱熹、张栻、吕祖谦：《胡子知言疑义》，第337页。

程子谓既发则可谓之情，不可谓之心者。盖就发上说，只当谓之情，而心之所以为之主者固无乎不在矣。孟子谓"乃若其情则可以为善"者，"若"训"顺"。人性本善，由是而发，无人欲之私焉，莫非善也，此所谓顺也。情有不善者，非若其情故也。无不足者，天理之安也，本心也。若有不足，则是有所为而然，杜撰出来，此人欲也，有外之心也。[1]

由以上引述可知，张栻认为，"性之有形"指的是人的善良本心（孟子所谓的"四端之心"），"性之有动"指的是"情"。张栻对"性之有形"和"性之有动"的区分，基于他对"心""性""情"关系的认识："心主性情"。"心主性情"指的是"心""情"根于"性"，"性"动产生"情"，"心"的作用在于能够贯通动静、主宰"性情"，且贯通和主宰无所不在。张栻这样就把"心""性""情"的关系进一步系统化了。张栻指出，"性之有形"之"心"是善的，是"天理"之表现；"性之有动"之"情"顺人性之善则为善，受私欲之诱惑则为恶。"性"的具体内容是仁、义、礼、智，"心"的内容是恻隐、羞恶、辞让、是非之心。"仁义礼知具于性，而其端绪之著见，则为恻隐、羞恶、辞让、是非之心。"[2] 张栻认为，人心之善源于人性之善。张栻"心主性情"的观点和他对于"性情"关系的认识启发了朱熹"心统性情"的观点。可以说，在心性论问题上，朱熹在与张栻的学术切磋中受益最多。

---

[1] 张栻：《南轩先生文集》卷第二十九《答吴晦叔》，第441页。
[2] 张栻著，杨世文点校：《孟子说》卷第二《公孙丑上》，载《张栻集》，北京：中华书局，2015年，第373页。

六、《中庸》首章论辩阶段

乾道六年（1170），朱熹与吕祖谦讨论《中庸》首章所蕴含的深意，云：

> 熹旧读程子之书有年矣，而不得其要。比因讲究《中庸》首章之指，乃知所谓"涵养须用敬，进学则在致知"者，两言虽约，其实入德之门无踰于此。方窃洗心以事斯语，而未有得也，不敢自外，辄以为献。以左右之明，尊而行之，不为异端荒虚浮诞之谈所迁惑，不为世俗卑近苟简之论所拘牵，加以岁月，久而不舍，窃意其将高明光大，不可量矣。……往见汪丈举张子韶语明道"至诚无内外"之句，以为"至诚"二字有病，不若只下个"中"字。大抵近世一种似是而非之说，皆是此个意见，惟恐说得不鹘突，真是谩人自谩、误人自误。①

吕祖谦回信云：

> 开示涵养进学之要，俾知所以入德之门，敢不朝夕从事，庶几假以岁月，粗识指归，无负期待诱进之意。《中庸》《太极》所疑重蒙一一镌诲，不胜感激。所谕浑然无所不具之中，精粗本末，宾主内外，盖有不可以毫发差者，诚为至论。②

朱熹和吕祖谦在《中庸》首章的讨论中，指出首章之要就是二程提出的"涵养须用敬，进学则在致知"，这也是个人入德之方法。吕祖谦还讲到，《中庸》一书将形上之本体和形下之实践都囊括于其中。

---

① 朱熹：《晦庵先生朱文公文集》卷三十三《答吕伯恭》，第1426页。
② 吕祖谦：《东莱吕太史别集》卷第七《与朱侍讲》，民国《续金华丛书》本。

朱熹在与吕祖谦论《中庸》首章之后，作《中庸首章说》并寄给张栻阅之，因文献缺失，已不知张栻的回复。《中庸首章说》①的主要观点有以下几点。第一，"天命之谓性"指的是浑然全体而无所不该，"率性之谓道"指的是大化流行而各有条贯，"修道之谓教"则是克己复礼的日用工夫。朱熹认为，首章首句直接言明了天人之道。第二，因"道"无时无刻不存在，所以要"戒慎恐惧"、要"谨独"。第三，"性"之体为"中"，"性"之用为"和"；"未发"是"中"，发而"中节"是"和"。第四，认识"中"的方法是"敬以直内"（"涵养"），认识"和"的方法是"义以方外"（"省察"）。用"敬义夹持、涵养省察"之工夫"致中和"便能参验到宇宙之本体及发用，体悟到天地有其位、万物有所育。由此可见，朱熹对《中庸》首章之体会还算不上深刻，对《首章》之解读较为零散，还谈不上体系之建构。

同年，朱熹再就首章"中和"的问题请教张栻，朱熹以程颢"中外之中"解"中"遭到张栻的质疑。张栻云：

> "中"字之说甚密，但在中之义，作中外之中未安，详苏季明再问伊川答之之语自可见。盖喜怒哀乐未发，此时盖在乎中也。（只如是涵养，才于此要寻中，便不是了。）若只说作在里面底道理，然则已发之后，中何尝不在里面乎？幸更详之。又《中庸》之云中，是以中形道也；喜怒哀乐未发之谓中，是以中状性之体段也。然而性之体段不偏不倚，亭亭当当者，是固道之所存也。道之流行，即事即物，无不有恰好底道理，是性之体段亦无适而不具焉。如此看，尤见体用分明，不识何如？②

---

① 朱熹：《晦庵先生朱文公文集》卷六十七《中庸首章说》，第3264~3266页。
② 张栻：《南轩先生文集》卷第二十《答朱元晦秘书》，第316页。

第三章　朱熹《中庸章句》成书过程研究

关于"在中"之义，张栻让朱熹读程颐与苏季明之问答便可见其端。张栻指出，"未发"固是"中"，"已发"之底子又何尝不是"中"呢？张栻又指出，从形上的角度言，"中"代表的是"道"（"以中形道"），而"未发"之"中"，则表达的是"以中状性之体段"，且"状性之体段"之"中"（用）是"形道"之"中"（体）的表现方式，"形道"之"中"是"状性之体段"之"中"的根基所在。显然，张栻对"中"有层次上的划分，他是从体与用的角度来建构"中"的理论，这是理学家惯常的思维路向，以这种思维路向来建构"中"的理论无疑是成功的尝试。这启发了朱熹对"中"的进一步探讨。

朱熹收到张栻的回复后，对张栻"形道""状性"之论尤为赞同，并对张栻之论进行了详细解读。云：

> "中"字之说甚善，而所论状性、形道之不同，尤为精密，开发多矣。然愚意窃恐程子所云"只一个中字，但用不同"，此语更可玩味。夫所谓"只一个中字"者，中字之义未尝不同，亦曰不偏不倚、无过不及而已矣；然"用不同"者，则有所谓"在中之义"者，有所谓"中之道"者是也。盖所谓"在中之义"者，言喜怒哀乐之未发，浑然在中，亭亭当当，未有个偏倚过不及处。其谓之中者，盖所以状性之体段也。有所谓"中之道"者，乃即事即物自有个恰好底道理，不偏不倚，无过不及。其谓之中者，则所以形道之实也。只此亦便可见来教所谓状性、形道之不同者。但又见得中字只是一般道理，以此状性之体段，则为未发之中；以此形道，则为无过不及之中耳。且所谓"在中之义"，犹曰在里面底道理云尔，非以"在中"之"中"字解"未发"之

"中"字也。愚见如此,不审高明以为如何?①

七、《中庸集解》阶段

乾道二年(1166),朱熹编订了许多书:周敦颐的《通书》、《二程语录》《张载集》,还校订了《二程集》,写成了《杂学辨》,修订了《孟子集解》,刻了《论语要义》。也许正是这诸多书的编订和梓行,朱熹萌发了编纂《中庸集说》的想法。是年冬,他写信给何镐(字叔京),征求他的意见:

> 《中庸集说》如戒归纳,愚意窃谓更当精择,未易一概去取。盖先贤所择,一章之中文句意义自有得失精粗,须一一究之,令各有下落,方惬人意。然又有大者,昔闻之师,以为当于未发已发之几,默识而心契焉,然后文义事理,触类可通,莫非此理之所出,不待区区求之于章句训诂之间也。向虽闻此而莫测其所谓,由今观之,始知其为切要至当之说,而竟亦未能一蹴而至其域也。僭易陈闻,不识尊意以为如何?②

朱熹认为,前人所论《中庸》有得有失,需要对训诂、义理进行拣择,以期能更好地切合本意。何镐的回信已佚,具体答复未详。

朱熹在与张栻、吕祖谦等人就《中庸》相关问题论辩后,对《中庸》许多问题已逐渐清晰。乾道六年,朱熹开始与吕祖谦讨论编集《中庸集解》(《中庸集说》)。他们首先讨论的对象是杨时,我们推测,朱熹首先编的就是杨时的《中庸》之论。吕祖谦所作《中庸集解质疑》针对的就是杨时,《中庸集解质疑》中指

---

① 朱熹:《晦庵先生朱文公文集》卷三十一《答张敬夫》,第1338~1339页。
② 朱熹:《晦庵先生朱文公文集》卷四十《答何叔京》,第1805页。

第三章　朱熹《中庸章句》成书过程研究

出：龟山把"天地位焉""万物育焉"分别来说，虽未有害处，但二者乃是一理，且二者之气象是自然而然的呈现。吕祖谦还批判龟山结合孟子之论来阐述《中庸》似乎有点不伦不类。并指出：龟山对"中庸不可能"一章（《中庸章句》第九章）的解说立意过高，"达道""达德"章（《中庸章句》第二十章）的文句有脱漏之处，龟山对"至诚无息"的解释不妥，龟山用"卑陋"来诠释"不尊不信"章（《中庸章句》的第二十九章）中的文句，应该还要加以斟酌，认为改定为"三代而上远而无征，三代而下近而不尊，颇似稳当"①。

朱熹接受了吕祖谦的部分建议，并对《中庸集解质疑》一一回复：关于"天地位焉"和"万物育焉"的问题，朱熹还是坚持己见，认为"理"虽出于一，但分别开来说和与孟子之论结合起来说未有不妥；承认龟山对"中庸不可能"和"鬼神之为德"章（《中庸章句》的第十六章）的解读不妥，并肯定了吕祖谦的见解；承认"达道""达德"章文句脱漏之过；关于"至诚无息"的问题，朱熹指出，龟山在解释"成己成物"时分开来说有一定的问题，还要看到"成己"与"成物"的贯通；指出吕祖谦对"不尊不信"章句的改定，值得参考。朱熹别纸附录他对程颢、程颐、杨时、谢良佐、吕大临等人有关《中庸》问题的看法，并指出，杨时是佛、老之余绪。②

然而，朱熹《中庸集解》并未编成，这个任务则交由石子重来完成。乾道八年，朱熹助石子重初成《中庸集解》，后在朱熹、张栻等人的建议下有过修订，再由张栻刊于桂林。石氏《中庸集解》集录周敦颐、程颢、程颐、张载、吕大临、谢良佐、游酢、

---

① 见吕祖谦：《东莱吕太史别集》卷十六《中庸集解质疑》，民国《续金华丛书本》。

② 朱熹：《晦庵先生朱文公文集》卷三十三《答吕伯恭问龟山中庸》，第1519~1522页。（此信作于乾道六年。）

杨时、侯仲良、尹焞十家《中庸》之说，但是只摘录十家之说而没有附上自己的见解和判断。《中庸集解》在梳理十家之解的过程中，对朱熹全方位地了解前人的《中庸》学说和兼采众长起到了重要的作用，为《中庸章句》的成书奠定了重要的基础。十位著名的学者对《中庸》的研究足以说明在宋代对《中庸》的研究是一种风尚，也足以说明理学家们已经发现了《中庸》一书的学术价值和现实意义。《中庸集解》成后，张栻与吕祖谦都提出了建议。张栻云：

> 《中庸集解》俟更整顿小字，欲尽移作大字，又恐其间逐句下有解释，难移向后。侯师圣之说多可疑，然亦有好处也。①

乾道九年（1173），朱熹为《中庸集解》作序，作序之后，又请张栻阅览，张栻随后提出建议，认为朱熹之序言应该再斟酌、润色。张栻云：

> 《中庸集义》前日人行速附去，不曾校得，后见腾本错误处多，想自改正也。序文更幸为櫽括。其间有云"若横渠张先生则相与上下讲论者也"本作"合志同方者也"，不知如何？如此未稳，亦幸为易之。②

根据今所见《中庸集解序》，朱熹应是参考了张栻的建议而修订了《中庸集解序》。淳熙元年（1174），吕祖谦对朱熹的《中庸集解序》提出了意见。吕祖谦很赞赏朱熹之序，但却认为李翱不足为道。吕祖谦云："《集解序》引指出高奇等弊极有益，但李翱似不足言。"③ 根据今《中庸集解序》，朱熹并未采纳吕祖谦的

---

① 张栻：《南轩先生文集》卷第二十《答朱元晦秘书》，第324页。
② 张栻：《南轩先生文集》卷第二十一《答朱元晦秘书》，第331页。
③ 吕祖谦：《东莱吕太史别集》卷八《与朱侍讲》，民国《续金华丛书》本。

建议而忽略李翱。

《中庸集解》二卷，在经过朱熹、张栻、吕祖谦等人的论辩后，由张栻刊于桂林并作跋（《跋中庸集解》在《南轩先生文集》卷三十三），此外还有建阳、长沙等版本，惜今佚。朱熹甚觉石子重之《中庸集解》繁而杂，遂删繁为简，于淳熙四年（1177）成《中庸辑略》一书，今存。《中庸集解》的编撰和论辩对朱熹了解、扬弃、借鉴各家《中庸》学说起到了重要作用。

从朱熹对张九成《中庸解》的批判到《中庸集解》的编成，在这八年左右的时间里，朱熹在与同时代学者张栻、吕祖谦、林择之、何镐等人就《中庸》相关问题进行辩难、切磋。朱熹又反复研探二程及程门弟子的《中庸》学说，加之朱熹的勤勉多思，朱熹已为《中庸章句》之成书做了充分准备，可以说，《中庸章句》成书是水到渠成的事情了。

第二节 《中庸章句》之草成阶段

束景南先生通过详密的考证，指出《中庸章句》《大学章句》草成约在乾道八年（1172）十一、十二月间[①]。这标志着朱熹开始由对《中庸》个别重要问题的分析阶段和《中庸集解》阶段开始向章句阶段迈进，这就意味着朱熹开始逐步形成自己的《中庸》学说体系。可以说，乾道八年是朱熹《中庸》研究的一个转折点。朱熹将草成的《中庸章句》《大学章句》寄给张栻、吕祖谦阅览[②]。张栻提出了自己的看法，他认为朱熹将《中庸》分为十四章节是有益的（《中庸章句》最终分为三十三章），但又指出用《孔子家语》来旁证《中庸》似有不妥之处，子思传圣人之

[①] 见束景南：《朱熹年谱长编》卷上，第479页。
[②] 吕祖谦关于朱熹草成的《中庸章句》的看法和建议的文字已经亡佚。

言，不必以他书为证。还认为"道"乃"费"与"隐"兼备之，朱熹把"道"之"费"与"隐"分开来解读，亦有未安之处。张栻云：

> 示及《中庸》首章解义，多所开发，然亦未免有少疑，具之别纸，望赐谕也。所分章句极有功，如后所分十四节尤为分明，有益玩味。但《家语》之证终未安。《家语》其间驳杂处非一，兼与《中庸》对，其间数字不同，便觉害事。以此观之，岂是反取《家语》为《中庸》耶？又如所引证"及其成功一也"之下，有哀公之言，故下文又有"子曰"字。观《家语》中一段，其间哀公语有数处，何独于此以"子曰"起之耶？某谓传世既远，编简中如"子曰"之类，亦未免有脱略。今但当玩其辞气，如明道先生所谓致与位字非圣人不能言，子思盖传之耳。此乃是读经之法。若必求之它书以证，恐却泛滥也，不知如何？又如云此一节明道之隐处，此一节明道之费处，亦恐未安。君子之道费而隐，此两字减一个不得。圣人固有说费处、说隐处，然亦未尝不两具而兼明之也。未知如何？①（作于乾道八年）

朱熹回复道，《中庸》以《孔子家语》为旁证，只是为了说明"哀公问政"到"择善固执"见于《孔子家语》，且为章节的划分提供了证据，对义理的阐发并无碍。但是后来《中庸章句》三十三章的划分，并没有把见于《孔子家语》中的"哀公问政"至"择善固执"划分为一个章节，而是加入了"博学之"至"虽柔必强"的部分内容，组成了今本《中庸章句》的第二十章，"博学之"至"虽柔必强"的部分内容，朱熹大概认为，要么是《家语》阙文，要么是子思自己的发挥。至于"道"之"费"与

---

① 张栻：《南轩先生文集》卷第二十《答朱元晦秘书》，第317～318页。

第三章 朱熹《中庸章句》成书过程研究

"隐",朱熹认为张栻的观点值得参考。朱熹云:

> 所引《家语》,只是证明《中庸章句》,要见自"哀公问政"至"择善""固执"处只是一时之语耳,于义理指归初无所害,似不必如此力加排斥也。大率观书但当虚心平气以徐观义理之所在,如其可取,虽世俗庸人之言有所不废;如有可疑,虽或传以为圣贤之言,亦须更加审择。自然意味平和,道理明白,脚踏实地,动有据依,无笼罩自欺之患。若以此为卑近不足留意,便欲以明道先生为法,窃恐力量见识不到它地位,其为泛滥,殆有甚焉。此亦不可不深虑也。且不知此章既不以《家语》为证,其章句之分当复如何为定耶?《家语》固有驳杂处,然其间亦岂无一言之得耶?一概如此立论,深恐终启学者好高自大之弊,愿明者熟察之。其他如首章及论费隐处后来略已修改如来喻之意。然若必谓两字全然不可分说,则又是向来伯恭之论体用一源矣。如何如何?①(作于乾道八年)

张栻又回信指出朱熹应该更加详明《孔子家语》之引用和明确引用之意义何在。还指出朱熹对"道"之"费"与"隐"的论断有些牵强。张栻云:

> 中庸所引《家语》之证,非是谓《家语》中都无可取,但见得此章证得亦无甚意思,俟更详之。所改定本,亦幸早示,得以考究求教。②(作于乾道八年)

又:

> 如《中庸章句》中所指费隐,虽是圣人寻常亦有说费

---

① 朱熹:《晦庵先生朱文公文集》卷三十一《答张敬夫》,第1342页。
② 张栻:《南轩先生文集》卷第二十《答朱元晦秘书》,第323页。

处,说隐处,然如所指,却有未免乎牵强者,恐此数段不必如此指杀。① (作于乾道九年)

《中庸章句》草成之后,朱熹与学人对《中庸章句》进行了不断的论辩、论证和修正,直至去世前,将近三十年的时间,朱熹一直都在用心钻研和完善"四书"。这种追求真理的情怀和孜孜不倦的学术精神造就了他《中庸》学、"四书"学、理学上的理论高峰。

第三节 《中庸章句》之修正阶段

在经过对草成之《中庸章句》的论辩后,朱熹对《中庸》又有了新的领悟,约在乾道九年或淳熙元年初,重新修正《大学章句》《中庸章句》,分经、传,重订章次,并刻印之。此是《中庸章句》的第一次修正,《书中庸后》云:

> 右《中庸》一篇,三十三章。其首章子思推本先圣所传之意以立言,盖一篇之体要。而其下十章,则引先圣之所尝言者,以明之也。至十二章,又子思之言。而其下八章,复以先圣之言明之也。二十一章以下,至于卒章,则又皆子思之言,反复推说,互相发明,以尽所传之意者也。熹尝伏读其书,而妄以己意分其章句如此。窃惟是书,子程子以为孔门传授心法,且谓善读者得之,终身用之有不能尽,是岂可以章句求哉。然又闻之,学者之于经,未有不得于辞而能通其意者。是以敢私识之,以待诵习而玩心焉。② (作于乾道九年或淳熙元年年初)

---

① 张栻:《南轩先生文集》卷第二十一《答朱元晦秘书》,第330页。
② 朱熹:《晦庵先生朱文公文集》卷八十一《书中庸后》,第3830~3831页。

第三章　朱熹《中庸章句》成书过程研究

此次修订对《中庸章句》的内容作了一定的修改，章次的修订由以前的十四章正式划分为三十三章，五个部分：第一章为第一部分；第二章至第十一章为第二部分；第十二章为第三部分；第十三章至第二十章为第四部分；第二十一章至第三十三章为第五个部分。这次划分奠定了《中庸章句》的框架格局。朱熹将新定之《大学章句》《中庸章句》寄给吕祖谦和张栻。"《大学》《中庸》墨刻各二本，子鱼五十尾，并以伴书，幸留之。它委勿外。"①（作于淳熙元年春夏间）。

吕祖谦就《孔子家语》中"哀公问政"以下章段与《中庸》的关系问题发表了看法，指出"哀公问政"以下数章乃是子思裁取《孔子家语》来论述《中庸》之义。

> 而"哀公问政"以下六章，虽载在《家语》，皆同时问答之言，然安知非子思裁取之以备中庸之义乎？有未然处望见教。②（作于淳熙元年）

朱熹回信表示赞同吕祖谦之解，并提出问题请教吕祖谦：

> "哀公问政"以下数章，本同时答问之言，而子思删取其要，以发明传授之意，鄙意正谓如此。旧来未读《家语》，尝疑数章文章相属，而未有以证之。及读《家语》，乃知所疑不缪耳。"天斯昭昭之多"以下四条譬论，似以天地为积而至于大者，文意颇觉有碍。不知当如何说？幸见教。③（作于淳熙元年）

在"哀公问政"及其以下数章与《中庸》之关系的问题上，朱熹与吕祖谦的观点近似，而与张栻的观点有异。朱、吕二人认

---

① 朱熹：《晦庵先生朱文公文集》卷三十三《答吕伯恭》，第1452页。
② 吕祖谦：《东莱吕太史别集》卷八《与朱侍讲》，民国《续金华丛书》本。
③ 朱熹：《晦庵先生朱文公文集》卷三十三《答吕伯恭》，第1451页。

为《中庸》"哀公问政"及其下数章都是子思裁取以明《中庸》之义，以《家语》为旁证，并不妨碍《中庸》义理的表达。但是我们从《孔子家语》来看，除了"哀公问政"章外，其下几章并未见于《孔子家语》，盖朱、吕二人是认为"哀公问政"以下几章的思想已经囊括在《孔子家语》中。张栻坚持认为，子思之论，不必以他书为证。

张栻对朱熹新定之《中庸章句》分章次进行批语，通过对朱熹回信的年月进行考证，张栻此信不会晚于淳熙元年（1174）春夏间，云：

> （第一章：此天人性命之分，人物气质之禀，所以虽隐显或不同，而其理则未尝不一也。）此语似欠。如云"在天人虽有性命之分，而其理则一；在人物虽有气禀之异，而其体则同"，则庶几耳。（言率夫性命之自然，是则所谓道也。）是则是自然。然如此立语，学者看得便快了，请更详之。（修道之谓教。）后来所寄一段意方正，但寻未见，幸别录示。（"修道之君子审其如此"以下。）此一段觉得丛叠有剩句处。以鄙意详经意，不睹不闻者，指此心之所存，非耳目之可见闻也。目所不睹，可谓隐矣；耳所不闻，可谓微矣。然莫见莫显者，以善恶之几，一毫萌焉，即吾心之灵，有不可自欺而不可以掩者。此其所以为见显之至者也。以吾心之灵独知之，而人所不与，故言独，此君子之所致严者，盖操之之要也。今以不睹不闻为方寸之地，隐微为善恶之几，而又以独为合。是二者，以吾之所见乎此者言之，不支离否？（此一节因论率性之道，以明修道之始。）恐当云"因论率性之道，以明学者循圣人修道之教之始"也。（此一节推本天命之性，以明修道之终。）恐当云"推本天命之性，以明学者循圣人修道之教之终"也。大抵天命之性，率性之道，圣人纯全乎此，而修道立教，使人由之，在学者则当由圣人修

道之教用力，以极其至，而后道为不离，而命之性可得而全也。（"洪范之初一"至"正与此意合"。）洪范之说，固亦有此意。然似不须牵引以证所言五行、五事、皇极三德，然则八政、五纪之在其间者复如何？引周子之所论，亦似发明其意未尽，转使人惑，不若亦不须引也。或曰"然则中和果为二物"云云，此数句却须便连前文，庶顺且备耳。

（第二章：随时为中。）"为"字未安。盖当此时则有此时之中，此乃天理之自然，君子能择而得之耳。

（第四章"道之不行也"至"不肖者不及也"。）所释恐未安。某尝为之说曰："知者慕高远之见而过乎中庸，愚者又拘于浅陋而不及乎中庸。此道之所以不行也。贤者为高绝之行而过乎中庸，不肖者又安于凡下而不及乎中庸。此道之所以不明也。道之不行由所见之差，道之不明由所行之失，此致知力行所以为相须而成者也。"不识如何？

（第五章"执其两端，用其中于民"：两端者，凡物之全体皆有两端，如始终、本末、大小、厚薄之类。识其全体而执其两端，然后可以量度取中。而端之不差也。）此说虽巧，恐非本旨。某谓当其可之谓中。天下之理莫不有两端，如当刚而刚，则刚为中；当柔而柔，则柔为中。此所谓"执两端，用其中于民"也。

（第十章"强哉矫"：矫，强貌，《诗》曰"矫矫虎臣"是也。每句言之所以深叹美之，辞虽烦而不杀也。）此说初读之似好，已而思之，恐不平稳，疑圣人之辞气不尔也。然此句终难说。吕、杨诸公之说虽亦费力，然于学者用工却有益尔。

（第十一章"素隐"：素，空也。无德而隐，无位而隐，皆素隐也。）"素隐"恐只是平日所主专在于隐者也。

（第十二章"夫妇之愚，可以与知焉；夫妇之不肖，可以能行焉"：君子之道，造端乎夫妇。男女居室，人道之常，虽愚不肖亦能知而行。夫妇之际，有人所不睹不闻者，造端乎此，乃所以为戒慎恐惧之实。)此固切要下工夫处，然再三紬绎，恐此章之所谓与知、能行者，谓凡匹夫匹妇之所共知，如朝作夕息、饥食渴饮之类。凡庶民行而不著、习而不察，在君子则戒慎恐惧之所存，此乃所以为造端。如所谓居室人道之常，固亦总在其中，若专指夫妇之间人所不睹不闻者，却似未稳，兼亦未尽也。

（第十三章：人之为道而远人，不可以为道，人心之安者即道也。）此语有病。所安是如何所安？若学者错会此句，执认己意以为心之所安，以此为道，不亦害乎？

（"庸德之行，庸言之谨，有所不足，不敢不勉，有余不敢尽，言顾行，行顾言，君子胡不慥慥尔？君子知道之不远人"至"岂不慥慥尔乎"。）此说费力。某以为"有所不足，不敢不勉，有余不敢尽"，惟游子定夫说得最好，当从之。若夫大意则谓道虽不远人，而其至则圣人亦有所不能。虽圣人有所不能，而实亦不远于人，故君子只于言行上笃实做工夫，此乃实至下手处。

（"道不远人"至"仿此"）

费隐之意，第十一章子思子发明之至矣，来说固多得之。若此二字，凡圣贤之言皆可如是看，似不必以为下数章皆是发明此二字也。大抵所定章句固多明析精当者，但其间亦不无牵挽处，恐子思当时立言之意却未必如此尔。盖自此章以下至二十章，元晦所结之语皆似强为附合，无甚意味。观明者之意，必欲附合，使之厘通缕贯，故其间不免有牵强以就吾之意处。以某之见，其间联贯者自不妨联贯，其不可强贯者逐章玩味意思固无穷，似不须如此费力。章句固合理会，若为章句所牵，则亦不可耳。自二十一章而下，其脉血

第三章　朱熹《中庸章句》成书过程研究

自是贯通，如所分析，无甚可议者。①

张栻的分析很细致，观点也有独到之处。朱熹对于张栻的见解和质疑在三封信中一一予以回应，这三封信分别是《答张敬夫论中庸》《再答张敬夫论中庸》和《答张敬夫》（十二），三封信均在《朱文公文集》卷三十一，这三封信大概作于淳熙元年初，通过对这三封信内容的分析和逻辑推演，时间顺序为：《答张敬夫论中庸》《再答张敬夫论中庸》《答张敬夫》（十二）。《答张敬夫论中庸》云：

> "率夫性之自然"此语诚似太快，然上文说性已详，下文又举仁、义、礼、智以为之目，则此句似亦无害。或必当改，则改为"所有"字，如何？然不若不改之浑然也。"不睹""不闻"等字，如此剖析诚似支离，然不如此，则经文所谓"不睹""不闻"所谓"隐微"，所谓"独"，三段都无分别，却似重复冗长。须似熹说方见得戒慎不睹、恐惧不闻是大纲说，结上文"可离非道"之意。"莫见乎隐，莫显乎微"，是就此不睹不闻之中提起善恶之几而言，故"君子慎其独"。盖其文势有表里宾主之异，须略分别，意思方觉分明无重复处耳。"随时为中"，"为"改作"处"如何？"道之不明""不行"来喻与鄙意大指不异，但语有详略远近不同耳。然熹所谓"不必知""不必行""所当知""所当行"等句，正是要形容"中"字意思。所谓"以为不足行""以为不必知""不知所以行""不求所以知"等句，又是紧切关纽处，恐不可阙。但鄙论自觉有个琐碎促狭气象，不能如来教之高明简畅为可恨。②

---

① 张栻：《南轩先生文集》卷第三十《答朱元晦秘书》，第451~455页。
② 朱熹：《晦庵先生朱文公文集》卷三十一《答张敬夫论中庸章句》，第1344~1345页。

《再答张敬夫论中庸》云：

"执其两端"，熹说是推明程子之意，未有过巧之病。如来谕云云，固先儒所未及，然却似过巧。兼此方论"中"未应遽及此，又似隔蓦说过了一位也。"强哉矫"，矫，强貌，古注云尔，似已得之。吕、杨之说却恐不平稳也。"素隐"，俟更思之。"造端乎夫妇"如此说固好，但恐句中欠字太多。兼"造端"两字是实下功夫之意，不应如此泛滥也。"人心之所安者，即道也"，上文有"率性之谓道"云云，故其之下可以如此说。若恐人错会，当更晓破耳。游子之言行相顾为有余不足之事，恐未安。此数句各是一事，不可混而为一也。细意玩之，自可见矣。（此亦当两存之。）《章句》之失，诚如尊喻，此间朋友亦有疑其如此者。但鄙意疑此书既是子思所著，首尾次序又皆分明，不应中间出此数章，全无次序，所以区区推考如此。窃意其中必须略有此意，正使不尽如此，亦胜如信彩逐段各自立说，不相管属也。更望细考。若果未安，当为疑词以见之。大率摆落章句，谈说玄妙，惯了心性，乍见如此琐细区别，自是不奈烦耳。①

张栻在许多地方并不赞同朱熹对《中庸》的解析，朱熹对张栻的质疑一一回应之，其中有赞同也有反驳。（1）张栻认为朱熹对"夫率性之自然"的解释立意太快，不够明确，朱熹回应道，是有太快之过，但上文已作分析和铺垫，所以无须更改，如果要改的话，只需更改一个词语，并就所改换的词语请求张栻之意见。（2）张栻认为朱熹把"不睹不闻""隐微""慎独"分开论述不够妥当，当贯通起来论述，朱熹回应道，"不睹不闻"指的是

---

① 朱熹：《晦庵先生朱文公文集》卷三十一《再答张敬夫论中庸章句》，第1346～1347页。

大纲,"隐微"指的是善恶之几,因其精微而需慎其独,三者当分开论述,贯通则显得重复。张栻又就此问题致信朱熹,反驳朱熹之解,朱熹当参考了张栻的意见,"近欲只改末后一句云:'所谓独者,合二者而言之,不睹之睹、不闻之闻也。'比旧似已稍胜,然终亦未为分明也。更乞以尊意为下数语,如何?"① 实际上,二人的解释并无实质的差异,朱熹肢解来分析,张栻贯通来分析,肢解是为了贯通,贯通的前提则是对部分准确认知。(3)张栻认为"随时为中"之"为"不安,朱熹改为"处"字,并征求张栻的意见。(4)朱熹赞同张栻对"道"之"不行""不明"的解释,认为张栻的解释疏通顺畅。(5)张栻指出朱熹"执其两端,用其中于民"的解释未能把握其意思,正确的理解是:"当其可之谓中。"意思是合乎道理即可谓之"中",张栻以"刚柔"为例说明之,"执其两端"而"用中"并非机械地融合"刚柔"而取中,而是当"刚"则"刚",则"刚"就是"中",当"柔"则"柔",则"柔"就是"中"。朱熹则认为他是推及二程之意,未有错误。(6)张栻指出朱熹对"强哉矫"的解释稍欠稳妥,建议其参看吕、杨之解释,朱熹回应道,吕、杨的解释也未安。(7)张栻认为"素隐"指的是平日所主专在于"隐",朱熹指出对此问题他还未思考透彻,待后详之,据今本之《中庸章句》,朱熹解释为"深求隐僻之理"②,应是对张栻意见的采纳。(8)张栻认为朱熹对"君子之道,造端乎夫妇"的解说还不够详明,他指出日常的习而不察,君子却是"戒慎恐惧"而心存之,此才谓之"造端",他还指出专言匹夫匹妇,未尽全面。朱熹对张栻"造端"之解表示赞同,但张栻之解亦有泛滥之嫌。(9)张栻指出朱熹对"道不远人"的解说容易让学人会错意而以己意为道,

---

① 朱熹:《晦庵先生朱文公文集》卷三十一《答张敬夫》,第1345页。
② 朱熹:《四书章句集注》,第21页。

朱熹认为如果联系上下文则不会误解。（10）张栻认为"有所不足，不敢不勉，有余不敢尽"，游酢解得最好，当从之，朱熹则认为，游酢之解有混而为一之嫌，亦未安。（11）张栻对朱熹前二十一章的解释不甚满意，认为其多有牵强附会和迎合己意之处。朱熹也意识到自己对《章句》的分析确实存在一定的问题。朱熹还指出，子思作《中庸》，本一贯相连，无须分章次，但对章次的逐次分析，虽然烦琐但却能发现其中的玄妙之处。

朱熹的解释并未得到张栻及其他同仁的全面认同，我们从张栻答彭龟年（字子寿）的信可窥见一斑。彭龟年就朱熹《中庸章句》的一些问题请教张栻。彭龟年所列举《中庸章句》的内容和今本《中庸章句》的内容还是有不少差异。现将彭龟年所列举的内容摘录如下：

"中也者，天下之大本也；和也者，天下之达道也。"朱编修云："大本者，天下之理皆由此出，道之体也；达道者，由此而出无所不通，道之用也。"

"致中和，天地位焉，万物育焉。"朱编修云："敬而无失则极其中，而天地位矣；义之与比则极其和，而万物育矣。"

"君子时中。"朱编修云："以其有君子之德而又能随时以取中也。"①

由以上三条可见，朱熹在语言表述上、逻辑严密的程度上还需进一步提升。彭龟年对《中庸章句》的质疑主要集中在"中和"问题上。首先，他认为，朱熹言天下之理皆出自"大本"，其言外之意是"大本""达道"之外还有"理"。张栻指出"大本

---

① 张栻：《南轩先生文集》卷第三十一《答彭子寿》，第470页。

者理之统体。会而统体，理一而已；散而流行，理有万殊"①。朱熹后来将"理一分殊"的观点融于对《中庸》的解读之中，一定程度上受到了张栻的影响。其次，彭龟年指出，朱熹将"致中和"分开来解释不对，因为有"中"便有"和"，"天地位"必然"万物育"。张栻并不赞同彭龟年之说，他认为，朱熹分开说是可以的，但其语言之表述上可再润色，"分说无害。……但元晦之语不若龟山云'中故天地位焉，和故万物育焉'为得解经之法"②。从今本《中庸章句》看，朱熹对"致中和"的解释借鉴了张栻之说。再次，彭龟年指出，朱熹言君子能"随时取中"有可疑之处。他认为君子无时而不中，何须有时间的局限呢？张栻觉得朱熹关于君子"随时取中"的观点是正确的，但其语言之表达可再精确一些，"不若云'所贵于君子之中庸者，以君子能随时以取中也'"③。从今本《中庸章句》看，朱熹对"君子时中"的解释采纳了张栻之说。

经过与张栻等人的讨论，淳熙元年秋，朱熹再次修改了《中庸章句》，并再次寄给吕祖谦和张栻，"《中庸章句》一本上纳（此是草本，幸勿示人），更有详说一书，字多未暇，余俟后便寄去。有未安者一一条示为幸"④。此为《中庸章句》的第二次修正，朱熹说是草本，说明还有一些问题尚待解决。

淳熙二年（1175），朱熹与陆氏兄弟鹅湖之会的论辩对其进一步认识《中庸》亦有所裨益（后文详述）。同年，朱熹致信张栻说自己在诠释经典时容易将经文与注释弄得支离，脱离主旨，指出了汉儒只重训诂而忽视义理之弊。他还指出其在《大学章句》《中庸章句》中的训诂与义理上存在一些问题，在文句主旨

---

① 张栻：《南轩先生文集》卷第三十一《答彭子寿》，第470页。
② 张栻：《南轩先生文集》卷第三十一《答彭子寿》，第470页。
③ 张栻：《南轩先生文集》卷第三十一《答彭子寿》，第471页。
④ 朱熹：《晦庵先生朱文公文集》卷三十三《答吕伯恭》，第1454页。

的表达上也有一定的问题，于是修改了《大学章句》《中庸章句》的部分内容，并寄给张栻阅览。此为《中庸章句》的第三次修正，朱熹云：

> 至于文字之间，亦觉向来病痛不少。盖平日解经最为守章句者，然亦多是推衍文义，自做一片文字，非惟屋下架屋，说得意味淡薄，且是使人看者将注与经作两项功夫做了，下稍看得支离，至于本旨，全不相照。以此方知汉儒可谓善说经者，不过只说训诂，使人以此训诂玩索经文，训诂、经文不相离异，只做一道看了，直是意味深长也。《中庸》《大学》章句缘此略修一过，再录上呈。然觉其间更有合删处。①（作于淳熙二年）

应该说，朱熹的修正使《大学章句》《中庸章句》一步步趋于完善，更加体系化和具有逻辑性。

淳熙四年（1177），朱熹新修并序定《中庸章句》，成《中庸或问》和《中庸辑略》。朱熹首次序定《中庸章句》的时间考证如下：张栻在写给朱熹的信中讲道："《章句序》文理畅达，诵绎再四，恨未见新书体制耳。"② 此信中张栻请朱熹作《静江府学记》，张栻还提及丧妻。张栻丧妻在淳熙四年八月，《静江府学记》作于淳熙四年十一月。说明《大学章句》和《中庸章句》之序在淳熙四年八月之前就已成。李性传讲道："《大学中庸章句》《或问》成书虽久，至乙酉乃始序而传之"③，这种说法显然有误。《章句》的序定并非始于乙酉年（淳熙十六年，1189），而是淳熙四年，之后朱熹在淳熙十六年改定过，所改之《序》即是今天我们所见之《序》。朱熹在《答蔡季通》中云："某数日整顿得

---

① 朱熹：《晦庵先生朱文公文集》卷三十一《答张敬夫》，第1349页。
② 张栻：《南轩先生文集》卷第二十四《答朱元晦》，第364页。
③ 李性传：《朱子语类》附录二《饶州刊朱子语续录后序》，第4356页。

第三章 朱熹《中庸章句》成书过程研究

《四书》颇就绪，皆为《集注》，其余议论，别为《或问》一篇，诸家说已见《精义》者皆删去。但《中庸》更作《集略》一篇，以其《集解》太烦故耳。"① 据陈来先生考证，朱熹此信作于淳熙四年②。也就是说，在淳熙四年，朱熹又对《大学章句》和《中庸章句》进行了修改，而且还一并序定之。此是《中庸章句》的第四次修正和首次序定。就在同年，《中庸或问》《大学或问》《论语集注》《孟子集注》《论语或问》《孟子或问》亦成③，朱熹还删《中庸集解》之繁杂而简化为《中庸辑略》。由以上分析可知，"四书"在淳熙四年已经集中成书。"四书"虽初步成形，但朱熹并未将"四书"汇集为一编刊印。这是因为朱熹对"四书"中的一些问题还在继续思考之中，"四书学"体系尚未形成。

淳熙八年（1181），朱熹在写给刘清之（字子澄）的信中讲道："偷闲修得《中庸》及《孟子》下册。"④ 此是《中庸章句》的第五次修正，此番修改之后，朱熹当时应该是较为满意的。所以在淳熙九年（1182），朱熹任浙东提举，管理仓社期间，将《大学章句》《中庸章句》集为一编并刊于婺州，谓宝婺本。朱熹答宋之源（字深之）云："且附去《大学》《中庸》本，《大》《小学序》两篇，幸视至。《大学》当在《中庸》之前，熹向在浙东刻本，见为一编。恐勾仓尚在彼，可就求之。"⑤（此信作于淳熙十三年，1186）可见，在淳熙九年朱熹首次将《大学章句》《中

---

① 朱熹：《晦庵先生朱文公续集》卷二《答蔡季通》，第4680页。
② 陈来：《朱子书信编年考证》（增订本），第133页。
③ 关于《论语集注》和《孟子集注》的成书年月，《紫阳年谱》有云："（淳熙）四年，《语孟集注》《或问》成。初，先生既编次《语孟集义》，又约其精粹妙得本旨者皆为《集注传》，疏其所以去取之义为《或问》。然恐学者转而趋薄，故《或问》之书未尝出以示人。"［见李方子：《紫阳年谱》（辑），载束景南：《朱熹年谱长编》卷下，第1532页。］
④ 朱熹：《晦庵先生朱文公别集》卷三《答刘子澄》，第4889页。
⑤ 朱熹：《晦庵先生朱文公文集》卷五十八《答宋深之》，第2771页。

庸章句》汇为一编。①

淳熙十一年（1184），广东帅潘畤（字德麟）和广西帅詹仪之（字体仁）在广东德庆翻刻宝婺本，谓德庆本。朱熹闻之，遂致信詹仪之恳请焚毁，以免滋生祸端，时朱熹之学被批判质疑，刊印出版《中庸章句》，更易产生口舌之祸，于己于人恐有害，朱熹云：

> 乃闻已遂刊刻。闻之惘然，继以惊惧。向若预知遣人抄录之意已出于此，则其不敢承命固已久矣。见事之晚，虽悔莫追。窃惟此事利害，如前所陈，所系已不细矣。又况贱迹方以虚声横遭口语，玷黜之祸，上及前贤，为熹之计，政使深自晦匿，尚恐未能免祸。今侍郎丈乃以见爱之深、卫道之切，不暇以消息盈虚之理推之，至为刻画其书，流布远近，若将以是与之较强弱、争胜负者。熹恐其未能有补于世教，而适以重不敏之罪，且于门下亦或未免分朋树党之讥。……况所说经固有嫌于时事而不能避忌者，（如《中庸》九经之类。）……欲布愚恳，便乞寝罢其事，又恐已兴工役，用过官钱，不可自已。熹今有公状申使府，欲望书押入案，收索焚毁。其已用过工费，仍乞示下实数，熹虽贫，破产还纳，所不辞也。……德庆刊本重蒙序引之赐，尤以悚仄，此书比今本所争不多，但切处多不满人意耳。序中所用善学圣贤之语极有意味，但今日纷纷，本非为程氏发，但承望风旨，视其人之所在而攻之耳。②（作于淳熙十一年）

---

① 束景南先生认为朱熹在淳熙九年任浙东提举时，就将"四书"刊为一编，并指出经学意义上的"四书"出现了。我认为可以商榷，从现有文献看，朱熹只讲到他在浙东任时，把《大学》《中庸》刊为一编，未提及将"四书"汇编。（见束景南：《朱子年谱长编》卷上，第731页。）

② 朱熹：《晦庵先生朱文公文集》卷二十七《答詹帅书》，第1200~1201页。

112

第三章 朱熹《中庸章句》成书过程研究

从引述可知，朱熹对宝婺本、德庆本甚觉不满。德庆本成书之后的两年，朱熹对《章句》又有了新的收获。淳熙十三年（1186），他致信詹仪之，有云：

> 伏蒙开喻印书利病，敬悉雅意。然愚意本为所著未成次第，每经翻阅，必有修改，是于中心实未有自得处，不可流传以误后学。……但两年以来，节次改定又已不少（笔者注：指淳熙九年翻刻的德庆本，修改不少），其间极有大义所系、不可不改者，亦有一两文字，若无利害，而不改终觉有病者。今不免就所示印本改定纳呈，欲乞暇日一赐省览，即见前日之缪。本非可传之书，削而焚之，上也；镌而藏之，次也；必不得已，则改而正之，其字多于旧处，分作两行注字亦可，此则最为下策。……伏惟执事试深思之，若能断然用熹所陈之上策，即案前此两次公状举而焚之，如反手耳。或恐前状未蒙书判付曹，今再纳一本，切望深察也。……《中庸》、《大学》旧本已领（笔者注：指德庆本），二书所改尤多，幸于未刻，不敢复以新本拜呈。幸且罢议，他日却附去请教也。《中庸序》中推本尧、舜传授来历，添入一段甚详。《大学》格物章中，改定用功程度甚明，删去辨论冗说极多。旧本真是见得未真。若《论语》、《孟子》二书，皆蒙明眼似此看破，则鄙拙幸无今日之忧久矣。①（作于淳熙十三年）

从以上引述中可知，朱熹在两年时间内，《大学章句》《中庸章句》改定不少，《中庸章句》在章次、序言、用词等的一些细节问题上朱熹都仔细琢磨。朱熹说"《中庸序》中推本尧、舜传

---

① 朱熹：《晦庵先生朱文公文集》卷二十七《答詹帅书》，第1203～1206页。

授来历，添入一段甚详"①。如此说来，《中庸章句》的首次序定并未详明尧、舜传授之过程。这样一来，《中庸》的主旨、"道统"传授的过程和内容就更清晰明确了。之后《序》还在不断润色，直至淳熙十六年（1189）所定之序才是最完善之序。淳熙十三年，朱熹又致信詹仪之，论所做的修改，商讨出版事宜。此是《中庸章句》的第六次修正。此次刊刻，继续汇《大学章句》《中庸章句》为一编，而且还刊刻了《孟子集注》和《论语集注》，但"四书"仍然未能汇为一编。有云：

> 熹前日拜书，并已校过文字。临欲发遣，而略加点检，则诸生分校互有疏密，不免亲为看过。其间又有合修改处甚多，不免再留来使，助其口食，令更俟三五日。昨日始得了毕，但《论语》所改已多，不知尚堪修否？恐不免重刊，即不若依旧本作夹注，于体尤宜。②（作于淳熙十三年）

时詹仪之知静江府，遂于淳熙十三年刊印于桂林，谓静江本。赵汝愚（字子直）帅蜀期间（淳熙十三年至淳熙十五年）刊印于成都，谓成都本。

在刊于静江和成都之后，朱熹对《章句》又作了一些修正，有云："《大学中庸集注》中及《大学或问》改字处附去，可子细看过，依此改定令写。但《中庸或问》改未得了，为挠耳。"③（此信作于淳熙十五年，1188）此是《中庸章句》的第七次修正。

第四节 《中庸章句》之完善阶段

《大学章句》《中庸章句》逐步趋于体系化和完善是以《大学

---

① 朱熹：《晦庵先生朱文公文集》卷二十七《答詹帅》，第1205页。
② 朱熹：《晦庵先生朱文公文集》卷二十七《答詹帅》，第1206页。
③ 朱熹：《晦庵先生朱文公续集》卷一《答黄直卿》，第4649页。

第三章　朱熹《中庸章句》成书过程研究

章句》《中庸章句》的第二次序定为标志的。第二次序定于淳熙十六年。此次修订的《中庸章句序》,全面介绍了子思作《中庸》之目的,指出《中庸》乃"道统之传"的文本以及《中庸》的意义,此《序》立意高远、逻辑清晰、主旨鲜明。应该说,朱熹高屋建瓴说明了《中庸》之学术价值和现实意义。此是《中庸章句》的第八次修正。

绍熙元年(1190)朱熹在福建漳州为官,他为《四书章句集注》作跋,并刊《四书章句集注》于临漳,谓临漳本。临漳本是朱熹首次将"四书"汇为一编。同时也标志着"四书"学体系的建立。"五经"之外"四书"体系的出现,这可谓是儒学史、经学史、中国思想史上的具有重大意义的事件,对此后儒学、经学的发展方向产生了决定性的影响。《书临漳所刊四子后》云:

> 然去圣既远,讲诵失传,自其象数名物、训诂凡例之间,老师宿儒尚有不能知者,况于新学小生,骤而读之,是亦安能遽有以得其大指要归也哉!故河南程夫子之教人必先使之用力乎《大学》《论语》《中庸》《孟子》之书,然后及乎《六经》,盖其难易、远近、大小之序固如此而不可乱也。故今刻四古经,而遂及乎此四书者,以先后之,且考旧闻,为之音训,以便观者。又悉著凡程子之言及于此者,附于其后,以见读之之法,学者得以览焉。抑尝妄谓《中庸》虽七篇之所自出,然读者不先于《孟子》而遽及之,则亦非所以为入道之渐也。因窃并记于此云。①(作于绍熙元年)

从引述可知,朱熹认为,诵读和专研经典,有一个先后的过程,先"四书"后"六经",循序渐进,乃为学之序。还特别指出《中庸》比《孟子》更难,应先读《孟子》后读《中庸》。临

---

① 朱熹:《晦庵先生朱文公文集》卷八十二《书临漳所刊四子后》,第3896页。

漳本《四书章句集注》的编排顺序是《大学章句》《论语集注》《中庸章句》《孟子集注》，从这种排版来看并无深意。同时还加入了音训部分和程子读书之法的内容。值得注意的是，朱熹生前，把《大学章句》《论语集注》《中庸章句》《孟子集注》汇为一编刊刻，其名称并不是《四书章句集注》，我们用此书名是为了统一和方便论述。在朱熹与他人往来信件中，我们看到朱熹绝大多数时候把《大学章句》《中庸章句》《论语集注》《孟子集注》统称为"四书"或"四子"，很可能在朱熹生前，汇为一编的名称就是"四书"或"四子"。刊刻《四书章句集注》的主要目的是尝试构建"四书"学体系和给学生提供学习教材。

绍熙二年（1191）郑可学（字子上）就《中庸章句序》中"道心""人心"的问题向朱熹请教，朱熹答曰：

> 可学窃寻《中庸序》云："人心出于形气，道心本于性命。"……愚意以为觉于理，则一本于性命而为道心；觉于欲，则涉于形气而为人心。如此所见，如何？……《中庸序》后亦改定，别纸录去，来喻大概亦已得之矣。①

郑可学所言的《中庸章句序》中"人心出于形气，道心本于性命"，乃是之前所作的，从此信可知，他并未知晓朱熹对《中庸章句》已作修改。据淳熙十六年之序，此话改为：

> 而以为有人心、道心之异者，则以其或生于形气之私，或原于性命之正，而所以为知觉者不同，是以或危殆而不安，或微妙人难见耳。②

此外，郑可学还对《中庸章句》的分章有所疑惑，致信问之，朱熹答曰：

---

① 朱熹：《晦庵先生朱文公文集》卷五十六《答郑子上》，第2682~2683页。
② 朱熹：《晦庵先生朱文公文集》卷七十六《中庸章句序》，第3674页。

此书从前被人说得高了，更不曾子细推考文意，若细读而深味之，其条理脉络晓然可见。非是固欲如此剖析，自是并合不聚也。如"道也者，不可须臾离也"至"故君子谨其独也"，若不分作两段，则"是故君子"云云、"故君子"云云此两处，岂不重复？况"不可须臾离"与"莫见乎隐"、"莫显乎微"，"戒谨恐惧于不睹不闻"与"谨其独"，分明是两事，验之日用之间，理亦甚明。只是今人用心粗浅，下工不亲切，故不见其不同耳。"君子之道四，丘未能一焉"，虽是圣人自责之词，然必其于责人之际反求诸己，而见其于道之全体，曲折细微，容有不能无不尽处，如舜之号泣于旻天之类，但当于此负罪引慝、益加勉励而不敢自恕焉耳。以此见得古人文字关键深密，直是不草草。依乎《中庸》博学、审问两段，亦非强为分别，如庖丁眼中，自是不容有全牛也。请更详之。① （作于绍熙二年）

从此段引述可知，朱熹《中庸章句》章次之划分，是经过深思熟虑的，但章次的划分，并未得到同时代学人的普遍接受。朱熹指出，《中庸》分章为了更好地剖析原文，从而能更好地挖掘深意。朱熹也并未因为章次的划分而否定《中庸》的整体性和连贯性。

绍熙二年，陈淳（字安卿）也就"道心""人心"的问题向朱熹请教。朱熹在《答陈安卿》中云：

又杂疑《中庸序》曰："人莫不有是形，故虽上智不能无人心。"人心，只是就形气上平说天生如此，未是就人为上说。然上文又曰"或生于形气之私"乃却下"私"字，何也？私恐或涉人为私欲处说，似与"上智不能无人心"句不

---

① 朱熹：《晦庵先生朱文公文集》卷五十六《答郑子上》，第2681~2682页。

相合。不审如何？①

朱熹认为不论智者与愚者，圣人与常人，都有"人心"和"道心"，"道心"来源于"性命之正"，"人心"则生于"形气之私"，此"形气"是人与生俱来的，但"形气"并不是人之"私"的来源，"人心"之所以有"私"，乃是从"人为"意义上来说的，即是从人的私欲的角度来说的。"人心"虽有私，但当"人心"由"道心"所管摄，则正而不离。"必使道心常为一身之主，而人心每听命焉，则危者安，微者著，而动静云为自无过不及之差矣。"② 同年，朱熹与陈淳就《中庸》"尚絅"条展开讨论，朱熹云："《中庸》'尚絅'条，以为己立心明之象，不审如何以为己立心明之象？莫是有美在其中，只要自温好，不用人知否？"③ 也大概是在绍熙二年，朱熹又与黄榦（字直卿）讨论《中庸章句》《中庸或问》和《中庸集解》的相关问题。④ 可见，《四书章句集注》刊刻于临漳之后，朱熹仍然在与他人讨论《中庸章句》的问题，以求更加完善。

在经过与多人的讨论之后，绍熙四年（1193）朱熹再一次修正《四书章句集注》，并刊于南康，谓南康本。《文集》中最早提及南康本的时间在绍熙四年朱熹答刘光祖（字德修）的书信中："某所为《大学论孟说》近有为刻板南康者，后颇复有所刊正。"⑤ 此是《中庸章句》的第九次修正。南康本离临漳本已经有三年之久了。时曾集（字致虚）知南康，所以《四书章句集注》经过朱熹的再一次修订由曾集刊刻于南康。南康本是朱熹提及最多，也是其生前最为流行的版本。后因"庆元党禁"而惨遭

---

① 朱熹：《晦庵先生朱文公文集》卷五十七《答陈安卿》，第2729页。
② 朱熹：《晦庵先生朱文公文集》卷七十六《中庸章句序》，第3674页。
③ 朱熹：《晦庵先生朱文公文集》卷五十七《答陈安卿》，第2730页。
④ 朱熹：《晦庵先生朱文公续集》卷一《答黄直卿》，第4648页。
⑤ 朱熹：《晦庵先生朱文公别集》卷一《答刘德修》，第4846页。

毁版。

刊于南康之后，朱熹仍然在与人继续讨论修改《四书章句集注》，云：

> 《中庸》不暇看，但所改"物之终始"处殊未安，可更思之。①（疑作于绍兴四年）

> 南康诸书，后来颇复有所更改，义理无穷，尽看尽有恨。此衰年来日无几，不能卒究其业，正有望于诸贤。②（作于绍熙五年）

> 南康《语孟》，是后来所定本，然比读之，尚有合改定处，未及下手。义理无穷，玩之愈久，愈觉有说不到处。然又只是目前事，人自当面蹉过也。《大学》亦有删定数处，未暇录去。今只校得《诗传》一本，并新刻《中庸》一本，与印到程书《祭礼》并往。所寄楮券适足无余，《诗》及《中庸》乃买见成者。故纸不佳，然亦不阂翻阅也。毁板事近复差缓，未知何谓。然进卷之毁，不可谓无功，但已入人心深。所毁者抑其外耳。③（作于庆元二年）

从引述可知，南康本的《四书章句集注》还存在一些问题，《中庸章句》一些注解未妥，《大学章句》需要删定，《论语集注》和《孟子集注》亦有未说到之处。庆元四年（1198），黄灏（字商伯）就《大学章句》《中庸章句》中的义理问题向朱熹提出了质疑。就《中庸章句》而言，就是首句的问题、"中和"问题和"诚"的问题。朱熹在《答黄商伯》中一一为其解疑④。这三个问题可以说是《中庸》最重要的问题，朱熹对这些问题的回答与

---

① 朱熹：《晦庵先生朱文公续集》卷一《答黄直卿》，第4647页。
② 朱熹：《晦庵先生朱文公文集》卷五十二《答吴伯丰》，第2440页。
③ 朱熹：《晦庵先生朱文公文集》卷六十三《答孙敬甫》，第3064~3065页。
④ 朱熹：《晦庵先生朱文公文集》卷四十六《答黄商伯》，第2129~2131页。

今本《中庸章句》对这些问题的解读相差无几。在此信中，朱熹还指明了《大学》《中庸》的关系："《大学》是通言学之初终，《中庸》是直指本原极致处，巨细相涵，精粗相贯，皆不可阙，非有彼此之异也。"① 可见，《中庸》的立意要比《大学》更高。经过朱熹生前最后一次润色，朱熹于庆元五年（1199）再一次修订《章句》，并刊于建阳，谓建阳本或庆元本，此是《中庸章句》的第十次修正，也是朱熹晚年之最后版本。

以上便是朱熹《中庸章句》成书与修正的大致过程。从现有文献考证，《中庸章句》历经十次修正和近三十年的修改。之所以经历如此长时间的不断修正，一是因为从义理的角度来阐释《中庸》非易事，二是《中庸章句》并未得到学者的普遍认同，朱熹与学人往来书信论辩之。用朱熹自己的话来说，圣贤之旨难以把握，言不能尽意。朱熹在淳熙十五年（1188）写给应恕（字仁仲）的信中讲道：

> 《大学》、《中庸》屡改，终未能到得无可改处，《大学》近方稍似少病。道理最是讲论时说得透，才涉纸墨，便觉不能及其一二，纵说得出，亦无精彩。以此见圣贤心事，今只于纸上看，如何见得到底？每一念此，未尝不抚卷慨然也。②

我们今天看到的中华书局版《四书章句集注》，是以嘉庆十六年（1811）吴志忠刻本为底本，以康熙内府仿刻的宋淳祐本为校勘本。从内容上看，代表了朱熹成熟的《中庸》学说，更是宋代研究《中庸》的上乘之作。

在朱熹的文集中，我们可以看到，《大学》《中庸》常放在一

---

① 朱熹：《晦庵先生朱文公文集》卷四十六《答黄商伯》，第2131页。
② 朱熹：《晦庵先生朱文公文集》卷五十四《答应仁仲》，第2548页。

起论述,《论语》《孟子》常放在一起论述。实际上,在绍熙元年之前,"四书"或各自单独成书,或名《学庸章句》,或名《语孟精义》。待"四书"研究成熟之后才汇编在一起的。朱熹在"五经"体系之外创建新的"四书"学体系是在新的历史条件下儒学理论的创新和发展,是儒者在面临多方挑战下做出的回应,更是儒学发展的内在需求。

第五节 《中庸章句》在《四书章句集注》中编排的位置及宋至清现存版本考略

通过文献记载,我们可知临漳本的编排顺序是《大学章句》《论语集注》《中庸章句》《孟子集注》,《中庸章句》排在第三位,朱熹也未说明其为何如此编排。关于"四书"的排列次序,郭齐先生有着独到的见解。他认为,朱熹生前在不同阶段、不同场合对"四书"的排序有所不同,反映了他的治学之方和"道统"的思想①。按理说来,《四书章句集注》要么按照成书的先后(作者先后)来编排,要么按照书的难易程度来编排。《中庸章句》依成书先后排第三,依难易程度则排第四。《四库全书总目》云:

> "四书"之名,则自朱子始耳。原本首《大学》、次《论语》、次《孟子》、次《中庸》。后刊本以《大学》、《中庸》篇页无多并为一册,遂移《中庸》于《论语》前。明代科举命题又以作者先后移《中庸》于《孟子》前,然非宏旨所关,不必定复其旧也。②

就现存版本来看,按照难易程度来编排的版本是《四库全

---

① 郭齐:《朱熹〈四书〉次序考论》,载《四川大学学报》2000年第6期,第93~96页。
② 永瑢等:《四库全书总目》卷三十五,第293页。

书》本，将《中庸章句》置于最后。元之后，版本的编排次序是《大学章句》《中庸章句》《论语集注》《孟子集注》，《中庸章句》置于第二，我们现在出版的《四书章句集注》也是依此而行的。实际上，"四书"的编排次序只是形式的问题，重要的是其内容。朱熹清清楚楚告诉学人应该如何安置"四书"：

> 某要人先读《大学》，以定其规模；次读《论语》以立其根本；次读《孟子》，以观其发越；次读《中庸》，以求古人之微妙处。《大学》一篇有等级次第，总作一处，易晓，宜先看。《论语》却实，但言语散见，初看亦难。《孟子》有感激兴发人心处。《中庸》亦难读，看三书后，方宜读之。①

所以在《中庸章句》在"四书"中的定位就是最晦涩、最难读、最难领会的，所以宜最后读。朱熹认为"四书"乃入"五经"之门槛，实际上，"四书"不仅仅是一个门槛的问题了，它本身已经是一个很庞大的哲学体系，囊括了宋代理学的主要内容。它甚至决定了朱熹之后经学、儒学的发展方向。

南宋理宗皇帝在位期间对理学尤其是朱熹的"四书"学极为推崇。至元延祐始，朱熹"四书"学成为官方哲学和科举考试的圭臬。此后，《中庸章句》几乎无单行版本，所以我们主要是以《四书章句集注》的版本来考察《中庸章句》的版本。现存最早的《四书章句集注》是宋当涂郡斋本，此本《论语集注》《孟子集注》是嘉定十年（1217）当涂郡斋刻，嘉熙四年（1240）、淳祐八年（1248）、淳祐十二年（1252）的递修本，而《大学章句》《中庸章句》是淳祐十二年当涂郡斋刻本，置于《论语集注》《孟子集注》之后。有《论语集注》十卷、《序说》一卷，《孟子集注》十四卷、《序说》一卷，《大学章句》一卷；《中庸章句》一

---

① 黎靖德：《朱子语类》卷十四，第419页。

卷。共二十八卷，现藏于首都图书馆、国家图书馆。此外还存残宋本，《论语集注》十卷、《序说》一卷，《孟子集注》十四卷、《序说》一卷，现藏于首都图书馆，缺《大学章句》和《中庸章句》(《大学章句》一卷现藏于台湾"中央研究院"，《中庸章句》不知所归)，共存二十七卷。

宋代"四书"刻本现存两个版本，元代"四书"刻本现存四个版本，到了明代官刻本和民间刻本增多，但《四书章句集注》的卷数不很稳定。到了清代，不但版本增多了，而且卷数较元、明时更稳定，大多数都是十九卷，即《大学章句》一卷，《中庸章句》一卷，《论语集注》十卷，《孟子集注》七卷。经过笔者考证，现将元至清的版本情况简要列举如下。

元代"四书"刻本现存四个版本。

1. 至正二十二年（1362）沈氏尚德堂刊本，《大学章句或问》一卷，《中庸章句或问》一卷，《论语集注》十卷，《孟子集注》七卷，共十九卷，现藏于山东省博物馆。

2. 元刻本（封面题"为宋椠四书十册"），《大学章句》一卷、《或问》二卷，《中庸章句》一卷、《或问》二卷，《论语集注》十卷，《孟子集注》十四卷，共三十卷，明魏校批、袁克文跋，现藏于上海市图书馆。

3. 元刻本（《孟子集注》卷三、四配清咸丰九年抄本），《大学章句》一卷，《中庸章句》一卷，《论语集注》十卷、《序说》一卷，《孟子集注》十四卷、《序说》一卷，共二十八卷，蒋培泽、高望曾、丁丙跋，现藏于上海市图书馆。

4. 元刻燕山嘉氏覆宋当涂郡斋修补本，《大学章句》一卷、《中庸章句》一卷、《论语集注》十卷、《孟子集注》十四卷，共二十六卷，现藏于故宫博物院。

明代"四书"刻本现存版本举例：

1. 正统十二年（1447）司礼监刻本，《大学章句》一卷、

《或问》一卷,《中庸章句》一卷、《或问》一卷,《读论语孟子法》一卷,《论语集注》十卷、《序说》一卷,《孟子集注》十四卷、《序说》一卷,共三十一卷,现藏于国家图书馆、首都图书馆等。

2. 覆刊正统十二年司礼监刊本,《大学章句》一卷,《中庸章句》一卷,《论语集注》十卷,《孟子集注》十四卷,共二十六卷,现藏于台湾图书馆、杭州大学图书馆等。

3. 成化十六年(1480)吉府刻本(翻刻正统监本),《鲁斋许先生直说大学要略》一卷,《大学章句》一卷、《或问》一卷,《中庸章句》一卷、《或问》一卷,《论语集注》十卷、《序说》一卷,《孟子集注》十四卷、《序说》一卷,共三十一卷,现藏于首都图书馆、四川省图书馆等。

4. 成化十六年(1480)吉府刊本(翻刻正统监本),《大学章句》一卷、《或问》一卷,《中庸章句》一卷、《或问》一卷,《论语集注》十卷、《序说》一卷,《孟子集注》十四卷、《序说》一卷,共三十卷,有清丁丙跋语,共三十卷,现藏于南京市图书馆、国家图书馆。

5. 嘉靖二十七年(1548)伊藩刊本,《大学章句》一卷,《中庸章句》一卷,《读论语孟子法》一卷,《论语集注》十卷、《序说》一卷,《孟子集注》十四卷、《序说》一卷,共二十九卷,清丁丙跋语,现藏于南京市图书馆。

6. 嘉靖吉澄刻本,《大学章句》一卷、《或问》一卷,《中庸章句》一卷、《或问》一卷,《论语集注》十卷,《孟子集注》七卷,共二十一卷,现藏于上海市图书馆、吉林省图书馆、首都图书馆。

7. 嘉靖十八年(1539)应槚刊本,《大学章句》一卷、《或问》一卷,《中庸章句》一卷、《或问》一卷,《论语集注》二十卷,《读论语孟子法》一卷,《孟子集注》十四卷、《序说》一卷,

第三章　朱熹《中庸章句》成书过程研究

共四十一卷，现藏上海市图书馆（残本）、首都图书馆、国家图书馆。

8. 嘉靖蔡氏文峰堂刊本，《大学章句》一卷，《中庸章句》一卷，《论语集注》十卷，《孟子集注》七卷，共十九卷，现藏于哈佛大学图书馆。

9. 隆庆四年（1570）衡府刊本，《大学章句》一卷，《中庸章句》一卷，《论语集注》十卷，《孟子集注》七卷，共十九卷，现藏于南京市图书馆。

10. 万历十年（1582）金绩刻本，《大学章句》一卷，《中庸章句》一卷，《论语集注》十卷，《孟子集注》七卷，共十九卷，现藏于内蒙古自治区巴盟图书馆、四川省图书馆。

11. 明万历二十七年（1599）黄氏（黄河带）刻本，《大学章句》一卷，《中庸章句》一卷，《论语集注》十卷，《孟子集注》七卷，共十九卷，现藏于上海市图书馆。

12. 种德书堂刊本，《大学章句》一卷，《中庸章句》一卷，《论语集注》十卷，《孟子集注》七卷，共十九卷，现藏于首都图书馆、国家图书馆。

13. 种德书堂刊本（清王云锦校并跋），《大学章句》一卷，《中庸章句》一卷，《论语集注》十卷、《序说》一卷，《孟子集注》十四卷，《序说》一卷，共二十八卷，现藏于山东省图书馆。

14. 吴勉学刻本，《大学章句》一卷，《中庸章句》一卷，《论语集注》十卷，《孟子集注》七卷，共十九卷，现藏于中山市图书馆、辽宁省图书馆。

清代"四书"刻本现存版本举例：

1. 康熙内府仿宋淳祐本，《大学章句》一卷，《中庸章句》一卷，《论语集注》十卷、《序说》一卷，《孟子集注》十四卷、《序说》一卷，共二十八卷，现藏于国家图书馆、南京市图书馆、首都图书馆。

125

2. 康熙内府刻本（清高宗弘历跋），《大学章句》一卷，《中庸章句》一卷，《论语集注》十卷，《孟子集注》七卷，共十九卷，现藏于故宫博物院、中国科学院图书馆、吉林大学图书馆。

3. 内府袖珍本，共十九卷，现藏于故宫博物院。

4. 雍正国子监本，共十九卷，现藏于北京大学图书馆、清华大学图书馆。

5. 乾隆国子监本，共十九卷，现藏于上海市图书馆。

6. 乾隆七年（1742）怡府明善堂刊本，共十九卷，现藏于上海市图书馆、辽宁省图书馆、北京大学图书馆。

7. 乾隆二十年武英殿刊本满汉对照（清鄂尔泰译），共十九卷，现藏于北京大学图书馆、复旦大学图书馆、台北傅斯年图书馆。

8. 《四库全书》本，共十九卷，现藏于国家图书馆、甘肃省图书馆、浙江省图书馆、台北故宫博物院。

9. 道光十三年（1836）扬州惜字局刊本，《大学章句》一卷、《中庸章句》一卷、《读论语孟子法》一卷、《论语集注》十卷、《序说》一卷、《孟子集注》十四卷、《序说》一卷，共二十九卷，现藏于南京市图书馆。

10. 道光十六年（1839）惜字局刊本，共十九卷，现藏于吉林大学图书馆。

11. 同治十一年（1872）山东书局刊本，《大学章句》一卷、《校刊记》一卷、《中庸章句》一卷、《校刊记》一卷、《论语集注》十卷、《校刊记》一卷、《孟子集注》七卷，附《校刊记》一卷，丁宝桢等校，共二十三卷，现藏于山东省图书馆、四川省图书馆、辽宁省图书馆、山东大学图书馆、华东师范大学图书馆。

12. 光绪七年（1881）淮南书局刊本，《大学章句》一卷，《中庸章句》一卷，《论语集注》十卷，《孟子集注》十四卷（翻刻嘉庆十六年吴氏真意堂本），共二十六卷，现藏于国家图书馆、辽宁省图书馆、上海市图书馆、中国人民大学图书馆、浙江大学图书馆、北京师范大学图书馆等。

13. 康熙十年（1671）朱氏崇道堂刊本，《大学章句》一卷、《中庸章句》一卷、《论语集注》十卷、《序说》一卷、《孟子集注》七卷、《序说》一卷，共二十一卷，现藏于上海市图书馆（有戴有祺批）、首都图书馆、常州市图书馆、北京师范大学图书馆。

14. 乾隆十九年（1754）罗贯堂刊本，《大学章句》一卷、《中庸章句》一卷、《论语集注》十卷、《孟子集注》十四卷，共二十六卷，现藏于华东师范大学图书馆。

15. 嘉庆十六年（1811）璜川吴志忠真意堂刊本，吴英附考，方功惠校，《大学章句》一卷、《中庸章句》一卷、《论语集注》十卷、《孟子集注》十四卷，共二十六卷，现藏于北京大学图书馆、北京师范大学图书馆、南开大学图书馆、南京师范大学图书馆、中国人民大学图书馆、台湾大学图书馆、上海市图书馆、国家图书馆等。

16. 光绪六年（1880）南京李光明庄刊本（重校刊慎怡堂本），《大学章句》一卷、《中庸章句》一卷、《读论语孟子法》一卷、《论语集注》十卷、《序说》一卷、《孟子集注》十四卷、《序说》一卷，共二十九卷，现藏于上海市图书馆、国家图书馆、华东师范大学图书馆、复旦大学图书馆、南京师范大学图书馆、南开大学图书馆、厦门大学图书馆、山东大学图书馆等。

通过对版本的比照，现存版本源流大体可以分为两支：（1）元至正本、元刻本（封面题"为宋椠四书十册"）→明《四书大全》本→明正统十二年司礼监本→明官刻本、家刻本、坊刻本→清官刻本、家刻本、坊刻本。（2）宋当涂郡斋本、残宋本→元刻本（《孟子集注》卷三、四配清咸丰九年抄本）、元刻燕山嘉氏本→明衡府刻本、家刻本、坊刻本→康熙内府覆宋刻本→清嘉庆十六年吴英、吴志忠父子刻本→翻刻本。这只是梳理大体，并不是绝对的。通过对现有版本的整理，可以看出，从元至清末最为流行的并不是最早的宋本这一支，而是元至正本这一支。究其原因如下：元时《四书章句集注》是官方哲学的代表，成为科举考试的教材和圭臬；至明，政府出面编《四书大全》，明成祖御制序文并颁行天下，延续的就是元至正本；至清，清政府又承明代之版，在政府和民间刊刻最多。此支的流行是与国家行为、科举考试分不开的。我们也可以设想：如果《四书大全》承接的是宋本，那么流行的自然就是宋本了。我们今天看到的中华书局版《四书章句集注》，是以嘉庆十六年（1811）吴志忠刻本为底本，以康熙内府仿刻的宋淳祐本为校勘本。

下面就对宋当涂郡斋本，明监本，康熙内府覆宋本，《四库全书》本，吴英、吴志忠父子刻本进行比较。以《大学章句》《中庸章句》版本为例，便可大致窥见《四书章句集注》各版本之间的差异：

1.《大学章句》

（1）宋当涂郡斋本、覆宋本作："则既莫不与之以仁义礼智之性"，明监本、吴氏本、四库本作"则既莫不与之以仁义礼智之性矣"，应是当涂郡斋本、覆宋本脱之。

（2）宋当涂郡斋本、覆宋本、吴氏本作"言明明德、新民，皆当至于至善之地而不迁"。明监本、四库本作"言明明德、新民，皆当止于至善之地而不迁"。当作"止于至善"。

（3）宋当涂郡斋本、覆宋本、吴氏本作"欲其一于善而无自欺也"。明监本、四库本作"欲其必自慊而无自欺也"。此句之前是"心者，身之所主也。诚，实也。意者，心之所发也。实其心之所发"，是对"正心""诚意"的解释，根据文意，"正心"就是除邪恶之心而正之，心"主"的作用才能发挥，心正则心之所发之"意"就是不虚而善的。又，《中庸》言，"诚"要择善而固执之，故"欲其一于善而无自欺也"似更妥帖。

(4) 宋当涂郡斋本、明监本、吴氏本、四库本作"此两节咏叹淫泆",覆宋本作"淫液"。

(5) 宋当涂郡斋本、覆宋本作"慊,快也,足也"。明监本、四库本、吴氏本作"谦,快也,足也"。

(6) 宋当涂郡斋本"是故君子有诸己而后求诸人"后无"无诸己而后非诸人"句,而覆宋本、明监本、四库本、吴氏本有之,据文意可知,宋当涂郡斋本脱之。

2.《中庸章句》

(1) 宋当涂郡斋本、覆宋本、四库本作"未有若是其明且尽者也"。明监本、吴氏本作"未有若是之明且尽者也"。后者似更妥帖。

(2) 宋当涂郡斋本、覆宋本、吴氏本作"则亦庶乎行远升高之一助云尔",明监本、四库本作"则亦庶乎升高行远之一助云尔"。

(3) 宋当涂郡斋本、覆宋本、吴氏本作"盖人之所以为人,道之所以为道,圣人之所以为教,原其所自,无一不本于天而备于我,学者知之,则其于学知所用力而自不能已矣"。明监本、四库本作"盖人知己之有性而不知其出于天,知事之有道而不知其由于性,知圣人之有教而不知其因吾之所固有者裁之也"。

(4) 宋当涂郡斋本、覆宋本、吴氏本作"读者所宜深体而默识也"。明监本、四库本作"董子所谓道之大原出于天,亦此意也"。

(5) 宋当涂郡斋本、覆宋本、吴氏本作"则为外物而非道矣"。明监本、四库本作"则岂率性之谓哉"。

(6) 宋当涂郡斋本、覆宋本、吴氏本作"而不使其滋长于隐微之中",明监本、四库本作"而不使其潜滋暗长于隐微之中"。

(7) 宋当涂郡斋本、覆宋本作"今已久耳"。明监本、四库本、吴氏本作"今已久矣"。

129

（8）宋当涂郡斋本、覆宋本、吴氏本作"然不必其合于中庸，则质之近似者皆能以力为之。若中庸，则虽不必皆如三者之难"，明监本、四库本作"然皆倚于一偏，故资之近而力能勉者，皆足以能之。至于中庸，虽若易能"。

（9）宋当涂郡斋本、覆宋本、四库本、吴氏本作"则能择乎善矣"，明监本作"则能择而行矣"。

（10）宋当涂郡斋本、明监本、四库本、吴氏本作"能仁其身"，覆宋本作"能修其身"。据文意，"能修其身"似更妥帖。

（11）宋当涂郡斋本作"所谓'建其有极'是也"，明监本、覆宋本、四库本、吴氏本作"所谓'皇建其有极'是也"。宋当涂郡斋本脱"皇"字。

（12）宋当涂郡斋本、覆宋本、吴氏本作"不若文王之诗所言'上天之事，无声无臭'"，明监本、四库本作"不若文王之诗所言'上天之载，无声无臭'"。据《诗经》，应当是"上天之载，无声无臭"。

通过《大学章句》《中庸章句》不同版本的比对，我们看到，宋当涂郡斋本是最早的错误较少的善本，明监本，康熙内府覆宋本，四库本，吴英、吴志忠父子刻本错误亦是很少的。其中吴英、吴志忠父子在总结前人得失的基础上的刻本是最为完善的。当涂郡斋本的编排顺序是《论语集注》《孟子集注》《大学章句》《中庸章句》，而覆宋本、吴氏本采用的是《大学章句》《中庸章句》《论语集注》《孟子集注》的编排顺序（此版在元时就已是《大学章句》《中庸章句》《论语集注》《孟子集注》的编排顺序）；当涂郡斋本在一些字句上与覆宋本、吴氏本有出入，覆宋本与吴氏本亦有少许不同；吴氏还将《读论语孟子法》删除，覆宋本则保留之。同样，元至正本这一版本系统中的明监本与和四库本亦不是完全一致的，而且在演进中也有所变化，在明代时删除了《或问》，这样《四书章句集注》就显得更加紧凑、集中了。从内容上看，同一支源流的版本内部文字的不同处较少，而两支源流虽然在文字上有一定的不同，但所要表达的思想并无实质性的差异。这说明，两种源流的版本都在较大程度上保留了朱熹《四书章句集注》的原貌。造成不同版本差异的主要原因有二：第一，朱熹是在不断修改的过程中刊刻了好几个版本的《四书章句集注》，元时一些版本还在，而元政府也没有指明把哪个版本定为一尊。至明《四书大全》编纂之后，元至正本才成为主流版本，但实际上民间流行的有多种版本，官刻本只是其中的一种版本。版本流传的多样性必然造成差异性。第二，版本在流传中出现抄、刻的错漏是很常见的事，比如"上天之载，无声无臭"是《诗经》的原文，而宋当涂郡斋本、覆宋本、吴氏本却作"上天之事，无声无臭"。很明显，这不是朱熹之误，而是抄、刻之误。

本章小结

《中庸章句》是朱熹《中庸》学说的集中代表，对朱熹《中庸章句》成书过程的考证，实际上就是对朱熹《中庸》学说变化过程的考证。然而，《中庸章句》的成书过程并非一蹴而就，而是历经了三十年的思想历程，这个过程亦是朱熹博采众长、海纳百川、艰苦探索的过程。从《中庸章句》成书的准备阶段、草成阶段、修正阶段到完善阶段，《中庸章句》经过了十次修正，足见朱熹在诠释《中庸》过程中的精益求精。南宋末年，理学一度得到政府的大力推崇；元初政府将朱熹《四书章句集注》定为官方哲学代表和科举考试的教材，才真正奠定了朱熹"四书"学在元、明、清三代的正统地位；这对学术的发展产生了重要的影响。朱熹生前刻版了多种版本的《四书章句集注》，皆佚，现存的最早的当属宋当涂郡斋本。通过对宋、元、明、清现存版本的梳理，我们大致可以得出两支源流，一支以宋当涂郡斋本为源头，另一支以元至正本为源头，其中元至正本这一支是最为流行的版本，而最完善的版本当属吴英、吴志忠父子的刻本。

第四章 朱熹《中庸》学的主要内容

朱熹《中庸》学主要涉及以下一些重要问题：《中庸》一书的定位、本体论、心性论、"道统"论、"慎独"论、"中庸"论、为学之方、对"异端"的批判等，其中许多问题都是宋代理学家着重讨论和致力解决的问题。可见，《中庸》一书对宋代理学的重要意义。本章就以上众多问题来详细解析朱熹的《中庸》学思想。

第一节 朱熹对《中庸》一书的界定

从古至今，均有学者怀疑《中庸》非子思所作，认为其乃秦汉时期的作品；也有学者质疑《中庸》的内容，认为《中庸》并不是一个整体，而是由两个部分组成的。朱熹从未对《中庸》作者和内容产生过怀疑，认为《中庸》乃子思述圣祖之德而作，是孔门传授心法之书，是儒家"道统"的精练表达，故对之十分重视。

对于《中庸》，朱熹毫不吝惜其溢美之词，他说："《中庸》一书，枝枝相对，叶叶相当，不知怎生做得一个文字齐整。"[①]在朱熹看来，《中庸》三十三章次第缜密，语义连贯，上承下合，精粗、本末无不兼备。文章开头言"天命之谓性"，即是说

[①] 黎靖德：《朱子语类》卷六十二《中庸一》，第 2003 页。

"理"，接着言"事"，即"理"的具体展开，如"中庸"、"诚"、智、仁、勇之德，为学之方，祭祀、"鬼神"、治国之方，等等，最后言"上天之载，无声无臭"，又复归于"理"，这是一个非常完整、缜密的理论体系。所以朱熹说，"《中庸》是直指本原极致处，巨细相涵，精粗相贯"①。如何读《中庸》呢？朱熹指出，首先要弄明白每个章节的含义，然后再将每章联系起来考察它们之间的内在联系，方可知全篇之旨趣，这是由分而总的读法。"凡此书之例，皆文断而意属，读者先因其文之所断，以求本章之说，徐次其意之所属，以考相承之序，则有以各尽其一章之意，而不失夫全篇之旨矣。"② 朱熹认为，"四书"之中，《中庸》为最难读之书。首先要弄明白《大学》《论语》《孟子》后，方宜读之，不可躐等，否则将是本末倒置。

> 某说个读书之序，须是且着力去看《大学》，又着力去看《论语》，又着力去看《孟子》。看得三书了，这《中庸》半截都了，不用问人，只略略恁看过。不可掉了易底，却先去攻那难底。《中庸》多说无形影，如鬼神，如"天地参"等类，说得高，说下学处少，说上达处多。若且理会文义，则可矣。③

此篇何以"中庸"为其篇名？朱熹指出：

> 本是取"时中"之"中"。然所以能时中者，盖有那未发之中在。所以先开说未发之中，然后又说"君子之时中"。……《中庸》一书，本只是说随时之中，然本其所以

---

① 朱熹：《晦庵先生朱文公文集》卷四十六《答黄商伯》，第2131页。
② 朱熹：《四书或问·中庸或问上》，载朱杰人、严佐之、刘永翔主编：《朱子全书》，第565页。
③ 黎靖德：《朱子语类》卷六十二《中庸一》，第2003~2004页。

第四章 朱熹《中庸》学的主要内容

有此随时之中,缘是有那未发之中,后面方说"时中"去。①

朱熹之所以这样认为,大概是与其"道统"思想联系起来的。在《中庸章句序》中,朱熹言子思忧道学之不传而作《中庸》。"道统"所传达的精神出自《尚书·大禹谟》中的"十六字心法"②:"人心惟危,道心惟微,惟精惟一,允执厥中。"宋代理学家认为,尧、舜、禹、汤、文、武、周公、孔、孟一脉相承的"道统"在汉、唐时候不得其传,到了宋代才由儒者重新建立起来。所谓"允执厥中",就是择善而从,真诚地去执守、坚守"中道"。而《中庸》恰如其分、深远玄妙地表达了"允执厥中"的思想。故朱熹认为以"中庸"一词为篇名是精确的、恰当的。

朱熹将《中庸》看成"四书"中义理最为真切玄妙的著述,对之进行了详细的阐释。又因《中庸》乃孔门传授心法之书,作为"道统"的接续人,朱熹自然对之十分重视,同时亦可看出朱熹对其理论的自信。

第二节 本体论思想

"本体"一词在《朱文公文集》和朱熹其他著述中多有见处,

---

① 黎靖德:《朱子语类》卷六十二《中庸一》,第2004页。
② 朱熹实际对《古文尚书》的真假持怀疑态度。朱熹认为,《古文尚书序》《大序》和《尚书注》非孔安国所作,而是后人伪托,朱熹还否定了冠于每篇篇首的《书序》(《小序》)也非孔子所作。对于《古文尚书》的原文,朱熹也提出了质疑。那么,朱熹将出自《古文尚书·大禹谟》中的"十六字心传"看成"上古圣神"之真传似乎就不合理了。为解决这个问题,朱熹又从经学体系完整性的角度指出:"《书》中可疑诸篇,若一齐不信,恐倒了《六经》。"[黎靖德:《朱子语类》卷七十九《尚书二》,《朱子全书》(修订本),第16册,2718页。]这说明,朱熹对《古文尚书》中的史实和思想并未全部否定。他将"十六字心传"与"道统"联系起来,说明他相信这十六字确实是在尧、舜、禹之间有传授的。

如"心之本体""性之本体""仁之本体"等。本体所涉及的主要是事物的本质、本原。这和西方哲学中讲的本体论（存在论）有所不同，西方哲学讲的本体论研究的是存在的本质，重视逻辑的推演，而且各范畴之间界定明确、层次清晰。宋代理学家所讲的本体论探索的是事物之本原和共性的东西，且本体范畴始终围绕着天人之际而展开，对天、人以及天人关系做出各种说明和阐释，各本体范畴之间多圆融、共通，界限相对模糊。

宋代理学家认为，《中庸》是一部研究性命之学的著作。他们对《中庸》的研究和解读就多涉及本体论。朱熹在《中庸》诠释中所彰显出来的本体论思想极其丰富。我们可以从"天理"论、"性"论、"道"论、"诚"论、"鬼神"论五个方面展开来说明。

一、"天理"论

在儒家经典中，"天理"二字见于《礼记·乐记》。在此篇中，"天理"是与"人欲"相对立的范畴。《乐记》云："好恶无节于内，知诱于外，不能反躬，天理灭矣。夫物之感人无穷，而人之好恶无节，则是物至而人化物也。人化物也者，灭天理而穷人欲者也。于是有悖逆诈伪之心，有淫泆作乱之事。"[①] 意思是，如果人心中没有节度，违逆自己的本心而被外物诱惑，只知满足私欲而又不能反省自身，人被"物化"，其本性也就泯灭了。"天理"在这里指的是人的本性，"人欲"指的是人的私欲。在宋代理学背景下，"天理"仍然是与"人欲"相对立的范畴，但是朱熹赋予了这对范畴更加丰富的内涵。

在宋代之前，一般不以"天理"来表述本体，而是用"天命"或"天道"。"天"是主宰万物的力量，具有一定的宗教属

---

① 郑玄注，孔颖达等正义：《礼记正义》，第1529页。

性，先秦儒家在沿用原有概念的基础上又增益了新的人文主义的内容。儒家谈"天命"已经不再过多关注其宗教内涵，而是转向了人事和现世的修炼。他们认为，"天"有德，"天"生养、化育万物，人类也因此而被赋予了正面的意义——人是有德性、有价值的存在。儒家将"天命"看成儒学理论逻辑形式上的基点和源头。到了宋代，理学家们则将"天命"改造成"天理"，"天理"成为事物运行的规律和内在动因，是宋代理学系统中的最高范畴。朱熹直接继承和发扬了二程的"天理"论思想，他对《中庸》的诠释主要涉及四个方面的内容："天理"的内涵、"天理"的特性、"天理"的特征，以及"天理"与"气"的关系。

（一）"天理"的内涵

程颢说："吾学虽有所受，天理二字却是自家体贴出来。"① 这并不是说"天理"二字是由他所创，而指的是，"天理"较以往儒学体系中的命题、范畴、思维方式都有着巨大的不同。"天理"既是天地之间的总规则，又是形下之器存在的原因。朱熹直接继承了程子的"天理"论，并在程子的基础上创建了体系化的"天理"论。我们可从以下几个方面来简要解读朱熹"天理"的内涵。

首先，"天理"先天地而存在，是天地万物运行的客观规律和内在动因。程子讲道："万物皆只是一个天理。"② 又："所以谓万物一体者，皆有此理，只为从那里来。"③ 朱熹在程子基础上进一步指出："未有天地之先，毕竟也只是理。有此理，便有此天地；若无此理，便亦无天地。"④ 朱熹认为，世间万物皆只是从"天理"中来，是"天理"的表现形式。"天理"遍施周全，

---

① 程颢、程颐：《河南程氏外书》卷第十二，第424页。
② 程颢、程颐：《河南程氏遗书》卷二上，载《二程集》，第30页。
③ 程颢、程颐：《河南程氏遗书》卷二上，第33页。
④ 黎靖德：《朱子语类》卷一《理气上》，第114页。

生生不息，流行化育于天地之间，圆满而无所亏欠，赋予自然界和人类社会存在的意义和价值，并能正确指导人类世界的活动。对于"天理"与"万物"之间的关系，程颐在张载的启发下，提出"理一分殊"的命题："天下之理一也，涂虽殊而其归则同，虑虽百而其致则一。"① 也就是说，天下万物都各有其理，但归根结底，都只是一个理而已。朱熹又在程颐的基础上进一步丰富、完善此命题。朱熹指出，从哲学层面来看，世间万物同出于一理，谓之"理一"；理散见于万物，谓之"分殊"，并用"月印万川"来作为比喻。也就是说，自然界的规律，人类社会的伦理道德都是"理"的表现，"理"是自然界和人类社会得以存续的原因。他说：

> 盖为道理出来处，只是一源。散见事物，都是一个物事做出底。一草一木，与他夏葛冬裘，渴饮饥食，君臣父子，礼乐器数，都是天理流行。活泼泼地，那一件不是天理中出来！见得透彻后，都是天理。②

"理一分殊"的命题是将"天理"与"万物"之间的关系看成一般与个别的关系。辩证来看，一般指的是事物的普遍性，个别指的是事物的特殊性。个别中包含着一般，一般通过个别来表现，两者相联系而存在。但需要注意的是，单独谈"天理"时，"天理"是可以独立存在的，不需要通过其他事物来表现它的存在。"理一分殊"也表达了宇宙万物的统一性和差别性。"理一分殊"的实践意义在于，人类只有循"天理"而行，才能顺应天地之道，参天地之化育。朱熹还用"理一分殊"的理论分析《中庸》一书的结构，他说："其书始言一理，中散为万事，末复合

---

① 程颢、程颐：《周易程氏传》卷第三，载《二程集》，第858页。
② 黎靖德：《朱子语类》卷四十一卷《论语二十三》，第1456页。

为一理。"①

其次，在伦理领域，一切道德皆自"天理"。二程指出："天下善恶皆天理，谓之恶者非本恶，但或过或不及便如此，如杨、墨之类。"② 人生而善良，具有善性，一切善德都合乎人的本性，合乎"天理"。现实中恶的现象的存在并非人性有恶，而是因为人们要么做得太过了，要么做得不到位，没有达到"中庸"之德的状态，从而人们善良的本性被蒙蔽了却不自知。程颐和朱熹都强调"性即理"，即用"理"来规定人性，将人性问题、伦常问题上升到哲学层面，提升了儒家伦理哲学的高度。《中庸》开篇首句言"天命之谓性"，朱熹注曰："性，即理也。天以阴阳五行化生万物，气以成形，而理亦赋焉，犹命令也。于是人物之生，因各得其所赋之理，以为顺健五常之德，所谓性也。"③ 朱熹认为，仁义礼智信五常就是"性"，就是"理"。朱熹以"天理"来论证儒家伦理哲学的合理性，这就从理论上使儒家伦理有了可靠的哲学保证。

最后，持"敬"和反躬自省是体认"天理"的重要方法。朱熹指出，要达到对"天理"的认知，就需要我们内心有"敬"，还要反躬以合乎"道"。"敬"就是要求我们内心专一、纯粹地去守住与生俱来的善性。"反躬"就是反省自己的内心和言行是否合乎"天理"，如若未能合乎"天理"，则要通过身心修养让人心归复到"天理"。反躬自省是我们修身之本，在日常生活中，就要做到"吾日三省吾身"，才能不断完善自己。朱熹讲道，不能反躬自省，"天理"就会泯灭。可见，加强自我的修养对认知和体认"天理"意义重大。持"敬"与"反躬"是我们体认天道、

---

① 朱熹：《四书章句集注》，第17页。
② 程颢、程颐：《河南程氏遗书》卷第二上，第14页。
③ 朱熹：《四书章句集注》，第17页。

人道，以及实现天人合一的重要方法。

（二）"天理"的特性

"天理"，朱熹有时也直接称之为"理"。"天理"的特性指的是"天理"特有的性质、属性。其特性是流行化育而不间断。"天理"正是因为其流动性、运动性才可能主宰天地，化育万物。朱熹在《中庸章句》里引程子之说："其书（《中庸》）始言一理，中散为万事，末复合为一理，'放之则弥六合，卷之则退藏于密'，其味无穷，皆实学也。"①《中庸》一书的主旨是阐明"天理"。《中庸》一书是通过总—分—总的结构布局来展现的"天理"及其表现形式，所呈现出来的是宇宙生生不息的动态过程。"天理"外化而形成万事万物，形形色色的万事万物最终也归为一"理"，"理"统御一切，一切最终又归于"理"。生命也在"天理"的流动及外化中展现出高尚的意义（存养"天理"）。从宏大的宇宙来看，"理"漫迹天地，涵盖宇宙；从微小精微处看，"理"无处不在，无所不包。

朱熹认为，"天理"是流动的，宇宙的形成也必然是一个动态的过程，加上"气"的参与，宇宙万物便形成了。在朱熹看来，无论是实体性、具象性的实物还是精神性的观念都统一在"天理"之中。"天理"永恒完满，是先于天地的独立存在，是宇宙万物存在的根源、主宰，是万事万物的统领者和总规则。"天理"的这些属性，都是通过其运动性这一特性而生发出来的。

在诠释"天地之化育"时，朱熹云："知化育，则知天理之流行。"②学生问朱熹《中庸》举例"鸢飞戾天，鱼跃于渊"是否说明"鸢有鸢之性，鱼有鱼之性，其飞其跃，天机自完，便是

---

① 朱熹：《四书章句集注》，第17页。
② 黎靖德：《朱子语类》卷六十四《中庸三》，第2116页。

第四章 朱熹《中庸》学的主要内容

天理流行发见之妙处"①,得到了朱熹的肯定。《中庸》首章说中论及"中和"问题时,朱熹讲到天理流行而未尝间断,但大本不立,达道不行,不立不行,做工夫则无意义、无效果。朱熹将"天理"预设在天地、事物之上,无论是哲学体系之构建,还是现实中的工夫实践,"天理"都是朱熹理学体系之根基和人类致修的终极目标。我们亦可从朱熹诠释《中庸》其他具体理论中看出"天理"流行化育的特性。

(三)"天理"的特征

"天理"的特征指的是"天理"在化育万物的过程中所表现出来的特点。"天理"的特征是浑然性和实然性。浑然性指的是"天理"的饱满性和无间隙性,也指无偏无倚的"在中"状态。朱熹在解读《中庸》时,多次提出"天理浑然"这一观点。云:"天理浑然,无过不及。"② 又:"天理浑然,无所亏丧者也。"③朱熹在其他处论"天理"的浑然性时,基本上指的都是天理的"无所亏丧"和"无过不及",前者指的是"天理"清明纯粹而无缺陷,后者指的是"天理"表现在人身上,就是人心发而"中节",也就是"和"。朱熹又指出,"天理"浑然性的特征只与圣人相联系,不是谁都可存有的。而普通大众能通过认识"天理"来抑制其私欲就已经算是达到了较高的工夫修炼阶段了。

> 惟圣人气质清纯,浑然天理,初无人欲之私以病之。是以仁则表里皆仁,而无一毫之不仁,义则表里皆义,而无一毫之不义。其为德也,固举天下之善而无一事之或遗,而其为善也,又极天下之实而无一毫之不满,此其所以不勉不

---

① 黎靖德:《朱子语类》卷六十二《中庸一》,第2019页。
② 朱熹:《四书或问·中庸或问上》,第568页。
③ 朱熹:《四书或问·中庸或问下》,第586页。

思，从容中道，而动容周旋，莫不中礼也。①

如何认识和存养"天理"，在朱熹看来，就是要做到不偏不倚和无一毫之私欲。云：

> 若曰中庸，则虽无难知难行之事，然天理浑然，无过不及，苟一毫之私意有所未尽，则虽欲择而守之，而拟议之间，忽已堕于过与不及之偏而不自知矣。此其所以虽若甚易，而实不可能也。②

又：

> 夫如是，是以人无知愚，事无大小，皆得有所持循据守，以去其人欲之私，而复乎天理之正。③

当"中和"工夫做得好，自然无人欲的沾染，所以存"天理"的问题实际上就是工夫修养、伦理道德的问题，亦是认识论、方法论的问题。知行关系的问题是中国哲学的基本问题，中国哲学中的知行关系主要围绕着天人关系、道德伦常展开。朱熹指出，人们体认到"天理"还要贯彻于行之中，这是知先行后的观点。具体说来，就是认知仁、义、礼、智后而行其德。可见，朱熹对"天理"的贯彻最终还是落实到生命的涵养和人身的修炼上。

在对《中庸》的阐释中，"天理"的实然性指的是"天理"之真实无妄，这与"诚"联系起来的。朱熹认为，如果要给"天理"命名的话，那就是"诚"。"盖以自然之理言之，则天地之间，惟天理为至实而无妄，故天理得诚之名，若所谓天之道、鬼

---

① 朱熹：《四书或问·中庸或问下》，第592页。
② 朱熹：《四书或问·中庸或问上》，第568页。
③ 朱熹：《四书或问·中庸或问上》，第552页。

神之德是也。"① 关于"诚",下文详述。关于"天理"之实然性,朱熹有十分详细的论述。

> 曰:然则天理、圣人之所以若是其实者,何也?曰:一则纯,二则杂,纯则诚,杂则妄。此常物之大情也。夫天之所以为天也,冲漠无朕,而物兼该,无所不具,然其为体则一而已矣,未始有物以杂之也。是以无声无臭,无思无为而一元之气,春秋夏冬,昼夜昏明,百千万年,未尝有一息之缪;天下之物,洪纤巨细,飞潜动植,亦莫不各得其性命之正以生,而未尝有一毫之差,此天理之所以为实而不妄者也。若夫人物之生,性命之正,固亦莫非天理之实,但以气质之偏,口鼻耳目四支之好,得以蔽之,而私欲生焉。是以当其恻隐之发,而忮害杂之,则所以为仁者有不实矣;当其羞恶之发,而贪昧杂之,则所以为义者有不实矣。此常人之心,所以虽欲勉于为善,而内外隐显,常不免于二致,其甚至于诈伪欺罔,而卒堕于小人之归,则以其二者杂之故也。惟圣人气质清纯,浑然天理,初无人欲之私以病之。是以仁则表里皆仁,而无一毫之不仁,义则表里皆义,而无一毫之不义。其为德也,固举天下之善而无一事之或遗,而其为善也,又极天下之实而无一毫之不满,此其所以不勉不思,从容中道,而动容周旋,莫不中礼也。②

从以上引述可见,"天理"的实然性具体指的是"天理"之纯而诚及"天理"在天地之化育中实实在在的展现。如春夏秋冬的交替,昼夜的更迭,自然界的进化,都是"天理"真实而无妄的表现。但是人有思虑、有私欲,禀受的气质有偏正之差,所以

---

① 朱熹:《四书或问·中庸或问下》,第591页。
② 朱熹:《四书或问·中庸或问下》,第591~592页。

难以得纯而无杂的"天理"。圣人则纯粹清明,顺应"中道",合乎"礼",自然而然得"天理"。既然常人难以得"天理",那做工夫的意义又何在呢?朱熹说道:

> 圣人固已言之,亦曰择善而固执之耳。夫于天下之事,皆有以知其如是为善而不能不为,知其如是为恶而不能不去,则其为善去恶之心,固已笃矣。于是而又加以固执之功,虽其不睹不闻之间,亦必戒谨恐惧而不敢懈,则凡所谓私欲者,出而无所施于外,入而无所藏于中,自将消磨泯灭,不得以为吾之病,而吾之德,又何患于不实哉!是则所谓诚之者也。①

朱熹指出,只要能分辨善、恶,慎独于心,持守善心而不懈怠,则私欲泯灭,此亦可谓是"天理"真实无妄的表现。朱熹认为,"天理"具有最正面、最积极的意义。"天理"展现在自然、社会、人类的各个方面,亦表现了"天理"的普遍性。

"天理"的浑然性和实然性是相通的,浑然性讲的是"天理"的"无所亏欠",指的是"天理"的圆满自在,正是"天理"的圆满自在,"天理"才可表现于外在之实然性。实然性讲的是"天理"实实在在真实的展现,实际上体现了"天理"的无所不包、蕴藏万物,这也就彰显了"天理""无所亏欠"的浑然性特征。可见,浑然性和实然性内外相辅,共同展现了"天理"化育万物的过程。

(四)"天理"与"气"的关系

"理""气"关系是"天理"论的重要内容。朱熹在《中庸》诠释中,对"理""气"关系作了十分清晰的论述。朱熹在《答黄道夫》中,抽象地概述了"理"与"气"的内涵和关系。

---

① 朱熹:《四书或问·中庸或问下》,第592~593页。

第四章　朱熹《中庸》学的主要内容

  天地之间，有理有气。理也者，形而上之道也，生物之本也；气也者，形而下之器也，生物之具也。是以人物之生，必禀此理然后有性，必禀此气然后有形。其性其形虽不外乎一身，然其道器之间分际甚明，不可乱也。①

  "理"是形而上之道，"理"赋予事物性质，是事物之本原；"气"是形而下之器，"气"赋予事物形状，是形成物质的材料。"理"与"气"的关系就是道与器的关系。朱熹指出，"理""气"界限明确，不可混淆，但二者又是不相离的，共同生成宇宙万物。

  朱熹并未对"理""气"作绝对的划分，而是用辩证的观点来看对"理""气"关系。从逻辑层面来说，"理"先"气"后，"气"因"理"而存在，"气"又是"理"的表现形式。朱熹在与学生讨论《中庸》之"鸢飞""鱼跃"问题时，他就用"理""气"之关系来解读之。"某云：'其飞其跃，必是气使之然。'曰：'所以飞、所以跃者，理也。气便载得许多理出来。若不就鸢飞鱼跃上看，如何见得此理？'"② "理"是"气"的原因，"气"以各种形式来表现"理"，两者是主与从的关系。但从根本说来：

  （"理""气"）本无先后之可言。然必欲推其所从来，则须说先有是理。然理又非别为一物，即存乎是气之中；无是气，则是理亦无挂搭处。气则为金木水火，理则为仁义礼智。③

  朱熹认为，没有无"理"之"气"，亦没有无"气"之

---

① 朱熹：《晦庵先生朱文公文集》卷五十八《答黄道夫》，第2755页。
② 黎靖德：《朱子语类》卷六十三《中庸二》，第2072页。
③ 黎靖德：《朱子语类》卷一《理气上》，第115页。

"理","理"存乎"气"之中,无"气"则"理"无搭挂处。此处还指出了"理""气"的主要内容,"理"是仁、义、礼、智,"气"则是金、木、水、火。实际上,"理""气"还有许多其他的内涵。如"性""道""诚""太极""无极"等都是从不同的方面来说"理","气"的内容除了包括五行之外,还有阴阳、"鬼神",等等。例如:朱熹在阐释周子《太极图说》"无极之真,二五之精,妙合而凝"① 时讲道:

> 夫天下无性外之物,而性无不在,此无极、二五所以混融而无间者也,所谓"妙合"者也。"真"以理言,无妄之谓也;"精"以气言,不二之名也;"凝"者,聚也,气聚而成形也。②

朱熹又在写给刘叔文的书信中谈道:"夫真者理也,精者气也,理与气合,故能成形。"③ 朱熹认为,"太极""无极"是真实无妄之"理",阴阳、金、木、水、火、土五行都是"精气","妙合"则指的是"无极"("理")、"二五"(阴阳、五行)的混融而无间。朱熹指出,宇宙万物的生成就是"理""气""阴阳""五行"的妙合。无论是"理"还是"气",似乎都很难直观地描述其为何物,这样的范畴可以意会却难以言传,我们只能用哲学思维去把握和体会。

朱熹举例来说明"气"的滋息和流散:

> 问:"气至而滋息为培,气反而流散曰覆?"曰:"物若扶植,种在土中,自然生气凑泊他。若已倾倒,则生气无所附着,从何处来相接?如人疾病,此自有生气,则药力之气

---

① 周敦颐:《周敦颐集》卷一《太极图说》,第 5 页。
② 周敦颐:《周敦颐集》卷一《太极图说》,第 5 页。
③ 朱熹:《晦庵先生朱文公文集》卷四十六《答刘叔文》,第 2147 页。

第四章　朱熹《中庸》学的主要内容

依之而生意滋长。若已危殆，则生气流散而不复相凑矣。"①

"气"可至，可反；可培，可覆。朱熹认为，世间万物包括人类的生灭都是因"气"而滋养和消散。学生问朱熹，舜大德受命，所得乃是福祉，却以气至（栽培）、气反（倾覆）来说明，也就是说，舜这样的人格、品行绝佳的人，为何还要用形而下的"气"来言之呢？朱熹答曰：

> 只是一理。此亦非是有物使之然。但物之生时自节节长将去，恰似有物扶持它，及其衰也，则自节节消磨将去，恰似个物推倒它。理自如此。唯我有受福之理，故天既佑之，又申之。②

事物自然的生长与消亡都是不可抗拒的，圣人当然也不能抗拒这种规律。实际上，这种规律性也是"天理"的表现方式之一。在朱熹看来，世间万物的流动都不过是"理""气"的表现而已。学生问朱熹，既然"气"是宇宙流行化育的条件之一，那么是否通过治"气"来认识事物、修养身心？朱熹指出，只是治"气"是没有抓住根本，应该去抓根本，也就是去存"天理"、明"天理"，"天理"存、"天理"明，所有问题都可迎刃而解。朱熹讲道："须是明天理，天理明则自去。"③

二、"道"论

"道"是中国本土哲学尤其是儒、道两家所共同追求的。儒家之"道"与道家之"道"有着很大的区别，前者是围绕着天人关系而展开的，其主旨是"天道"与"人道"的和谐；后者之

---

① 黎靖德：《朱子语类》卷六十三《中庸二》，第 2092 页。
② 黎靖德：《朱子语类》卷六十三《中庸二》，第 2092 页。
③ 黎靖德：《朱子语类》卷六十二《中庸一》，第 2020 页。

"道"是在追问宇宙的本质、人生的状态,主张无欲、无知、无为,让人回到最单纯的状态,即返璞归真。儒家讲"朝闻道,夕死可矣"。可见,求"道"是儒者生命活动之动力,是他们的心灵家园和最后归属。朱熹在《中庸》诠释中,对"道"亦作了十分周密的阐释。

(一)"道"的内涵——形而上之"理"

在《中庸》的诠释中,朱熹对"道"的理解分为两个层次:第一,"道"是抽象性的哲学概念,指的是事物发展之规律和事物存在之原因;第二,具体事物有具体之"道"。两者是一般与个别的关系,前者是后者之哲学抽象,后者是前者的表现形式。朱熹把形而上的物之理称之为"道",人有人之"道",物有物之"道"。人之"道"是多种多样的,如人有仁义之德,有日常生活的规律,等等;物之"道"亦是多种多样的,如日月星辰有日月星辰之"道",草木虫兽有草木虫兽之"道",等等。当朱熹概述性地谈"道"时,则是具体、个别事物道理之哲学抽象。

> 衣食动作只是物,物之理乃道也。将物便唤做道,则不可。且如这个椅子有四只脚,可以坐,此椅之理也。若除去一只脚,坐不得,便失其椅之理矣。形而上为道,形而下为器。说这形而下之器之中,便有那形而上之道。若便将形而下之器作形而上之道,则不可。且如这个扇子,此物也便有个扇子底道理。扇子是如此做,合当如此用,此便是形而上之理。天地中间,上是天,下是地,中间有许多日月星辰、山川草木、人物禽兽,此皆形而下之器也。然这形而下之器之中,便各自有个道理,此便是形而上之道。所谓格物,便是要就这形而下之器,穷得那形而上之道理而已,如何便将形而下之器作形而上之道理得。饥而食,渴而饮,"日出而作,日入而息",其所以饮食作息者,皆道之所在也。若便

谓食饮作息者是道，则不可。①

朱熹指出，"道"与"器"相对应。《易传·系辞》有云："形而上者谓之道，形而下者谓之器。"②"道"是事物存在的规律和原因。"器"乃具体的实在之物，有"器"必有"道"，否则"器"就无自身的特点而无法区分；有"道"亦必有"器"，否则"道"就无处附着、无处安顿、无处搭挂。由此朱熹提出了"格物"之路径，即通过形下之器物去穷得器物之道理。朱熹告诫学生，在日常生活中，注意不要将形而下的"器"误作形而上之"道"。在实践中，我们就须去求得这形上的道理。求这道理的过程，与后文提及的"尽性"的过程是一致的，即要明白事物的精粗、大小、终始，要不断地去理会，不断地去认识各类事物，才能无所不尽，所求的道理才是周遍而无疏缺的。《中庸》有云："道也者，不可须臾离也，可离非道也。"③"道"之不可离，说明"道"填充在宇宙的各个角落，无时无刻不存在，其高悬在日常生活之上又是日常生活的主宰和法则，故要"修道"才能懂得万物之道理，同时还要懂得"戒慎恐惧""慎独"的修道方法。

（二）"道"的特点——"费而隐"

《中庸》云："君子之道费而隐。"④何为"费"？何为"隐"？朱熹讲道：

> 费，道之用也；隐，道之体也。用则理之见于日用，无不可见也；体则理之隐于其内，形而上者之事，固有非视听之所及者。⑤

---

① 黎靖德：《朱子语类》卷六十二《中庸一》，第2024页。
② 王弼等注，孔颖达等正义：《周易正义》卷七《系辞上》，载《十三经注疏》，上海：上海古籍出版社，2014年，第83页。
③ 朱熹：《四书章句集注》，第17页。
④ 朱熹：《四书章句集注》，第22页。
⑤ 黎靖德：《朱子语类》卷六十三《中庸二》，第2067页。

又：

> 形而下者甚广，其形而上者实行乎其间，而无物不具，无处不有，故曰费。费，言其用之广也。就其中其形而上者有非视听所及，故曰隐。隐，言其体微妙也。①

朱熹指出，"道"之"费"指的是"道"之发用，可见之于外；"道"之"隐"指的是"道"的隐微之处，隐之于内。朱熹进一步指出，"道"之"费"是形而下者，随处可见；"道"之"隐"是形而上者，贯穿于事物之中。根据朱熹的理解，"道"之"隐"与"费"就是一种体与用关系，在体用关系中，体是根本（有"隐"才有"费"），用是体的表现（"费"中之理便是"隐"）；体是静，用则是动；体不可见，用则可见；体通过用来展现，用则因体而存在。故朱熹曰："费中有隐，隐中有费。"②正是因为"道"有"费"与"隐"的特点，"道"才无处不在，无所不包，弥漫于整个宇宙。

朱熹指出，《中庸》一文，言"费"处多，如鸢飞、鱼跃，如夫妇之能，等等，都言的是"费"，直接言"隐"处少，何也？因为"隐"在"费"中。朱熹还指出，"费而隐"的"道"有愚者可及之处，亦有圣者不可及之处。愚者指的凡俗之人，其能行、能知是因为教化的作用，英明纯善的圣人之所以亦有不能行、不能知之处，在朱熹看来首先是圣人无须知道全体，其次是圣人的关注点在有意义和大局之处。

> 君子之道，近自夫妇居室之间，远而至于圣人天地之所不能尽，其大无外，其小无内，可谓费矣。然其理之所以然，则隐而莫之见也。盖可知可能者，道中之一事，及其至

---

① 黎靖德：《朱子语类》卷六十三《中庸二》，第 2068 页。
② 黎靖德：《朱子语类》卷六十三《中庸二》，第 2073 页。

第四章 朱熹《中庸》学的主要内容

而圣人不知不能。则举全体而言,圣人固有所不能尽也。①

"道"有大、小之分,亦有要紧与不要紧之分。圣人无须尽得所有的"道",圣人所不能尽之"道"是不要紧之"道",精微之"道"则不可不尽矣。

> 圣人不能知不能行者,非至妙处圣人不能知不能行。天地间固有不紧要底事,圣人不能尽知。紧要底,则圣人能知之,能行之。若至妙处,圣人不能知,不能行,粗处却能之,非圣人,乃凡人也。故曰"天地之大也,人犹有所憾"。②

可见,在朱熹看来,凡人是能够认识"道"的,只不过在认知程度和思维高度上,凡人远不及圣人。

(三)"道"的分类——"天道"与"人道"

儒家讲"道",分"天道"与"人道","天道"与"人道"是有等级差别的。儒家认为,"天道"要高于"人道","人道"依据"天道"而行。在不同的语境和不同的儒家文本中,可以从不同的角度来说明"天道"与"人道"及二者之间的关系。在《中庸》中,是从"诚"的角度来论述"天道"与"人道"的。《中庸》云:"诚者,天之道;诚之者,人之道也。"③ 朱熹阐释道:"'诚者,天之道。'诚是实理,自然不假修为者也。'诚之者,人之道',是实其实理,则是勉而为之者也。"④《中庸》之所以用"诚"这一范畴来表达和分析"天道"与"人道",是因为"诚"指的是"真实无妄","天道"讲的是实实在在之理,真实之理,不造作,自然流行于天地之间;"人道"是人通过自身

---

① 朱熹:《四书章句集注》,第 22 页。
② 黎靖德:《朱子语类》卷六十三《中庸二》,第 2069 页。
③ 朱熹:《四书章句集注》,第 31 页。
④ 黎靖德:《朱子语类》卷六十四《中庸三》,第 2107 页。

的努力("反身而诚")去明了"天道",并依据"天道"择善而行之。"天道"针对的是圣人;"人道"针对的是常人;圣人与天地同在,自然而然得"天道",常人必须通过工夫的修炼才能至"人道"。"圣人不思不勉,而从容中道,无非实理之流行,则圣人与天如一,即天之道也。未至于圣人,必择善,然后能实明是善;必固执,然后实得是善。此人事当然,即人之道也。"① 关于"天道""人道"的问题,在"诚"论这一部分还将详细阐述。

(四)求"道"的途径——由己而不由他

《中庸》云:"子曰:'道不远人,人之为道而远人,不可以为道。'"② 又:"道自道也。"③ 儒家认为,"道"不离人。修"道"的关键在于修身,修身之根本又在于修己。朱熹认为,于他处去求"道"是南辕北辙的事情,因为"道"本就具于心中。我们需要做的就是发掘心中之"道",如何去发掘呢?就需要我们常常反观自身。在日常生活中,作为子,是否尽到了孝;作为臣,是否尽到了忠;作为弟,是否做到了悌;作为朋友,是否做到了信。如果都能做到,再将这些道理施诸人,就离"道"不远了。"自道"就是"道"之在我的意思,"道"不假外求,求乎己而已。云:

> "言人人有此道,只是人自远其道,非道远人也。人人本自有许多道理,只是不曾依得这道理,却做从不是道理处去。今欲治之,不是别讨个道理治他,只是将他元自有底道理还以治其人。如人之孝,他本有此孝,它却不曾行得这孝,却乱行从不孝处去。君子治之,非是别讨个孝去治它,只是与他说:'你这个不是。你本有此孝,却如何错行从不

---

① 黎靖德:《朱子语类》卷六十四《中庸三》,第2108页。
② 朱熹:《四书章句集注》,第23页。
③ 朱熹:《四书章句集注》,第33页。

孝处去?'其人能改,即是孝矣。不是将他人底道理去治他,又不是分我底道理与他。他本有此道理,我但因其自有者还以治之而已。及我自治其身,亦不是将它人底道理来治我,亦只是将我自思量得底道理自治我之身而已,所以说'执柯伐柯,其则不远'。……故《中庸》一书初间便说'天命之谓性,率性之谓道'。此是如何,只是说人人各具此个道理,无有不足故耳。它从上头说下来,只是此意。"又曰:"'所求乎子,以事父未能也。'每常人责子,必欲其孝于我,然不知我之所以事父者果孝否?以我责子之心,而反推已之所以事父,此便是则也。'所求乎臣,以事君未能也。'常人责臣,必欲其忠于我,然不知我之事君者尽忠否。以我责臣之心,而反求之于我,则其则在此矣。"①

朱熹又指出,我们在日常生活中,常责人处太过,责己处又不及;爱人之时不及,爱己之时又太过。在朱熹看来,对自己应该要严格要求,常思己过,对他人应该要仁爱博施。如果人人都能做到,则还有何"道"不可尽呢?

三、"性"论

朱熹在二程尤其是程颐"性"论的基础上,提出了体系完备、内容丰富的"性"论思想。朱熹主要是从三方面来论"性":第一是本体论意义上的"性"论;第二是心性论意义上的"性"论;第三是修养论意义上的"性"论;后两者是直接联系的。而这三方面都是朱熹《中庸》诠释中的重要内容。本节就本体论意义上的"性"论进行探讨,心性论和修养论意义上的"性"论后文详述。

---

① 黎靖德:《朱子语类》卷六十三《中庸二》,第2079~2080页。

在《中庸》原文中,直接论"性"的思想有两处:第一是开篇第一句,即"天命之谓性,率性之谓道,修道之谓教"[①]。第二是论"诚"之处,即"自诚明,谓之性;自明诚,谓之教。诚则明矣,明则诚矣。唯天下至诚,为能尽其性;能尽其性,则能尽人之性;能尽人之性,则能尽物之性;能尽物之性,则可以赞天地之化育;可以赞天地之化育,则可以与天地参矣"[②]。这两处是《中庸》所蕴含"性"论思想的集中表达。

(一)"性"的来源

与"性"最密不可分的概念之一就是"天"或"天命"。《中庸》开篇就言"天命之谓性",此句是先秦儒家对"性"与"天命"关系的精练总结和普遍认知。从字面来理解"天命"有两层含义,第一是当成动词性的词组,把"命"作"令""命令"讲,意思是天之所命、所赋是"性";第二是当成名词性的词组,把"天命"作"天道"讲,指的是顺应"天道"就是"性"。无论作何种理解,都指明了"性"与"天"关系密切,都表明"性"来自"天命"。就人之"性"来说,人之"性"乃"天"所赐,那么人自然当顺应"天命"而行。儒家指出,人之"性"的主要内容是仁、义、礼、智、信等天赋的德性,人生修炼的途径是"尽心"以"知性"而后"知天"。到了宋代,"性"的内涵不断扩大、丰富,与"性"相类比、相对应的范畴也在增多,理学家将"性"的理论发展到了一个新的高度,并为生命的修炼和完善提供了理论基础。

(二)"性"即"理"

朱熹将"天命之谓性,率性之谓道,修道之谓教"看成《中庸》之总领和大纲。对"性"的解释,《中庸章句》云:

[①] 朱熹:《四书章句集注》,第17页。
[②] 朱熹:《四书章句集注》,第32页。

第四章 朱熹《中庸》学的主要内容

命,犹令也。性,即理也。天以阴阳五行化生万物,气以成形,而理亦赋焉,犹命令也。于是人物之生,因各得其所赋之理,以为健顺五常之德,所谓性也。①

"性即理"这个命题是由程颐首先提出来的:

性即理也,所谓理,性是也。天下之理,原其所自,未有不善。喜怒哀乐未发,何尝不善?发而中节,则无往而不善。凡言善恶,皆先善而后恶;言吉凶,皆先吉而后凶;言是非,皆先是而后非。②

程颐继承了孟子性善之说,从"理"的角度来界定人性之善。孟子从人的感性出发得出了人性本善的思想,而程颐则从理性、哲学的角度来证明人性本善,这提升了"性"范畴的理论高度,有利于理学体系之构建。程颐又指出:"自理言之谓之天,自禀受言之谓之性,自存诸人言之谓之心。"③ 这句话指出了"理"与"性"和"心"的关系:顺应天道就是"理","理"为人所禀受则为"性","理"又可以被心认知。

朱熹直接继承了程颐"性即理"的观点,但他比程颐说得更加具体、清晰。朱熹指出,万事万物有万理,万理赋在人、物之上就是人、物之"性",人、物之"性"决定了人、物的性质和属性。"理"是授,"性"是受,而授与受在本质内容上是相同的。就人来说,"理"的内容是仁、义、礼、智,"性"的内容亦是仁、义、礼、智。

曰:"当初天地间元有这个浑然道理,人生禀得便是性。"曰:"性只是理,万理之总名。此理亦只是天地间公共

---

① 朱熹:《四书章句集注》,第17页。
② 程颢、程颐:《河南程氏遗书》卷第二十二上,第292页。
③ 程颢、程颐:《河南程氏遗书》卷第二十二上,第296~297页。

之理，禀得来便为我所有。"①

用归纳的方法，我们将万理进行哲学抽象，可谓之"理"，将人、物之性进行哲学抽象可谓之"性"，哲学之"理""性"在朱熹理学体系中具有本体论意义。二程和朱熹都将"天""理""性"看成是最高层级的范畴。当然，就逻辑上来说，"性"要比"天"和"理"低一级。

朱熹"性即理"的思想也体现在他对《中庸》的解读中，主要涉及两个方面的内容：第一，"性"在"理"的赋予下成为事物的法则和规律，"理"是世间一切之本原，是宇宙间的法则和规律，既然"性"是"理"所赋予，"性"是事物的法则和规律自是毫无疑问的。所以，朱熹"性""理"两范畴在有些地方可互换、通用，他也常常以"性"释"理"，以"理"说"性"。如他讲道："'天命之谓性'，是专言理，虽气亦包在其中，然说理意较多。"② 第二，"性"是人、物之本质，通过对人、物之"性"的探究而知"理"。作为人、物本质的"性"，并不是指人类和其他事物拥有相同的"性"，此处乃是哲学之抽象，即每个事物都有专属、具体之"性"，对之进行哲学抽象后，将之概述性地统称为"性"。朱熹说人有人之"性"，马、牛有马、牛之"性"，他们是不同的"性"。其中，人所得之"性"是最完备的"性"，而他物禀受之"性"则是不全备的。

> 如牛之性顺、马之性健，即健顺之性。虎狼之仁，蝼蚁之义，即五常之性。但只禀得来少，不似人禀得来全耳。③

正因为人有"五常"（仁、义、礼、智、性）之全，所以只

---

① 黎靖德：《朱子语类》卷一百一十七《朱子十四》，第 3687 页。
② 黎靖德：《朱子语类》卷六十二《中庸一》，第 2016 页。
③ 黎靖德：《朱子语类》卷六十二《中庸一》，第 2016 页。

第四章 朱熹《中庸》学的主要内容

有人才能真正体认到"天理"。朱熹在解答弟子"天命之谓性"的问题时讲道,人之所以能尽得万物之性,是因为万物同宗一原,即万物皆顺应"天理"而生。

> 万物皆只同这一个原头。圣人所以尽己之性,则能尽人之性,尽物之性,由其同一原故也。若非同此一原,则人自人之性,物自物之性,如何尽得?①

那么,人通过尽得事物之"性"便可以去体认"天理","性"架起了人与理之间的桥梁。这实际上是遵循孟子的思维路径和方法论:尽心—知性—知天。

(三)"性"不离"气"

"性"与"理"是一对范畴,"性"与"气"也是一对范畴。"性"与"理"是最高范畴,都属于形而上。二程、朱熹都认为"性""理"是同级的范畴,且常常"性""理"通用,但他们将"性""理"与"气"划属于不同等级的范畴。朱熹云:

> 性是形而上者,气是形而下者。形而上者全是天理,形而下者只是那查滓。至于形,又是查滓至浊者也。②

此引述说明两个问题:第一,"性"与"气"是形上之道与形下之器的关系;第二,"理""性""气""形"范畴的层级问题,"理""性"至纯至善,"气"是有杂的,而"形"(物)则是杂中的浑浊者,他的层级是"理"—"性"—"气"—"形"。实际上,我们从朱熹的论述看来,"理"与"气"是何种关系,"性"与"气"就是何种关系。

朱熹认为,"天命之谓性"言的是"理","率性之谓道"则言的是"气"。"'率性之谓道',郑氏以金木水火土,从'天命之

---

① 黎靖德:《朱子语类》卷六十二《中庸一》,第2016页。
② 黎靖德:《朱子语类》卷五《性理二》,第233页。

谓性'说来，要须从气说来方可。"① 学生问"率性之谓道"之"率"作"循"解，此"循"字是就道上说，还是就行道人上说？朱熹答曰：

> 诸家多作行道人上说，以率性便作修为，非也。率性者，只是说循吾本然之性，便自有许多道理。性是个浑沦底物，道是个性中分派条理。循性之所有，其许多分派条理即道也。"性"字通人、物而言，但人、物气禀有异，不可道物无此理。程子曰："循性者，牛则为牛之性，又不做马底性；马则为马底性，又不为牛底性。"物物各有这理，只为气禀遮蔽，故所通有偏正不同。然随他性之所通，道亦无所不在也。②

朱熹指出，"率性之谓道"指的是人当循着自己的本然之性，而事物各自有"性"，马"性"不为牛"性"，牛"性"亦不为马"性"，将"性"缕析分辨并循之，就是明"道"。之所以强调要"率性"，乃是因为人、物禀"气"之不同，人、物禀"气"之不同，人、物之"性"也就不同，就会有差异存在，故"性"要分辨之。只要正确地循"性"而行，就能够把握"道"。就人而言，人性本善，故人应该择人之善而从，循人之善而行，方能体会"天理"。

"性"与"气"的关系为：两范畴有严格界限但不相离。朱熹认为，"性"是永恒存在的，而"气"则是时存时亡的，"性"先于"气"而存在，但"性"不是"气"的来源，"性"不杂"气"，"气"亦不杂"性"。"须知未有此气已有此性，气有不存，性却常在。虽其方在气中，然气自气，性自性，亦自不相夹

---

① 黎靖德：《朱子语类》卷六十二《中庸一》，第2017页。
② 黎靖德：《朱子语类》卷六十二《中庸一》，第2018页。

第四章 朱熹《中庸》学的主要内容

杂。"① 朱熹不赞同"气"之精微为"性","性"之粗浊为"气","气"愈精微而"理"存的观点。在他看来,"理""性"都是纯明的,自然而然存在于宇宙之中,不可用粗、浊这样的词语来形容。朱熹又指出,"性"与"气"二者又是不可分离的,因为"性"与"气"和合而生物,"性""气"在成物时缺一不可,自然界、人类社会都蕴含着"性"与"气"。同时,"性""气"双方都需要对方来成就自己。朱熹解释"天命之谓性"时就指出,"这性亦离气禀不得"②。"性""气"双方不相离的前提正是二者的区别,因为区别才让我们看到二者在流行化育中各自的作用,也正是因为区别才为二者和合生物提供了条件。

朱熹指出,人、物从本质上来说是相同的,但是因为所禀气质的不同而造成人、物的差异、好坏。"气"虽然看不见摸不着,但可以通过身边的各种现象进行验证。"气"分为正之"气"和不正之"气",顺健天命的乃正之"气",不顺健天命的乃不正之"气"。朱熹云:

> 据伊川之意,人与物之本性同,及至禀赋则异。盖本性理也,而禀赋之性则气也。性本自然,及至生赋,无气则乘载不去,故必顿此性于气上,而后可以生。及至已生,则物自禀物之气,人自禀人之气。气最难看,而其可验者,如四时之间,寒暑得宜,此气之正。当寒而暑,当暑而寒,乃气不得正。气正则为善,气不正则为不善。③

在朱熹看来,草、木、虫、鱼、鸟、兽等仅得形气之偏,只有人才可得形气之正。那么按照他的理解,天命之性,仁、义、礼、智而已,人得天命之性和形气之正,理所当然该行仁义之

---

① 朱熹:《晦庵先生朱文公文集》卷四十六《答刘叔文》,第 2147 页。
② 黎靖德:《朱子语类》卷六十二《中庸一》,第 2018 页。
③ 黎靖德:《朱子语类》卷六十二《中庸一》,第 2019~2020 页。

道。但现实的情况却并不尽是这样，所以朱熹等理学家，则用禀气之清浊来解释现实中有智者、有愚者的情况，并指出人的私欲会遮蔽人的善良本性，云：

> 人虽得其形气之正，然其清浊厚薄之禀，亦有不能不异者，是以贤智者或失之过，愚不肖者或不能及，而得于此者，亦或不能无失于彼。是以私意人欲或生其间，而于所谓性者，不免有所昏蔽错杂，而无以全其所受之正；性有不全，则于所谓道者，因亦有所乖戾舛逆，而无以适乎所行之宜。惟圣人之心，清明纯粹，天理浑然，无所亏阙，故能因其道之所在，而为之品节防范，以立教于天下，使夫过不及者，有以取中焉。①

朱熹用其"性""气"的理论批判了孟子、荀子、杨朱的人性论的思想。"论性不论气，孟子也。不备，但少欠耳。论气不论性，荀、杨也。不明，则大害事。"② 认为论"性"必及"气"，论"气"亦需及"性"，否则将是不备、不明。

（四）"尽性"的认识论意义——知"天"的重要环节

《中庸》云："自诚明，谓之性；自明诚，谓之教。诚则明矣，明则诚矣。唯天下至诚，为能尽其性；能尽其性，则能尽人之性；能尽人之性，则能尽物之性；能尽物之性，则可以赞天地之化育；可以赞天地之化育，则可以与天地参矣。"③ 此段涉及两个问题，一是涉及"性"与"诚"的关系问题。朱熹为此亦作了详细的说明，此问题将放在"诚"论中进行阐述。二是"尽性"的实践意义，指的是"尽性"能参与天地化育。

引文中对"性"做个三个层次的划分："尽性""尽人之性"

---

① 朱熹：《四书或问·中庸或问上》，第551页。
② 黎靖德：《朱子语类》卷六十二《中庸一》，第2020页。
③ 朱熹：《四书章句集注》，第32页。

第四章　朱熹《中庸》学的主要内容

"尽物之性"。三者有高低之分,"尽性"站在"天理"的高度,"尽人之性"站在人的角度,"尽物之性"是站在人之外的他物的角度。"尽性"的内涵要广于"尽人之性""尽物之性"的内涵,"尽人之性"的内涵要广于"尽物之性"的内涵。"尽"是"无所往而不尽"之意,指的是对事物的全面认知,包括事物的彼此、内外、终始等。"性"的具体内涵指的是仁、义、礼、智。"尽性"就是站在"天理"的高度去把握仁、义、礼、智;"尽人之性"就是在"尽性"的基础上去理解人之"性",具体说来,就是能分辨智愚、夭寿、清浊,等等,使得人各得其所;"尽物之性"就是以人之"性"去认识物之"性",具体说来,就是顺应自然规律,使万物各得其宜。这是一种先总而后分的认知模式,即先把握"理",再将"理"用之于对万事万物的认知和实践中。朱熹云:

> 性便是仁义礼智。"尽"云者,无所往而不尽也。尽于此,不尽于彼,非尽也;尽于外,不尽于内,非尽也。尽得这一件,那一件不尽,不谓之尽;尽得头,不尽得尾,不谓之尽。如性中之仁,施之一家而不能施之宗族,施之宗族不能施之乡党,施之乡党不能施之国家天下,皆是不尽。至于尽礼、尽义、尽智,亦如此。至于尽人,则凡或仁或鄙、或夭或寿,皆有以处之,使之各得其所。至于尽物,则鸟兽虫鱼、草木动植,皆有以处之,使之各得其宜。尽性、尽人、尽物大概如此。[①]

朱熹讲得十分具体:

> 且如仁能尽父子之仁,推而至于宗族,亦无有不尽;又推而至于乡党,亦无不尽;又推而至于一国,至于天下,亦

[①] 黎靖德:《朱子语类》卷六十四《中庸三》,第2114页。

无有不尽。若只于父子上尽其仁，不能推之于宗族，便是不能尽其仁。能推之于宗族，而不能推之于乡党，亦是不能尽其仁。能推之于乡党，而不能推之于一国、天下，亦是不能尽其仁。能推于己，而不能推于彼，能尽于甲，而不能尽于乙，亦是不能尽。且如十件事，能尽得五件，而五件不能尽，亦是不能尽。如两件事尽得一件，而一件不能尽，亦是不能尽。只这一事上，能尽其初，而不能尽其终，亦是不能尽。能尽于蚤，而不能尽于莫，亦是不能尽。就仁上推来是如此，义礼智莫不然。然自家一身，也如何做得许多事，只是心里都有这个道理。且如十件事，五件事是自家平生晓得底，或曾做来；那五件平生不曾识，也不曾做，卒然至面前，自家虽不曾做，然既有此道理，便识得破，都处置得下，无不尽得这个道理。如"能尽人之性"，人之气禀有多少般样，或清或浊，或昏或明，或贤或鄙，或寿或夭，随其所赋，无不有以全其性而尽其宜，更无些子欠阙处。是它元有许多道理，自家一一都要处置教是。如"能尽物之性"，如鸟兽草木有多少般样，亦莫不有以全其性而遂其宜，所以说"惟天下之至诚，为能尽人物之性"。盖圣人通身都是这个真实道理了，拈出来便是道理，东边拈出东边也是道理，西边拈出西边也是道理。如一斛米，初间量有十斗，再量过也有十斗，更无些子少欠。若是不能尽其性，如元有十斗，再量过却只有七八斗，少了三二斗，便是不能尽其性。天与你许多道理，本自具足，无些子欠阙，只是人自去欠阙了它底，所以《中庸》难看，便是如此。须是心地大段广大，方看得出；须是大段精微，方看得出；精密而广阔，方看得出。①

---

① 黎靖德：《朱子语类》卷六十四《中庸三》，第2112~2113页。

从上段引述可知,"尽性"是全方位的"尽",同时,朱熹此处讲"尽性"主要就实践上来说的,是"天理"指导下的实践,通过不断的实践又能参天地之化育。朱熹还指出,无论是"尽人性"还是"尽物性",从根本上来说,都是对"性"的把握。所不同的是,人、物禀气有所不同,人可能得"气"之清、"气"之正,亦可能得"气"之浊、"气"之偏,但物所得只是"气"之偏。禀气的浊与偏不会使得认识过程无意义,亦不会造成认知的障碍,因为在朱熹看来,气禀虽不同,但是人与物有个善的根基("性")在那里,认识事物的过程其实就是明善的过程,就是识得"天理"的过程。因为人有善底,便有了开化的可能性,加之圣人的教化,人便可复其善底。朱熹把物的自然之性亦称作善底,故人只需去顺健它、循着它便是认识物之善。朱熹还举例说明人顺着马之性,便可鞭策而乘之(此过程朱熹亦将之称作教化),便尽得了物之性。能尽性则德无不实,私欲无所存,事物的精粗巨细,则无不尽也。朱熹认为,人、物之性,就是吾之性,吾去尽之,则知无不明而处之亦无不当矣。当人、物各得其所,则天地与我并立焉。"尽人之性,如黎民时雍,各得其所。尽物之性,如鸟兽草木,咸若如此。则可以'赞天地之化育',皆是实事,非私心之仿像也。"① "尽"只是就好处、善处去"尽",无丝毫偏差的去"尽"。

(五)孟子"尽心"与朱熹"尽性"之异同

"尽心"—"知性"—"知天"是孟子的儒学思维模式和方法论,对各历史阶段儒学理论之构建都起到了重要的作用。子思在《中庸》中的思维模式是"至诚"—"尽性"(包括人与物之性)—"知天"。《孟子》和《中庸》的立足点和谈及的内容不同,所以必然会有不同的思维路径和认知模式,但从本质上来看

---

① 黎靖德:《朱子语类》卷六十四《中庸三》,第 2115 页。

是一致的，殊途而同归。孟子的认知模式是单线的，由"心"过渡到"性"而至于"天"，最后实现天人合一；子思的认知模式是一个圆形的，由"诚"过渡到"性"而至于"天"，"诚"在《中庸》中是形上之范畴，是"天道"，也就是说，子思认为要先立乎大（立"道"），后具体去认识人、物之"性"，最后回归于"天道"，实现天与人更高层次的合一。

此处，我们着重要讨论的是"尽心"与"尽性"。朱熹认为二者既有区别也有联系。孟子讲"尽心"主要有两层含义：一是归复到自己的善良本心；第二是扩充、充养自己的内心。学生问朱熹《中庸》之"尽性"与《孟子》之"尽心"之异同，朱熹认为二者肯定是有区别的。他指出，"尽心"就是察见灵虚之心的妙用处而得浑然全体；"尽性"就是获得事物的本然之理而无所欠缺。"尽心"针对的是全体，"尽性"针对的是事物；"尽心"重知，"尽性"重行；"尽心"在灵虚浑沦处，"尽性"在事物零碎处。但是故意去区分二者的不同，并不能准确把握二者的特点。朱熹指出，"至诚"之后，"心"与"性"的差异便可得见，所以，朱熹在《中庸》诠释中特别强调和重视"至诚"。"尽心"和"尽性"的差异在朱熹看来只是侧重点不同，并无本质上的差异。

> 或曰："中庸之尽性，即《孟子》所谓尽心否？"曰："只差些子。"或问差处。曰："不当如此问。今夜且归去与众人商量，晓得个'至诚能尽人物之性'分晓了，却去看尽心，少间差处自见得，不用问。如言黑白，若先识得了，同异处自见。只当问黑白，不当问黑白同异。"久之，又曰："尽心是就知上说，尽性是就行上说。"或曰："能尽得真实本然之全体是尽性，能尽得虚灵知觉之妙用是尽心。"曰："然。尽心就所知上说，尽性就事物上说。事事物物上各要尽得它道理，较零碎，尽心则浑沦。盖行处零碎，知处却浑

第四章 朱熹《中庸》学的主要内容

沦。如尽心,才知些子,全体便都见。"①

又:

> 若说大概,则尽心是知,尽性是行。尽心是见得个浑沦底,尽性是于零碎事物上见。尽心是见得许多条绪都包在里许,尽性则要随事看,无一之或遗。且如人之一身,虽未便要历许多事,十事尽得五事,其余五事心在那上,亦要尽之。其他事,力未必能为,而有能为之理,亦是尽也。至诚之人,通身皆是实理,无少欠阙处,故于事事物物无不尽也。②

"尽心""尽性"二者又是相联系的。学生问朱熹,是否"尽心"了方可"尽性"? 得到了朱熹肯定性的回答:"曰:然。孟子云'尽其心者,知其性也,知性则知天',便是如此。"③ 从此回答来看,朱熹所谓的"尽性",实际上就是孟子所谓"知性"。朱熹讲"尽心",指的是灵虚之心对浑然之全体的认识,全体当然包括事物本然之性、实然之理,所以"尽心"方能"尽性"是正确的逻辑推理。

四、"诚"论

"诚"是《中庸》中最深奥、最隐微的范畴之一,亦是《中庸》着重要阐释的内容,有学者就将《中庸》看作两个部分:第一部分论"中庸";第二部分论"诚明"。但朱熹并不会认同《中庸》为两个部分的观点,他认为《中庸》是连贯完整的。朱熹费了很多心思去思索"诚",他对"诚"的阐释十分详细、周密,

---

① 黎靖德:《朱子语类》卷六十四《中庸三》,第2113~2114页。
② 黎靖德:《朱子语类》卷六十四《中庸三》,第2114~2115页。
③ 黎靖德:《朱子语类》卷六十四《中庸三》,第2114页。

还得出了前人在研究《中庸》之"诚"时未得出的观点。

"诚"大概最初与祭祀相关，到了战国时期，被子思赋予了新的意义，其新意的表达集中在《中庸》一书中。"诚"由具体的有指向的含义逐步哲理化、系统化。子思在《中庸》中对"诚"进行了抽象的哲理性的概说，为后儒对其多方位的诠释创造了条件。尤其到了宋明理学家这里，"诚"又被赋予了理学意义。在众多理学家的诠释中，朱熹对《中庸》之"诚"的阐释是最丰富的，而且他还站在《中庸》整体的高度来看待"诚"的作用，指出"诚"是《中庸》的枢纽。同时，还把"诚"与其他范畴类应起来进行论述。朱熹"诚"的思想对后世有关"诚"的论述产生了重要的影响。

（一）"诚"的内涵——"真实无妄"的"天理"

周敦颐在其《通书》中就专门论述过"诚"。《通书》中有关"诚"的论述大大启发了朱熹。朱熹《通书解》作于淳熙十四年（1187），此时朱熹的《中庸》学说已经趋于成熟。朱熹完全是从其理学体系出发来解释《通书》的，他的附解已经与周敦颐《通书》本意有些差异了。按照朱熹对《中庸》章节的划分，《中庸》第二十章至第二十六章，第三十二章都在直接论"诚"。这几章的论述是除了首章之外最具形上之思的部分。何谓"诚"？濂溪认为自然无为是"诚"，寂然不动是"诚"，融入了道家的思想；朱熹则认为"真实无妄"的"天理"是"诚"。"诚者，真实无妄之谓，天理之本然也。"[①] 就是不虚妄、不造作，自然流行于天地之间。"诚"是用来形容"天道"（"天理"），表达"天道"状态的。"诚"又能沟通天道、人道，又是修道之重要方法，故子思重之，朱熹亦重之。从逻辑来说，"诚"并不等于"天道"本身，但朱熹在论"诚"时，常以"诚"来指代"天道"。濂溪讲

---

① 朱熹：《中庸章句》，第31页。

第四章　朱熹《中庸》学的主要内容

"诚"无为，并认为无为才是"天道"最真实的状态，朱熹从理学的角度出发，自然而然会联想到"天理"之实然。"诚"虽是实理，但它不是高悬于万物之上的存在，他必须通过人事才能得以表现。故《中庸》云："诚者，天之道；诚之者，人之道。"①"诚"与"诚之"的区别就是"天道"与"人道"的区别。何谓"诚之"呢？指的是凡俗之人无法直接达于"诚"，必须通过修炼即"博学""审问""慎思""明辨""笃行"的工夫和永不言弃、择善而从的坚持方能得"天道"。

>"诚之者，未能真实无妄，而欲其真实无妄之谓，人之道也。"此言在人当有真实无妄之知行，乃能实此理之无妄，指人事而言也。盖在天固有真实之理，在人当有真实之功。②

圣人气质纯正，不假外求而自然得"诚"，所谓"不思而得，不勉而中"。凡俗之人则需要通过自身的努力而得"诚"。朱熹指出，学者还要实实在在、真真切切去体验"至诚"的过程，否则就不算是真正的"至诚"。朱熹云：

>诚是天理之实然，更无纤毫的作为。圣人之生，其禀受浑然，气质清明纯粹，全是此理，更不待修为，而自然与天为一。若其余，则须是"博学""审问""谨思""明辨""笃行"。如此不已，直待得仁义礼智与夫忠孝之道，日用本分事无非实理，然后为诚。有一豪见得与天理不相合，便于诚有一豪未至。如程先生说常人之畏虎，不如曾被虎伤者畏之出于诚实，盖实见得也。今于日用间若不实见得是天理之自

---

① 朱熹：《中庸章句》，第31页。
② 黎靖德：《朱子语类》卷六十四《中庸三》，第2108页。

然，则终是于诚为未至也。①

"诚"同时又是天人合一的状态，"诚"是从"天道"与"人道"两个方面展开来说的，前者是主理、主天而言之，后者是主事、主人而言之。故二者融合的最佳状态就是天与人的和谐。杜维明先生指出"诚"是"确定性地指向了人的真实存在，这种真实存在不仅是自我认识的基础，而且也是人同天合一的根据。这似乎意味着，使一个人能够充分实现自己并进而理解所谓天的东西，就内在于他自己的本性之中"②。朱熹认为孟子所言的"万物皆备于我"指的是"诚"即"天道"，"反身而诚"有一个"求诸己"的过程，故指的是"诚之"即"人道"。"孟子言'万物皆备于我'，便是'诚'，'反身而诚'，便是'诚之'。反身，只是反求诸己。诚，只是万物具足，无所亏欠。"③ 在《孟子集注》中，朱熹对"万物皆备于我矣"注解为："此言理之本然也。大则君臣父子，小则事物细微，其当然之理，无一不具于性分之内也。"④ 对"反身而诚，乐莫大焉"的注解为："言反诸身，而所备之理，皆如恶恶臭、好好色之实然，则其行之不待勉强而无不利矣，其为乐孰大于是。"⑤ "万物皆备于我"，指的是万物之理在吾之心中，如何获得"理"？方法就是"反身而诚"或者"反求诸己"，以达于一种浩然之境。《中庸》之"诚"虽然没有直接阐释"万物皆备于我"的思想，但已经蕴含在《中庸》之中。显然，孟子直接继承和发展了《中庸》"诚"的思想。朱熹将《中庸》之"诚"与《孟子》之"诚"联系起来，丰富了《中庸》之

---

① 黎靖德：《朱子语类》卷六十四《中庸三》，第 2107~2108 页。
② 杜维明著，段德智译、林同奇校：《〈中庸〉洞见》，北京：人民出版社，2008 年，第 91 页。
③ 黎靖德：《朱子语类》卷六十四《中庸三》，第 2107 页。
④ 朱熹：《孟子集注》，第 350 页。
⑤ 朱熹：《孟子集注》，第 350 页。

第四章 朱熹《中庸》学的主要内容

"诚"的思想。

(二)"诚"的作用——"成己""成物"

《中庸》云:"诚者自成也,而道者自道也。诚者物之终始,不诚无物。"① 可见,"诚"能"自成",也能"成物"。朱熹解曰:

> "诚者,是个自然成就底道理,不是人去做作安排底物事。道自道者,道却是个无情底道理,却须是人自去行始得。这两句只是一样,而义各不同。何以见之?下面便分说了。"又曰:"诚者自成,如这个草树所以有许多根株枝叶条干者,便是它实有。所以有许多根株枝叶条干,这个便是自成,是你自实有底。如人便有耳目鼻口手足百骸,都是你自实有底。道虽是自然底道理,然却须你自去做始得。"②

又:

> 盖有是实理,则有是天;有是实理,则有是地。如无是实理,则便没这天,也没这地。凡物都是如此,故云"诚者自成",盖本来自成此物。到得"道自道",便是有这道在这里,人若不自去行,便也空了。③

朱熹认为,"自成"是就实实在在的事物而言的,讲的是每种事物自有其形质;而"自道"则是就实践而言的,讲的是事物各有其道理,人应该去格之。"理"真实无伪,它是不依赖任何事物而独立存在的,但"理"又不是毫无作为,它是流动不息的,故可以"成己""成物",无"理"、无"诚"则不可能有物。有了"理",有了物,人则需去知之,去行之,即"自道",否则

---

① 朱熹:《四书章句集注》,第 33~34 页。
② 黎靖德:《朱子语类》卷六十四《中庸三》,第 2122 页。
③ 黎靖德:《朱子语类》卷六十四《中庸三》,第 2122 页。

169

就会流于空洞。具体来说,天地、花草树木、虫兽鸟鱼,还有人类都各有其实理,有了这实理,物则"自成"了。具有主观能动性的人就当在这物上去寻求这实理。

"诚者自成"还表现为"诚"("理")贯穿于事物产生、发展、消亡的始终,所以人去探寻这道理亦要贯穿事物的始终,对事物进行全面性的认知,才算是真正地把握了该事物。朱熹言:"诚以心言,本也;道以理言,用也。"① 学生对"诚以心言"存有疑问,朱熹答曰:"'诚以心言'者,是就一物上说。凡物必有是心,有是心然后有是事。"② 实际上,朱熹的这个解释还是模糊的,以心言"诚",可以理解,"至诚"肯定要发挥心的作用,但是以"心"言物、言事则让人费解。他又说:"故人之心一有不实,则虽有所为亦如无有,而君子必以诚为贵也。盖人之心能无不实,乃为有以自成,而道之在我者亦无不行矣。"③ 原来朱熹言的并不是心,而是存于心中的实有之"理"。有是"理"方有是物、是事。"诚以心言,本也;道以理言,用也。"可以这样理解:理也,诚之本;道也,理之用。说"道"是"理"之发用,此"道"指的是"人道"。实际上,朱熹所言的"诚者自成"与"道自道"并无本质的差别,他说:"'自成'若只做'自道'解,亦得。"④ 按照以上的阐述,似乎是"自成"在前,"自道"在后,实际上,"自成"至"自道"是一个自然而然的发生过程。在中国哲学中,尤其在形而上的层面,常常会把这样的情况作笼统的概说。例如:A、B 为两个不同名称而实际内涵相同的哲学范畴,常常会见到这样的表达方式:A、B,一也,或者说:A,B 也。所以在朱熹的《中庸》诠释中,"诚""道""理"常常是

---

① 朱熹:《四书章句集注》,第 33~34 页。
② 黎靖德:《朱子语类》卷六十四《中庸三》,第 2122 页。
③ 朱熹:《四书章句集注》,第 34 页。
④ 黎靖德:《朱子语类》卷六十四《中庸三》,第 2123 页。

第四章 朱熹《中庸》学的主要内容

互通的。

《中庸》接着说:"诚者非自成己而已也,所以成物也。成己,仁也;成物,知也。"① 从上段的分析可以看出,朱熹实际上是将"自成"等同于"成物"。但是他在解释此句话的时候又讲道:

> "诚者非自成己而已。"此"自成"字与前面不同,盖怕人只说"自成",故言"非自成己,乃所以成物"。故成己便以仁言,成物便以知言。盖成己、成物固无内外之殊,但必先成己,然后能成物,此道之所以当自行也。②

朱熹的意思是"诚者自成"与"诚者非自成己而已也"这两处的"自成"是不同的,但我们从他的解说中,上段的"自成"与此处的"自成己"并未有什么不同,朱熹只是想要强调"诚"不但可以"自成己",还可以"成物"。他又指出,"自成己"自然而然能及于物,实际上就是上段分析"自成"乃"成物"的意思。"成己,仁也"指的是无一毫之私欲,故"成己",故为"仁";"成物,知也"指的是物各得其所,故"成物",故为"知"。"诚虽所以成己,然在我真实无伪,自能及物。自成己言之,尽己而无一毫之私伪,故曰仁;自成物言之,因物成就而各得其当,故曰知。此正与'学不厌,知也;教不倦,仁也'相反。然圣贤之言活,当合随其所指而言,则四通八达矣。仁,如'克己复礼'皆是;知,如应变曲当皆是。"③ "诚"在"成己""成物"的过程中彰显着"仁"和"知"。在"仁"和"知"中,"仁"是本体,而"知"是发用。"仁者体之存;知者用之发。"④

---

① 朱熹:《四书章句集注》,第 34 页。
② 黎靖德:《朱子语类》卷六十四《中庸三》,第 2128 页。
③ 黎靖德:《朱子语类》卷六十四《中庸三》,第 2128 页。
④ 朱熹:《四书章句集注》,第 34 页。

在仁、义、礼、智、信五常中，仁是最为根本的，统领其余四者，理学家常常把"仁"上升到"天道""天理"的层面，认为有"仁"才会产生这世界。

子思是对"成己""成物"作了区分的，"诚者自成"言的是"诚"无须外求而自身圆满，故曰"自成"，但"诚"不只是"自成己"而已，还要将"诚"推及宇宙的各个角落，故曰"成物"。朱熹解释"诚者自成""成物"更多的是从物的角度来解释的，这就将两种情况作一种情况说，似乎与原文有不合之处，反而更强调的是"诚"与"道"的联系和区分。

（三）"诚"的特点——贯穿物之终始

《中庸》"诚者物之终始"，讲的是"诚"贯穿于事物发展的全过程。"诚"是真实无妄的"天理"，"天理"流行化育万物，有"理"方有物，物之所以存在的原因是因为有物之"理"，"理"贯穿事物生长、发展、消亡的全部过程，代表"天理"的"诚"当然亦是贯穿事物生长、发展、消亡的全部过程。朱熹云：

> 且看他圣人说底正文语脉，盖"诚者物之终始"却是事物之实理，始终无有间断。自开辟以来，以至人物消尽，只是如此。在人之心，苟诚实无伪，则彻头彻尾，无非此理。一有间断，则就间断处，即非诚矣。如圣人至诚，便是自始生至没身，首尾是诚。颜子不违仁，便是自三月之初为诚之始，三月之末为诚之终，三月以后便不能不间断矣。"日月至焉"，只就至焉时便为终始，至焉之外即间断而无诚，无诚即无物矣。不诚，则"心不在焉，视不见，听不闻"，是虽谓之无耳目可也。且如"禘自既灌而往不欲观"，是方灌时诚意存焉，即有其祭祀之事物。及其诚意一散，则虽有升

第四章 朱熹《中庸》学的主要内容

降威仪,已非所以为祭祀之事物矣。①

"诚"贯穿事物发展的终始而无间断,这就告诉我们在认知、体验"诚"时不能半途而废,今天做到了"诚",明天又放松不去体会,便不是真正的知"诚"。朱熹举颜回之例,说明去认知、体验"诚"并不是件易事。事物的发展有很多阶段,每个阶段有每个阶段的"理",生的阶段有生之"理",成长的阶段有成长之"理",灭的阶段则有灭之"理"。要认真区分阶段,才能正确地去认知。在认知、体验"诚"的时候,还要区别不同的事物有不同的"理",为人子当孝,为人臣当忠,为人友当信,为人弟当悌,等等,这些"理"可以同时表现在一个人的身上。朱熹强调,我们不能仅仅只是去明白这些道理,同时还要将孝、忠、信、悌等德性贯彻到我们生命活动的始终,否则便不是真正的"至诚"。朱熹之所以强调将"诚"贯通于物之终始,就是要我们体物之时不能遗漏。"'诚者,物之终始',犹言'体物而不可遗',此是相表里之句。从头起至结局,便是有物底地头,着一些急不得。"② 接着又言:"有一尺诚,便有一尺物;有一寸诚,便有一寸物。"③

如果不将"诚"("理")贯彻于事物之终始,则无物存在,所谓"诚者物之终始,不诚无物"④。又:"'诚者,物之终始。'物之终始皆此理也,以此而始,以此而终。物,事也,亦是万物。'不诚无物',以在人者言之。"⑤ 朱熹认为,"诚者物之终始"是以"理"而言的,讲的是"理"之贯通性;"不成无物"是以人、事而言的,言的是"理"之化育万物。不"诚"则有所

---

① 黎靖德:《朱子语类》卷六十四《中庸三》,第2124页。
② 黎靖德:《朱子语类》卷六十四《中庸三》,第2123~2124页。
③ 黎靖德:《朱子语类》卷六十四《中庸三》,第2124页。
④ 朱熹:《四书章句集注》,第34页。
⑤ 黎靖德:《朱子语类》卷六十四《中庸三》,第2125页。

173

空缺，有空缺则无物成。实际上此二者就是"自成"与"成物"关系问题的进一步展开。朱熹举例说，比如读书，开始心放在读书上，后来心不在焉，就是未把读书之理贯彻始终，便不可谓之读书。朱熹云：

> "诚者，物之终始。"来处是诚，去处亦是诚。诚则有物，不诚则无物。且如而今对人说话，若句句说实，皆自心中流出，这便是有物。若是脱空诳诞，不说实话，虽有两人相对说话，如无物也。且如草木自萌芽发生，以至枯死朽腐归土，皆是有此实理，方有此物。若无此理，安得有此物。①

由以上论述可知，朱熹对"诚"的构建有两个层次：第一，"诚"之形上构建；第二，"诚"之实践。前者就是将"诚"等同于"理"，指的是事物之规律、道理，后者是在前者的指导之下，人们需要将"诚"贯彻于日用生活中。朱熹非常强调"诚"的实践意义。他讲道："孝而不诚，于孝则无孝；弟而不诚，于弟则无弟。"② 朱熹还指出，不论是去体会真实无妄的"诚"（"理"），还是去体"物"，都要用一颗实实在在的心才能为之，心一有不实，则一切都是虚妄。

（四）"至诚"的两种情况——圣人之"至诚"与凡人之"至诚"

《中庸》云："唯天下至诚，为能尽其性；能尽其性，则能尽人之性；能尽人之性，则能尽物之性；能尽物之性，则可以赞天地之化育；可以赞天地之化育，则可以与天地参矣。其次致曲，曲能有诚，诚则形，形则著，著则明，明则动，动则变，变则

---

① 黎靖德：《朱子语类》卷六十四《中庸三》，第 2125 页。
② 黎靖德：《朱子语类》卷六十四《中庸三》，第 2127 页。

第四章 朱熹《中庸》学的主要内容

化,唯天下至诚为能化。"① 何为"至诚",朱熹解曰:"至,极也,如《易》'至神''至变'。"② "至诚"乃"极诚"之意。具体到朱熹诠释《中庸》之"诚"而言,"至诚"或"极诚"有两个层面的含义,一是穷尽之义,二是无不周遍之义。子思将"至诚"分成了两种情况,一是"天下至诚",二是"致曲而有诚"。郑玄、孔颖达、朱熹都是从两个方面来论述,他们从圣人的角度来论述第一种情况,从未至诚而欲致之者的角度来论述第二种情况。第一种情况,朱熹解曰:

> 天下至诚,谓圣人之德之实,天下莫能加也。尽其性者德无不实,故无人欲之私,而天命之在我者,察之由之,巨细精粗,无毫发之不尽也。人物之性,亦我之性,但以所赋形气不同而有异耳。能尽之者,谓知之无不明而处之无不当也。赞,犹助也。与天地参,谓与天地并立为三也。此自诚而明者之事也。③

朱熹认为圣人纯明无私欲,德性充实,不思而得,不勉而中,自然而然无所不尽,故能参天地化育,故能至天下之"诚",实际上就是"诚明"。第二种情况朱熹解曰:

> 其次,通大贤以下凡诚有未至者而言也。致,推致也。曲,一偏也。形者,积中而发外。著,则又加显矣。明,则又有光辉发越之盛也。动者,诚能动物。变者,物从而变。化,则有不知其所以然者。盖人之性无不同,而气则有异,故惟圣人能举其性之全体而尽之。其次则必自其善端发见之偏,而悉推致之,以各造其极也。曲无不致,则德无不实,

---

① 朱熹:《四书章句集注》,第 32~33 页。
② 黎靖德:《朱子语类》卷六十四《中庸三》,第 2112 页。
③ 朱熹:《四书章句集注》,第 32~33 页。

而形、著、动、变之功自不能已。积而至于能化，则其至诚之妙，亦不异于圣人矣。①

何为"曲"？朱熹认为就是不正而有所偏。"曲"就是禀气之偏，但朱熹认为此偏指的是善之偏，即偏于仁或偏于义，等等，不是从坏处说的。"致"就是推而至于极的意思。凡俗之人有所不尽，不能全，"致曲"讲的就是凡人如何"至诚"。凡俗之人如何至"诚"呢？换句话说，有偏之人如何至"诚"呢？朱熹将"曲能有诚"又分作了两个认识阶段，第一个阶段是"致曲"；第二个阶段是"至诚"。他举例说，一个人禀的木气较多，那么此人就是温厚慈祥而有仁，所谓"木神则仁"，但是单就仁上去发，就没有了刚强果断，如果把木气扩充而无丝毫之不仁，即推至于极，就是"致曲"，用朱熹的话说就是：

> 人所禀各有偏善，或禀得刚强，或禀得和柔，各有一偏之善。若就它身上更求其它好处，又不能如此，所以就其善端之偏而推极其全。恻隐、羞恶、是非、辞逊四端，随人所禀，发出来各有偏重处，是一偏之善。②

"致曲"之后，德性开始充实，便能"形""著""明""动""变""化"，经过这些阶段之后也可以"至诚"，即"明诚"。朱熹认为，如果能做到如此，亦和圣人"至诚"（"诚明"）无所差异。学生问朱熹"致曲"是否就其所长上而推致之，朱熹答曰：

> 不只是所长，谓就事上事事推致。且如事父母，便就这上致其孝；处兄弟，便致其恭敬；交朋友，便致其信：此所谓"致曲"也。能如此推致，则能诚矣。不是全体，只是

---

① 朱熹：《四书章句集注》，第33页。
② 黎靖德：《朱子语类》卷六十四《中庸三》，第2118页。

176

一曲。①

但问题是,既然只是偏之善,有何能至"诚"呢?因为"诚"是完满的全体。为此,朱熹做了许多的说明。"致曲"虽是一偏之善,但是在致的过程中,许多善德相互而发,如有人禀木气多,则其人仁,但是在扩充之时,义、礼、智、信等善德会相互关照,因而能认知到"诚"。"致曲"虽是把一善推而至于极,但在实际的认识过程中,各善都是相互贯通的,能由此而及于彼,并将其他善也推而至于极,从这个角度来说,"致曲"亦可以称之为"致全"。所以朱熹才会说:

> 随其善端发见于此,便就此上推致以造其极,发见于彼,便就彼上推致以造其极,非是止就其发见一处推致之也。如《孟子》"充其无欲害人之心,而仁不可胜用;充无穿窬之心,而义不可胜用",此正是致曲处。东坡文中有一处说得甚明。如从此恻隐处发,便从此发见处推至其极;从羞恶处发,便就此发见处推至其极,孟子所谓广充其四端是也。曲无不致,则德无不实,而明著动变积而至于能化,亦与圣人至诚无异矣。②

圣人"至诚"容易,凡人则需要经过不断的努力方可"至诚",这个努力的过程实际上就是格物致知的过程。我们通过对朱熹的论说和《中庸》原文的对比分析来看,朱熹的"至诚"思想是对子思思想的合理发挥。

《中庸》接着又继续从圣人的角度来分析"至诚"的意义。它是从两个方面来说明的,第一方面是从"至诚"的预知性来说的:

---

① 黎靖德:《朱子语类》卷六十四《中庸三》,第 2118 页。
② 黎靖德:《朱子语类》卷六十四《中庸三》,第 2118~2119 页。

> 至诚之道，可以前知。国家将兴，必有祯祥；国家将亡，必有妖孽；见乎蓍龟，动乎四体。祸福将至：善，必先知之；不善，必先知之。故至诚如神。①

朱熹认为圣人真实无伪，广大渊微，必能感乎祯祥、妖孽，必能知善与不善。也就是说，圣人能通过一些征兆来判断事物的发展方向。

> 在我无一豪私伪，故常虚明，自能见得。如祯祥、妖孽与蓍龟所告，四体所动，皆是此理已形见，但人不能见耳。圣人至诚无私伪，所以自能见得。且如蓍龟所告之吉凶甚明，但非至诚人却不能见也。②

"至诚"的预知性，可以让我们做到有言而不颠，有事而不困，有行而不疚，有道而不穷。

第二方面是从圣人的功业来说：

> 故至诚无息，不息则久，久则征，征则悠远，悠远则博厚，博厚则高明。博厚，所以载物也；高明，所以覆物也；悠久，所以成物也。博厚配地，高明配天，悠久无疆。如此者，不见而章，不动而变，无为而成。天地之道，可一言而尽也：其为物不贰，则其生物不测。天地之道：博也，厚也，高也，明也，悠也，久也。③

圣人感物而不间断，合乎中，验于外，能悠远、博厚、高明。博厚则载物，高明则覆物，悠久则成物：在朱熹看来，这些都是圣人之功业的表现。他对悠久、博厚、高明的注解是：

---

① 朱熹：《四书章句集注》，第33页。
② 黎靖德：《朱子语类》卷六十四《中庸三》，第2121页。
③ 朱熹：《四书章句集注》，第34页。

第四章 朱熹《中庸》学的主要内容

> 存诸中者既久,则验于外者益悠远而无穷矣。悠远,故其积也广博而深厚;博厚,故其发也高大而光明。……悠久,即悠远,兼内外而言之也。本以悠远致高厚,而高厚又悠久也。此言圣人与天地同用。①

博厚、高明、悠久是相续而又贯通的"至诚"过程,圣人广博而深厚、高大而光明,参天地之流行化育,故谓与天地"同用",可配天地之道。博厚与地配,高明与天配,悠久则生生不息。圣人将天与地都囊括在心中,故谓:"此言圣人与天地同体。"② 圣人功业伟大,我们当然应该跟随圣人的步伐,言圣人之言,行圣人之道,最后方能达到"万物皆备于我矣。反身而诚,乐莫大焉"的境界。

《中庸》中除了多次提到"至诚"之外,还提到了"至圣",并对二者作了相对应的论述。云:

> 唯天下至圣,为能聪明睿知,足以有临也;宽裕温柔,足以有容也;发强刚毅,足以有执也;齐庄中正,足以有敬也;文理密察,足以有别也。溥博渊泉,而时出之。溥博如天,渊泉如渊。见而民莫不敬,言而民莫不信,行而民莫不说。是以声名洋溢乎中国,施及蛮貊;舟车所至,人力所通;天之所覆,地之所载,日月所照,霜露所队;凡有血气者,莫不尊亲,故曰配天。唯天下至诚,为能经纶天下之大经,立天下之大本,知天地之化育。夫焉有所倚?肫肫其仁,渊渊其渊,浩浩其天。苟不固聪明圣知达天德者,其孰能知之?③

---

① 朱熹:《四书章句集注》,第34页。
② 朱熹:《四书章句集注》,第34页。
③ 朱熹:《四书章句集注》,第38~39页。

朱熹认为,"至圣"指的是德性发于外而能为人所见,"至诚"则指的是发见于外的内在原因或者说发见于外的本质内容。朱熹又指出,"至诚"要比"至圣"的层次高。"至诚"是圣人才能达到的,"至圣"普通人即可达到。他说:

> 至圣、至诚只是以表里言。至圣,是其德之发见乎外者,故人见之,但见其"溥博如天,渊泉如渊,见而民莫不敬,言而民莫不信",至"凡有血气者莫不尊亲",此其见于外者如此。至诚,则是那里面骨子。经纶大经,立大本,知化育,此三句便是骨子,那个聪明睿知却是这里发出去。至诚处,非圣人不自知;至圣,则外人只见得到这处。①

学生又问"至诚"与"至圣"的关系是否就是体用关系,朱熹答曰:"体用也不相似,只是说得表里。"② 普通人看到的只是"表",圣人看到的才是"里",即"理"。进而言之,圣人制定各种礼仪、制度,常人依据圣人制定的礼仪、制度而有所见,有所言、有所行。

圣人浑然天理,不思而得,不勉而中,自然而然"至诚",但凡俗之人"至诚"的具体方法是什么呢?《中庸》给出的答案是"反身而诚"(侧重于知)和"择善而固执之"(侧重于行)。朱熹在任何时候都强调知行要合一,云:

> 在下位不获乎上,民不可得而治矣;获乎上有道:不信乎朋友,不获乎上矣;信乎朋友有道:不顺乎亲,不信乎朋友矣;顺乎亲有道:反诸身不诚,不顺乎亲矣;诚身有道:不明乎善,不诚乎身矣。③

---

① 黎靖德:《朱子语类》卷六十四《中庸三》,第2144页。
② 黎靖德:《朱子语类》卷六十四《中庸三》,第2144页。
③ 朱熹:《四书章句集注》,第31页。

第四章 朱熹《中庸》学的主要内容

又：

> 诚之者，择善而固执之者也。①

朱熹认为，"反身而诚"是要从自己的内心出发，即使你有为善的行为，但内心并无向善之心，亦是不诚。朱熹强调的是心存善念而后行之，方才是真正的"至诚"。"反身"就是儒家所讲的"反求诸己"，就是通过"反求诸己"而把本存于心中的善心、德性发掘出来，这一步是知"道"。"择善而固执之"之"择善"实际上与"反身而诚"是一致的，都是明了心中的"道"，"择善，学知以下之事"②。知"道"之后还要固执之，即需要去实践心中的善心、德性，"固执，利行以下之事也"③。具体的实践方法就是"博学""审问""慎思""明辨"和"笃行"，前四者是"学知"，最后一个是"力行"。朱熹还将"反身""择善""固执之"与《大学》的"格物致知""正心""诚意"结合起来论述。朱熹云：

> 夫在下位而不获乎上，则无以安其位而行其志，故民不可治。然欲获乎上，又不可以谄说取容也，其道在信乎友而已，盖不信乎友，则志行不孚，而名誉不闻，故上不见知。然欲信乎友，又不可以便佞苟合也，其道在悦乎亲而已，盖不悦乎亲，则所厚者薄，而无所不薄，故友不见信。然欲顺乎亲，又不可以阿意曲从也，其道在诚乎身而已，盖反身不诚，则外有事亲之礼，而内无爱敬之实，故亲不见悦。然欲诚乎身，又不可以袭取强为也，其道在明乎善而已，盖不能格物致知，以真知至善之所在，则好善必不能如好好色，恶

---

① 朱熹：《四书章句集注》，第31页。
② 朱熹：《四书章句集注》，第31页。
③ 朱熹：《四书章句集注》，第31页。

恶必不能如恶恶臭，虽欲勉焉以诚其身，而身不可得而诚矣。此必然之理也。故夫子言此，而其下文即以天道、人道、择善、固执者继之。盖择善所以明善，固执所以诚身。择之之明，则《大学》所谓物格而知至也；执之之固，则大学所谓意诚而心正身修也。知至，则反诸身者将无一毫之不实；意诚心正而身修，则顺亲、信友、获上、治民，将无所施而不利，而达道达德，九经凡事亦一以贯之而无遗矣。……盖反身而诚者，物格知至，而反之于身，则所明之善无不实，有如前所谓如恶恶臭、如好好色者，而其所行自无内外隐显之殊耳。若知有未至，则反之而不诚者多矣，安得直谓但能反求诸身，则不待求之于外，而万物之理，皆备于我，而无不诚哉？况格物之功，正在即事即物而各求其理，今乃反欲离去事物而专务求之于身，尤非《大学》之本意矣。①

朱熹认为，《中庸》之"择善""明善"就是《大学》之"格物致知"；《中庸》之"固执之"就是《大学》之"诚意""正心""修身"。能"致知"则反身而无不"诚"，能"诚意""正心""修身"则能"顺亲""信友""获上""治民"，从而能贯彻和实现《中庸》所言之"九经"。朱熹还强调，"反身而诚""诚意""正心"并不是说仅仅只专注于自身，还要主动去认知他物（"格物致知"），方可体之而无遗。

（五）"诚"的地位——《中庸》之枢纽

朱熹对《中庸》之"诚"的论述可谓是反复揣摩、字字必较，在"诚"的问题上也是与学生多次讨论。在《中庸》中，子思对"诚"的论述是多角度、多方面的，朱熹对《中庸》之

---

① 朱熹：《四书或问·中庸或问下》，第 590~591 页。

第四章 朱熹《中庸》学的主要内容

"诚"的阐释亦是从角度、多方面展开的。他对《中庸》之"诚"作了十分全面的分析,把"诚"的本质、"诚"的特点、如何"至诚"等都论述得十分详细,他甚至还将"诚"看成《中庸》之枢纽。朱熹云:

> 曰:何以言诚为此篇之枢纽也?曰:诚者,实而已矣。天命云者,实理之原也。性其在物之实体,道其当然之实用,而教也者,又因其体用之实而品节之也。不可离者,此理之实也。隐之见,微之显,实之存亡而不可掩者也。戒谨恐惧而谨其独焉,所以实乎此理之实也。中和云者,所以状此实理之体用也。天地位,万物育,则所以极此实理之功效也。中庸云者,实理之适可而平常者也。过与不及,不见实理而妄行者也。费而隐者,言实理之用广而体微也。鸢飞鱼跃,流动充满,夫岂无实而有是哉!道不远人以下,至于大舜、文、武、周公之事,孔子之言,皆实理应用之当然。而鬼神之不可掩,则又其发见之所以然也。圣人于此,固以其无一毫之不实,而至于如此之盛,其示人也,亦欲其必以其实而无一毫之伪也。盖自然而实者,天也,必期于实者,人而天也。诚明以下累章之意,皆所以反复乎此,而语其所以。至于正大经而立大本,参天地而赞化育,则亦真实无妄之极功也。卒章尚絅之云,又本其务实之初心而言也。内省者,谨独克己之功;不愧屋漏者,戒谨恐惧而无已;可克之事,皆所以实乎此之序也。时靡有争,变也;百辟刑之,化也;无声无臭,又极乎天命之性、实理之原而言也。盖此篇大指,专以发明实理之本然,欲人之实此理而无妄,故其言虽多,而其枢纽不越乎诚之一言也,呜呼深哉!①

---

① 朱熹:《四书或问·中庸或问下》,第594~595页。

从以上引述来看，朱熹的分析是很有道理、很富有逻辑性的。"诚"乃"真实无妄"之谓，"天理"就是"真实无妄"，以"诚"代表和表述"天理"是很合理的。朱熹将"性""道""教"，"道"之"隐""微"，"戒慎恐惧""慎独""中和"，"中庸"，"道"之"费"与"隐"，"鬼神"乃至天地万物的流动、充实都用"诚"来阐释，还将尧、舜、禹、文、武、周公、孔子等圣人的言行看成"实理"之展现。而作为常人，则通过择善来认知和实践"真实无妄"之"天理"。朱熹认为，《中庸》中涉及的全部内容贯穿着一条主线，那就是"诚"。故他言"诚为此篇之枢纽"。此外，朱熹在论"天理"时讲道，如果要用一个词语来命名"天理"，那就是"诚"。朱熹又讲道，《中庸》一书开始言一"理"，中散为万事，末又复合为一"理"，说明贯穿《中庸》全文的乃是"理"，也可以说是"诚"。

子思未必是将"诚"看作整篇的枢纽。通过仔细分析《中庸》一文可知，子思《中庸》一文所阐明的主旨是天人合一。应该说，天人合一才是贯穿《中庸》的枢纽。首句之论，"中和"之论、"诚"论、"鬼神"论等，无不彰显着天人合一的儒家精神。但我们单就朱熹论《中庸》之言，他将"诚"看作是文章的枢纽，是符合他的思维方式和逻辑推理的。《中庸》作于战国时期，而朱熹对《中庸》的阐释已经是在一千多年之后的南宋了。在理学的学术背景下，朱熹认为《中庸》作为天道、性命之论，其内容肯定都是"实理"的表达。我们不能因为其诠释与《中庸》原义有差异而否定其价值，相反，朱熹《中庸》诠释中所显露出来的哲思，是《中庸》学之巨大发展，更是儒家哲学思维发展的高峰。

（六）几种关系的说明

《中庸》中最具理论魅力的就是其形上之哲思的部分。"理""性""道""诚"在朱熹的哲学体系中都属于最高层次的范畴，

第四章　朱熹《中庸》学的主要内容

下面分别对这几组关系做一个说明。

第一，"性"与"理"。朱熹认为"性即理"，但是朱熹从未说过"理"是"性"，"理"只是纯粹、真实，是形而上的，而"性"则具有形而上与形而下双重属性。

第二，"理"与"道"。朱熹说，"道"是形而上之"理"，朱熹亦未指出"理"是"道"，因为"道"同时具备天、人的双重属性。

第三，"理"与"诚"。朱熹用"诚"来表述"天理"，是因为"诚"乃"真实无妄"，"天理"以其真实和实在参与万物的化育，"诚"并不等于"天理"本身。"性""道""诚"从根本上说都是在讲"天理"，只是在论述不同的问题时，有时侧重于讲"性"，有时侧重于讲"道"，有时则侧重于讲"诚"，故要注意区分。

第四，"性"与"道"。《中庸》云："率性之谓道。"朱熹注曰："人物各循其性之自然，则其日用事物之间，莫不各有当行之路，是则所谓道也。"[1] 从此引述来看，"道"之行的依据在于"性"，"性"在此处为五常之德，而"道"在此处则指的是行五常之德，前者是知，后者是行。但朱熹在具体诠释《中庸》之"性"与"道"时，更多的是从"理"的角度来阐释二者的。

第五，"道"与"诚"。《中庸》云："诚者，天之道也；诚之者，人之道也。"朱熹指出，"道""诚"都是"实理"。

第六，"性"与"诚"。《中庸》云："自诚明，谓之性；自明诚，谓之教。"朱熹认为前者讲的是圣人之德，后者讲的是贤人之学。实际上，前者就是明"天道"，后者就是明"人道"。此处的"性"指的是"性之"，"教"指的是"学之"[2]。"学之"好理

---

[1] 朱熹：《四书章句集注》，第 31 页。
[2] 黎靖德：《朱子语类》卷六十四《中庸三》，第 2111 页。

解，但朱熹对"性之"并未做出解释，根据《中庸章句》对"自诚明，谓之性"的注解可知，"性之"指的德性充实的圣人，发于外而诚明。所以"性"或者"性之"实际指的就是圣人自然得"真实无妄"的"理"。从圣人的角度来说，"诚"就是"性"，"性"就是"诚"。朱熹又指出，虽说"性之"（"性""诚明"）指的是圣人，"学之"（"教""明诚"）指的是凡俗之人，凡俗之人只要不断地对内心进行修炼，不断唤起内心中的良善，"理"则自然而然显现，此就与圣人无异。

五、"鬼神"论

《中庸》之"鬼神"与我们现在所言的"鬼神"在内涵上有很大的差别，前者属于哲学上的范畴，后者带有迷信的色彩。朱熹在《中庸》诠释和与学生的问答中，对"鬼神"进行了仔细的探究，其"鬼神"论是在二程、张载等人基础上的进一步发展。

"天命""鬼神"的思想在西周之前，是一个宗教性的范畴。西周时期，礼乐文化成为时代的主题。"天命""鬼神"的观念开始围绕宗教制度、伦理展开。在春秋时期，人文主义得到发展，人文主义最主要的代表孔子继前贤之志，开创新的学术流派。孔子自诩"信而好古"，实则他在对传统观念和范畴的继承上已经发展出了新的人文思想的内容，并建立起了一套较为系统的人文主义哲学体系。要建立人文主义的哲学体系，首先要否定人们对"天命""鬼神"的蒙昧认识和降低其宗教性的维度。孔子在不抛弃既有概念的基础上，用哲学、理性意义上的"天命""鬼神"概念取代宗教意义上的"天命""鬼神"概念。以孔孟思想为代表的先秦儒学的实质就是人文主义。需要强调的是，在春秋战国时期，"天命""鬼神"范畴虽然实质内涵发生了变化，但其仍然具有至高无上的地位，故孔子、子思、孟子依然沿用这些概念，将他们看成十分重要的儒家哲学范畴。他们认为，"天命"仍然

第四章 朱熹《中庸》学的主要内容

是主宰万物的力量,但是这样的主宰是具有道德内涵的,具体来说,天最大的特点就是"有德",天生万物,万物尤其是人类才因此被赋予了存在的价值和意义。儒家所讲"天命""鬼神"已经不再执着于对其宗教意义上的崇拜,而是转向了人事和现世的修炼。到了宋代,二程、朱熹等人则将"天命"改造成了"天理"。"天理"成为事物运行的规律和内在动因,是程朱理学体系中的最高范畴。

(一)"鬼神"的本质——阴阳二气之"灵"

"鬼神"在《中庸》中出现了三次。分别是:

> 子曰:"鬼神之为德,其盛矣乎!视之而弗见,听之而弗闻,体物而不可遗。使天下之人齐明盛服,以承祭祀。洋洋乎!如在其上,如在其左右。"①

又:

> 故君子之道:本诸身,征诸庶民,考诸三王而不缪,建诸天地而不悖,质诸鬼神而无疑,百世以俟圣人而不惑。质诸鬼神而无疑,知天也;百世以俟圣人而不惑,知人也。是故君子动而世为天下道,行而世为天下法,言而世为天下则,远之则有望,近之则不厌。②

"神"在《中庸》中出现了两次。分别是:

> 《诗》曰:"神之格思,不可度思!矧可射思!"夫微之显,诚之不可揜如此夫。③

又:

---

① 朱熹:《四书章句集注》,第25页。
② 朱熹:《四书章句集注》,第37页。
③ 朱熹:《四书章句集注》,第25页。

187

至诚如神。①

朱熹认为"鬼神"的实质是"气",他引二程和张载的话来表达自己的观点:

> 程子曰:"鬼神,天地之功用,而造化之迹也。"张子曰:"鬼神者,二气之良能也。"愚谓以二气言,则鬼者阴之灵也,神者阳之灵也。以一气言,则至而伸者为神,反而归者为鬼,其实一物而已。为德,犹言性情功效。②

朱熹继承和发展了二程和张载的思想,认为"阳气"之生长为"神","阴气"之消散则为"鬼","鬼神"实际上就是阴阳二气的消长。"神"与"鬼"虽有区分,但从"气"的角度来说,二者并无本质的区别,乃"一物"也。这是朱熹对"鬼神"范畴最基本的界定,从此界定来看,"鬼神"是运动的。然而,"鬼神"要比一般的"气"更为纯粹,所以朱熹说,"鬼神"是阴阳之"灵",阴阳是"气",那么"鬼神"就是"气"之"灵","气"之精英。"鬼神"既然是"气",那么当属形下的范畴。虽然是形下之范畴,但"气"参与着万物的生化,是万物生成的必要条件。由此可推,"鬼神"亦是万物生成的必要条件并且贯穿物之终始,无"气"、无"鬼神"则无物形成。这说明"鬼神"是具有本体意义的,它是事物生成与消散必不可缺的因素。朱熹讲道:

> 鬼神主乎气而言,只是形而下者。但对物而言,则鬼神主乎气,为物之体;物主乎形,待气而生。盖鬼神是气之精英,所谓"诚之不可掩"者。诚,实也。言鬼神是实有者,屈是实屈,伸是实伸。屈伸合散,无非实者,故其发见昭昭

---

① 朱熹:《四书章句集注》,第33页。
② 朱熹:《四书章句集注》,第25页。

第四章　朱熹《中庸》学的主要内容

不可掩如此。①

又：

> 鬼神盖与天地通，所以为万物之体，而物之终始不能遗也。②

"气"有正有偏，朱熹言"鬼神"是"实有者"，那么"鬼神"当是"气"之正。朱熹认为，"鬼神"表现在物上就是物之"精气"，表现在人上就是人之"魂魄"。"精气就物而言，魂魄就人而言。"③朱熹又指出，就"魂魄"或者就人而言，"魂"是"神"之盛，魄是"鬼"之盛，说明"魂魄"并不是一般的"鬼神"，而是"鬼神"中深厚的部分。

> 鬼神不过阴阳消长而已。亭毒化育，风雨晦冥，皆是。在人则精是魄，魄者鬼之盛也；气是魂，魂者神之盛也。精气聚而为物，何物而无鬼神。"游魂为变"，魂游则魄之降可知。④

从上文引述中，还可看出"魂"与"魄"的关系，"魂游则魄之降可知"说明"魂"（"神"、阳气）之生长就意味着"魄"（"鬼"、阴气）之消散，这说明朱熹是以联系的眼光来看待"魂"与"魄"的关系、"鬼"与"神"的关系的。这两对范畴的关系从本质上来说是一致的，就是"阴"与"阳"的关系。

"鬼神"的本质是"气"，"理"与"气"的关系就是"理"与"鬼神"的关系（"理""气"相互联系、密不可分）。"鬼神"表现的就是实然之"理"，"理"是"鬼神"存在的原因，无"实

---

① 黎靖德：《朱子语类》卷六十三《中庸二》，第 2082 页。
② 黎靖德：《朱子语类》卷六十三《中庸二》，第 2082 页。
③ 黎靖德：《朱子语类》卷六十三《中庸二》，第 2082 页。
④ 黎靖德：《朱子语类》卷三《鬼神》，第 154 页。

理"，"鬼神"便无承载的内容，无"鬼神"，"实理"亦无附着的对象。故朱熹云：

> 诚是实然之理，鬼神亦只是实理。若无这理，则便无鬼神，无万物，都无所该载了。"鬼神之为德"者，诚也。德只是就鬼神言，其情状皆是实理而已。①

但是我们不能说"诚"是"实理"，"鬼神"也是"实理"，就把"诚"等同于"鬼神"。中国哲学不是西方哲学的逻辑演绎，它有着自身的特点，它对概念的定义较为圆融，在一些概念的界定上比较模糊，有些是可以相通的，有些则是不能相通的。我们就朱熹《中庸》诠释来看，他对概念的界定绝大多数是很清晰的，分类亦是比较仔细的。

（二）"鬼神"之功用——"体物而不可遗"

朱熹认为，"鬼神"从本质上说是"实理"的表现形式，所以《中庸》才说"至诚如神"。但是"鬼神"毕竟只是"气"，所以"理"在先，而"鬼神"在后。按照朱熹的理解，"鬼神"和万物都负载着"理"。那么，"鬼神"的功用表现在哪些方面呢？《中庸章句》解释"鬼神之为德"时讲到"为德，犹言性情功效"②。何为"性情"？何为"功效"？朱熹说："'视之而不见，听之而不闻'是性情，'体物而不可遗'是功效。"③ 而且他还指出，有"性情"便有"功效"，有"功效"便有"性情"，"性情"和"功效"就是"鬼神"之德行。"视之而不见，听之而不闻"展现了"鬼神"（"阴阳"）的特点，"鬼神"（"阴阳"）又为物生成的条件，故"鬼神"（"阴阳"）"体物而不可遗"。要指出的是，此"性情"与心性论所言的"性情"不是一个意思，指的是"情

---

① 黎靖德：《朱子语类》卷六十三《中庸二》，第2089页。
② 朱熹：《四书章句集注》，第25页。
③ 黎靖德：《朱子语类》卷六十三《中庸二》，第2088页。

状"，表达的是一种看不见、摸不着、闻不到的存在状态，也正是这样一种存在状态才可以贯穿于物之终始。"鬼神"的功用就体现在其贯穿在物之始终上，因此亦可以说物物都有一"鬼神"。朱熹主要是从自然界和人类社会的普遍现象来阐释"鬼神"之功用的。朱熹云：

> 问："南轩'鬼神，一言以蔽之，曰"诚"而已'，此语如何？"曰："诚是实然之理，鬼神亦只是实理。若无这理，则便无鬼神，无万物，都无所该载了。'鬼神之为德'者，诚也。德只是就鬼神言，其情状皆是实理而已。侯氏以德别为一物，便不是。"问："《章句》谓'性情功效'，何也？"曰："此与'情状'字只一般。"曰："横渠谓'二气之良能'，何谓'良能'？"曰："屈伸往来，是二气自然能如此。"曰："伸是神，屈是鬼否？"先生以手圈卓上而直指其中，曰："这道理圆，只就中分别恁地。气之方来皆属阳，是神；气之反皆属阴，是鬼。日自午以前是神，午以后是鬼。月自初三以后是神，十六以后是鬼。"童伯羽问："日月对言之，日是神，月是鬼否？"曰："亦是。草木方发生来是神，雕残衰落是鬼。人自少至壮是神，衰老是鬼。鼻息呼是神，吸是鬼。"淳举程子所谓"天尊地卑，乾坤定矣。鼓之以雷霆，润之以风雨"。曰："天地造化皆是鬼神，古人所以祭风伯、雨师。"问："风雷鼓动是神，收敛处是鬼否？"曰："是。魄属鬼，气属神。如析木烟出是神，滋润底性是魄。人之语言动作是气，属神；精血是魄，属鬼。发用处皆属阳，是神；气定处皆属阴，是魄。知识处是神，记事处是魄。人初生时气多魄少，后来魄渐盛，到老魄又少，所以耳聋目昏，精力不强，记事不足。某今觉阳有余而阴不足，事多记不得。小

儿无记性，亦是魄不足。好戏不定叠，亦是魄不足。"①

虽说"鬼神"之功用表现在各个方面，但是"鬼神"之德最突出的表现是在齐戒祭祀中，因此朱熹对此特别强调。他说："惟是齐戒祭祀之时，鬼神之理著。"② 朱熹引用孔子的话说明祭祀时"鬼神"之气："孔子曰：'其气发扬于上，为昭明焄蒿悽怆。此百物之精也，神之著也'，正谓此尔。'"③（这句话原出自《礼记·祭义》）朱熹之所以如此强调祭祀之"鬼神"，是因为他认为这彰显了血脉的传承、精神的传承。他说：

> 祖宗气只存在子孙身上，祭祀时只是这气，便自然又伸。自家其诚敬，肃然如在其上，是甚物？那得不是伸？此便是神之著也。所以古人燎以求诸阳，灌以求诸阴。谢氏谓"祖考精神，便是自家精神"，已说得是。④

通过以上五个方面的论述可知，朱熹本体论的思想都是围绕着"理"（"天理""实理"）展开的。"性"即"理"，"道"乃形而上之"理"，"诚"是"天理"之本然，"鬼神亦只是实理"。"理"是朱熹哲学思想的出发点，亦是其哲学思想的归属，其哲学思想的核心范畴就是"理"。这实际上也是符合儒家传统思维的，儒家所有理论都源自于天，理论经过不断延伸和构建，最后又归属于天。这也体现了儒家天人合一的传统思想，天生人，人通过自我的不断修炼、不断提升而达到天人合一的境界。通过上文的论述，我们看到，朱熹对《中庸》本体论思想的阐释，理论十分丰富、推理严谨、体系也较为完备。

---

① 黎靖德：《朱子语类》卷六十三《中庸二》，第 2089～2090 页。
② 黎靖德：《朱子语类》卷六十三《中庸二》，第 2083 页。
③ 朱熹：《四书章句集注》，第 25 页。
④ 黎靖德：《朱子语类》卷六十三《中庸二》，第 2084 页。

第三节 心性论思想

心性论思想也是朱熹《中庸》学说中的重要组成部分，梳理《中庸章句》的成书过程可知，朱熹首先关注的就是《中庸》一书中所蕴含的心性论思想。朱熹之所以最早关注心性论，原因在于：第一，宋代理学家对《中庸》心性论的集体关注。从二程到朱熹，无一不对心性问题进行深入探讨，朱熹师从李侗后，李侗学问之旨就在心性问题上，然而朱熹未能明白先生之意而先生殁，他在思考心性问题时，甚感此问题的重要性，遂在先生殁后求教于湖湘学者、浙东学者。第二，二程在心性论问题上提出了许多的观点，但是他们在心性问题的观点上前后亦有一些差别，故其后继者拈其一端而加以阐释，成就了不同的学术流派。二程之学传到朱熹时，心性问题仍然是各持一端，故朱熹要进一步探寻。朱熹经过不断的探索和与学人的互动，建立了较为完备的心性论体系。本节就朱熹《中庸》之心性论问题展开论述。此小节包括四个小问题："中"与"和"，"性"与"情"，"心"，以及修养工夫论的问题。

一、"中"与"和"

朱熹心性思想的展开是从对《中庸》"中和"问题的思考开始的。朱熹对"中和"问题的探讨，已经超越了《中庸》"中和"问题的本身，而涉及"性情""心"的地位和修养工夫论等问题。

（一）"中"与"和"的含义

《中庸》云："喜怒哀乐之未发，谓之中；发而皆中节，谓之和。中也者，天下之大本也；和也者，天下之达道也。"朱熹解曰：

> 喜、怒、哀、乐，情也。其未发，则性也，无所偏倚，

故谓之中。发皆中节，情之正也，无所乖戾，故谓之和。大本者，天命之性，天下之理皆由此出，道之体也。达道者，循性之谓，天下古今之所共由，道之用也。此言性情之德，以明道不可离之意。①

从此引述可知，朱熹是从三个方面来阐释"中"之含义的，首先，"中"是就"未发"而言的；其次，"中"指的是"性"，是"大本"；最后，"中"指的是不偏不倚的状态。同样，"和"亦是从三个方面来阐释的，首先，"和"是就"已发"而言的；其次，"和"指的是"情"，是"达道"；最后，"和"指的是"已发"之正，无过无不及的状态。此引述还指明了"性"与"情"的关系就是"道"之体用的关系，下文详述。

前文论述《中庸》本体论思想时，阐述了朱熹的"性"论思想，本体论之"性"与心性论之"性"既有区别又有联系。区别在于：本体论之"性"其内涵是"理"，而心性论之"性"则针对的是心之"未发"。联系表现在以下方面：心之"未发"是"中"、是"性"，实际上就是"理"在人心中寂然不动的存在状态。所以朱熹说："'中'是虚字，'理'是实字，故中所以状性之体段。"② 朱熹所说"中"是虚字，并不是说"中"无含义，而指的是"中"的本质内容是"理"。"中"包括了两个方面的内容："在中"之"中"和"时中"之"中"，前者指的是"未发"，后者指的是"已发"，"在中者，未动时恰好处；时中者，已动时恰好处"③。也就是说，就心性论而言，"中"实际上包括了"中"和"和"两个方面的内容，此问题还将在"中庸"论中继续论之。在对"中"与"和"展开具体的论述之前，还有一个问

---

① 朱熹：《四书章句集注》，第 18 页。
② 黎靖德：《朱子语类》卷六十二《中庸一》，第 2042 页。
③ 黎靖德：《朱子语类》卷六十二《中庸一》，第 2040 页。

第四章 朱熹《中庸》学的主要内容

题需要明确。朱熹认为,并不是只有圣人才能做到"未发",圣人与普通大众在"未发"的问题上都是一样的,圣人与普通大众的区别在于,圣人知道"未发"自然而静,而普通众人却不能自觉向静处看。故如何才能正确地"发"和"不发",主要针对的是普通众人,而圣人的"发"与"不发"并不成为一个问题。

具体来说,"喜怒哀乐之未发之中",是思虑未萌,纯一无伪,心中无丝毫私欲处,故自然而然无所偏倚,无所偏倚则无不该遍,万事万物亦由此而出。朱熹批评有的学者做静工夫("未发"工夫)时,就拿半天时间专门为之,这种做法机械而不知变通,该静时则静,该动时亦当动,花半天时间专门做静工夫,完全是事倍功半的事情。朱熹云:

> "喜怒哀乐未发谓之中",只是思虑未萌,无纤豪私欲,自然无所偏倚。所谓"寂然不动",此之谓中。然不是截然作二截,如僧家块然之谓。只是这个心自有那未发时节,自有那已发时节。谓如此事未萌于思虑要做时,便须是中是体。及发于思了,如此做而得其当时,便是和是用,只管夹杂相衮。若以为截然有一时是未发时,一时是已发时,亦不成道理。今学者或谓每日将半日来静做工夫,即是有此病也。①

学生问朱熹,"未发"而不"中"的原因何在?朱熹认为这是因为凡俗之人本来气质就有浊,加之私欲的沾染,就把原本善的底给腐蚀了。如何做到"未发"而"中"呢?这就要求平时"涵养"工夫的累积。

> 曰:"喜怒哀乐未发而不中者如何?"曰:"此却是气质昏浊,为私欲所胜,客来为主。其未发时,只是块然如顽石

---

① 黎靖德:《朱子语类》卷六十二《中庸一》,第2039页。

相似，劈斫不开，发来便只是那乖底。"曰："如此，则昏时是他不察，如何？"曰："言察，便是吕氏求中，却是已发。如伊川云：只平日涵养便是。"①

在朱熹看来，在具体的事情上，并不是说完完全全的"在中"才可谓之"中"，毕竟就凡俗之人而言，真正的"在中"是难以企及的，唯圣人方能之。朱熹指出，只要就大体而言是"中"，亦可谓之"中"。此"中"当然不及真正的"在中"。

> 且如今在此坐，卓然端正，不侧东，不侧西，便是中底气象。然人说中，亦只是大纲如此说，比之大段不中者，亦可谓之中，非能极其中。如人射箭，期于中红心，射在贴上亦可谓中，终不若他射中红心者。②

"发而中节"之"和"是思虑已萌，发之合情合理者。在朱熹看来，日常生活如穿衣、吃饭都是"已发"，只要合乎礼节，就是"和"。在第三章中，已经论述了朱熹心性论形成、发展和体系化的过程。从这一过程中我们可知，朱熹受到湖湘学的影响，强调"已发"，认为"已发"的意义要大于"未发"，应该从"已发"之流行中去体验"未发"之大本，与此相对应，工夫论就是先"察识"而后"涵养"。朱熹后来又仔细读程子书，认为过分强调"已发"是有误的，因为若无"未发"时的"涵养"工夫，"已发"时就难以"中节"。所以朱熹认为"已发"和"未发"的工夫是同等重要的。朱熹认为，人生在世，"未发"时少，"已发"时多，所以更需要加强修炼而得"中节"。"心"之所以"未发"的原因是寂然不动的大本，那心之"已发"的原因又何在呢？是因为"心"感物而动。朱熹指出，感物之初，"心"常

---

① 黎靖德：《朱子语类》卷六十二《中庸一》，第2039页。
② 黎靖德：《朱子语类》卷六十二《中庸一》，第2042页。

第四章　朱熹《中庸》学的主要内容

偏于一隅,不是偏于"怒",就是偏于"喜",难以把控情感。如果一件事情当"喜"之,但"喜"得过了,这时就应调节内心,使"喜"发之适中。实际上,"发而中节",就是各种情感的发生各得其正。这里就存在两个情况:第一种情况是"喜怒哀乐"的情感,运用在具体事情上,当"喜"则不可以"怒",当"哀"则不可"乐";第二种情况是,如果一件事情当"喜",则"喜"不能过,也不能不及。与"中"相同,在具体的事情上,并不是说完完全全的"时中"才可谓之"和",只要大体而言是"和",就可以谓之"和":

> 至如和,亦有大纲唤做和者,比之大段乖戾者,谓之和则可,非能极其和。且如喜怒,合喜三分,自家喜了四分,合怒三分,自家怒了四分,便非和矣。①

需要指出的是,"中"与"和"是一对范畴,以上论及两者的内涵只是就心性论意义上而谈的。在其他理论中,"中""和"的内涵有一定变化,与它们相对应的范畴也有所不同。比如,"中"又是与"庸"相对应的范畴,"中庸"之"中",与"中和"之"中"相比含义没有变化,但是二者语境有所不同,故侧重点有所差异。"中和"与"中庸"既有联系又有区别,下文在"中庸"论中详细论述。又比如伯阳父提出"和实生物,同则不继"这一对中国传统文化乃至中华民族特质起着重要影响的命题中,"和"与"同"是一对范畴,此"和"与心性论之"和"的内涵有着明显的不同,"和实生物"之"和"指的是矛盾促进事物的发展,心性论之"和"指的是情感发之合理。此外,"和"还可以指音律的和谐。心性论之"中"与"和"的内涵,比较抽象,在实际生活中,要分辨出和做到"中"与"和"确实不易,这就

---

① 黎靖德:《朱子语类》卷六十二《中庸一》,第 2042 页。

需要日常生活的积累和不断的修炼。

(二)"中"与"和"的关系

"中"指的是"性",是"大本";而"和"指的是"情",是"达道"。"中"与"和"的关系本质上就是"性"与"情"的关系。"性"与"情"的关系早在先秦时候就已经明确了:"道始于情,情生于性。"① 又,"天命之谓性",所以它们关系的模式应是:"天命"—"性"—"情"。要注意的是,"中"与"和"并不等于"性"与"情",而是"性"与"情"的表现形式或者说在人心中的存在状态,而且是合理合宜的表现形式和存在状态,所以朱熹才说:"中,性之德;和,情之德。"② "中"状"性"之体段,实际上"中"就是"性"的寂静状态,而"和"则是"性"发用得恰到好处的状态。"中"与"和"亦是静与动的关系,动由静出,静是动之本,动是静的体现,可谓是静中有动,动中有静。"中"与"和"的关系还是不偏不倚与无过无不及的关系,朱熹认为,不偏不倚就是"在中"的状态,"和"就是无过、无不及的状态。不偏不倚是无过、无不及的内在原因,无过、无不及是不偏不倚的合理运用。"盖无过、不及,乃无偏倚者之所为。而无偏倚者,是所以能无过、不及也。"③

在朱熹看来,"中"与"和"并不是两项工夫、两个阶段,不是先在"中"后致"和",亦不是先致"和"而后在"中",更不是说在"中"之后紧接着又致"和",也不是说致"和"之后紧接着又在"中"。"在中""致和"只是一项工夫,"大抵未发已发,只是一项工夫"④。一项工夫,并不是说"未发"("中")和

---

① 李零:《郭店楚简校读记》(增订本),北京:中国人民大学出版社,2009年,第136页。
② 黎靖德:《朱子语类》卷六十二《中庸一》,第2038页。
③ 黎靖德:《朱子语类》卷六十二《中庸一》,第2040页。
④ 黎靖德:《朱子语类》卷六十二《中庸一》,第2041页。

第四章 朱熹《中庸》学的主要内容

"已发"("和")是一样的,也不是说在致修时,"未发"时的"涵养"和"已发"时的"察识"是可以混杂在一起的,而指的是"未发"("中")和"已发"("和")是并不相离的。不相离的前提条件就是二者的区别,区别中看到联系,联系中分辨区别。区别在于:"中"是"中","和"是"和",二者有着明显的界限,前者是本质,后者是发用之处。联系在于:"中"是"和"的存在依据,"和"是"中"的发用,二者不可截然分开。从修养论的角度来说,"在中"之时需"涵养",感物之时则要"察识"。但是没有"未发"时的"涵养",则难以"中节";没有"中节",也难以体会"未发"之大本。

(三) 致"中和"

《中庸》云:"致中和,天地位焉,万物育焉。"① 朱熹解曰:

> 致,推而极之也。位者,安其所也。育者,遂其生也。自戒惧而约之,以至于至静之中,无少偏倚,而其守不失,则极其中而天地位矣。自谨独而精之,以至于应物之处,无少差缪,而无适不然,则极其和而万物育矣。盖天地万物本吾一体,吾之心正,则天地之心亦正矣,吾之气顺,则天地之气亦顺矣。故其效验至于如此。此学问之极功、圣人之能事,初非有待于外,而修道之教亦在其中矣。是其一体一用虽有动静之殊,然必其体立而后用有以行,则其实亦非有两事。②

此段解说中,朱熹论述了何为"致中和"以及"致中和"的意义。"致中和"之"致"与"至诚"之"至"在内涵上有一定的区别,"至"是"极"之意,而"致"是推而极之之意,也就

---

① 朱熹:《四书章句集注》,第18页。
② 朱熹:《四书章句集注》,第18页。

是说，"致"是有一个过程的。"致中和"包含着"致中"和"致和"两个方面的含义："致中"指的是"未发"之时，无所偏倚并坚守之，以至于极；"致和"指的是应物之时，无过无不及并贯彻之，以至于极。前者用的是"戒慎恐惧"的工夫，后者用的是"慎独"的工夫。"致中和"实际上就是"致吾心"，因为"已发""未发"都是吾"心"的"已发""未发"。吾心能识天地之心，天地之心是吾心之根源，故"致吾心"能位天地、育万物。朱熹认为如果不能"致中和"（"致吾心"），则天地不能得其位，万物不能生长。"若不能'致中和'，则山崩川竭者有矣，天地安得而位？胎夭失所者有矣，万物安得而育？"① 实际上，朱熹并没有把主体与客体完全分开。在认识世界的过程中，人作为主体，天地万物是客体，天地万物的存在有着自身的规律，人能认识天地万物的规律，并能动地改造天地万物。朱熹说，人若不能"致中和"，则"山崩川竭"，是由人来主宰了物的存在。由此可见，在儒家哲学中，主体在某种程度上是客体，客体在某种程度上亦是主体。之所以有这样的认识，在于儒家天人合一的理念。

上文讲到，只要就大体而言是"中"，亦可以谓之"中"，就大体而言是"和"，亦可以谓之"和"，但是"致中和"并不是就大体而言的。"致中""致和"都是就极处说的，也就是说，"致中"是完完全全的"在中"，"致和"是完完全全的发之"中节"。

> "致"字是只管挨排去之义。且如此暖合，人皆以火炉为中，亦是须要去火炉中寻个至中处，方是的当。又如射箭，才上红心，便道是中，亦未是。须是射中红心之中，方是。如"致知"之"致"，亦同此义。"致"字工夫极精密也。②

---

① 黎靖德：《朱子语类》卷六十二《中庸一》，第 2050~2051 页。
② 黎靖德：《朱子语类》卷六十二《中庸一》，第 2048 页。

第四章　朱熹《中庸》学的主要内容

由此看来，无论是"致中"还是"致和"，都不是容易的事情，所以朱熹说，"致中"和"致和"都需要一个长期积累的过程方能达到。致修工夫的初期，常常有所失，但经过不断的积累，才能得心应手，当"中"则"中"，当"和"则"和"。具体说来，"致中"的方法就是孟子所言的"存心""养性"，"收其放心"，实际就是操存的工夫；"致和"就是将仁爱之心扩充于外，具体而言，就是在日常实践中要发之合宜，实际就是"察识"的工夫。

> 所谓致和者，谓凡事皆欲中节。若致中工夫，如何便到？其始也不能一一常在十字上立地，须有偏过四旁时。但久久纯熟，自别。孟子所谓"存心"、"养性"、"收其放心"、"操则存"，此等处乃致中也。至于充广其仁义之心等处，乃致和也。①

"致中和"就是让人情感的"发"与"不发"都合乎道理，情感当存养就存养，遇事就该正确地"发"。而"致中和"的意义在于位天地，育万物。学生问朱熹，喜怒哀乐与"天地位，万物育"似乎是不相干的，前者只是情感的表达，后者则是"天理"的流行。朱熹认为，世间所有事都与喜怒哀乐相关，我们就当在这日常的喜怒哀乐上去寻求"天理"，无须他处去求。朱熹说：

> 世间何事不系在喜怒哀乐上？如人君喜一人而赏之，而千万人劝；怒一人而罚之，而千万人惧。以至哀矜鳏寡，乐育英材，这是万物育不是？以至君臣、父子、夫妇、兄弟、朋友、长幼相处相接，无不是这个。即这喜怒中节处，便是

---

① 黎靖德：《朱子语类》卷六十二《中庸一》，第2048页。

实理流行，更去那处寻实理流行？①

学生又问，"致中和，天地位，万物育"，是圣人或有位之人方能为之的，一介士人如何能为之？朱熹认为，如能从自己做起，及于一家，以至于天下，都能"中和"，那自然可以知"天理"的化育流行。朱熹云：

> 若致得一身中和，便充塞一身；致得一家中和，便充塞一家；若致得天下中和，便充塞天下。有此理，便有此事；有此事，便有此理。如"一日克己复礼，天下归仁"，如何一日克己于家，便得天下以仁归之？为有此理故也。②

朱熹强调从人的情感出发，从日常生活实践出发，从人伦关系出发去寻求"天理"，实际上就是"格物致知"，与那些认为不通过实践而知"天理"的理学家不同，朱熹的观点为士人找到了正确的学习和致知方向，更具有理论和现实的意义。

从以上分析可知，朱熹是从日常的喜怒哀乐出发来论述"中""和""致中和""天理"的，朱熹批评汉儒就"中和"问题说得太高妙了，提出只需从日常生活看便可。故有了他与学生的如下对话：

> 曰：天地位，万物育，诸家皆以其理言，子独以其事论。然则自古衰乱之世，所以病乎中和者多矣，天地之位，万物之育，岂以是而失其常耶？曰：三辰失行，山崩川竭，则不必天翻地覆，然后为不位矣；兵乱凶荒，胎殰卵殰，则不必人消物尽，然后为不育矣。凡若此者，岂非不中不和之所致，而又安可诬哉！今以事言者，固以为有是理而后有是事；彼以理言者，亦非以为无是事而徒有是理也。但其言之

---

① 黎靖德：《朱子语类》卷六十二《中庸一》，第 2050 页。
② 黎靖德：《朱子语类》卷六十二《中庸一》，第 2051 页。

不备，有以启后学之疑，不若直以事言，而理在其中之为尽耳。曰：然则当其不位不育之时，岂无圣贤生于其世，而其所以致夫中和者，乃不能有以救其一二，何耶？曰：善恶感通之理，亦及其力之所至而止耳。彼达而在上者，既曰有以病之，则夫灾异之变，又岂穷而在下者所能救也哉？但能致中和于一身，则天下虽乱，而吾身之天地万物，不害为安泰；其不能者，天下虽治，而吾身之天地万物，不害为乖错。其间一家一国，莫不皆然，此又不可不知耳。曰：二者之为实事可也，而分中和以属焉，将不又为破碎之甚耶？曰：世固未有能致中而不足于和者，亦未有能致和而不本于中者也；未有天地已位而万物不育者，亦未有天地不位而万物自育者也。特据其效而推本其所以然，则各有所从来，而不可紊耳。[1]

朱熹认为，"理"是通过各种各样的事物得以展现的，故以事论，是要强调理在事中，不能空谈性理。朱熹还讲道，"致中"必能"致和"，"致和"本于"致中"。由此而知，"致中"是最根本的工夫，但却是很难达到的，必须通过不断地积累与坚持方能得之。朱熹还指出，能"致中和"之人，生于乱世当退之，不能"致中和"之人，生于治世则要努力致之。

二、"性"与"情"

上文讲到"中"与"和"关系的本质内容就是"性"与"情"的关系。"性"与"情"的内涵和二者的关系在先秦时期就基本定性，郭店简和上博简有云："性自命出，命自天降。道始

---

[1] 朱熹：《四书或问·中庸或问上》，第559~560页。

于情，情生于性。"① 到了宋代，理学家对"性"与"情"关系的阐释主要是围绕着《中庸》"中和"问题而展开的，"性"与"情"的内涵经过宋儒的发展不断丰富，对二者关系的阐释也更加翔实。

（一）"性"与"情"的内涵

"性"与"情"是朱熹心性论思想中又一对重要范畴，在论"中和"时，就已经讲到了本体论之"性"与心性论之"性"的区别和联系。在不同的理论或者不同的语境中，与"性"相对应的范畴有所不同。它可以与"天命"一起论，可以与"诚"一起论，可以与"理"一起论。心性论之"性"则是与"情"相对应的范畴。在第三章梳理朱熹《中庸章句》成书过程时，已经对"性"与"情"做过较为详细的论述，此处再予简要说明。"性"在心性论中指的是"未发"之"大本"，"大本者，天命之性，天下之理皆由此出，道之体也"②。"性"是人特有的属性，人的本性是善的；"情"则指的是"已发"时的情感状态。"情"有正与不正之分，"情"有不正的原因在于人禀了浊气；"情"之正谓之"和"，"和"乃"达道"，"达道者，循性之谓，天下古今之所共由，道之用也"③。"性"源自"天命"，"情"源自"性"。"性"的本质是"理"，"情"是"性"之动。"心"有体用之分，"心"之体为"性"，"心"之用为"情"，朱熹有时候亦说"情"是"性"之用，云："性是人之所受，情是性之用。"④"情"是"心"之用和"情"是"性"之用是从不同的关系中来说的，前者是就"心"与"性情"的关系而言的，后者是就"性"与

---

① 李零：《郭店楚简校读记》，第136页。又见李零：《上博简三篇校读记》，第52~53页。
② 朱熹：《四书章句集注》，第18页。
③ 朱熹：《四书章句集注》，第18页。
④ 黎靖德：《朱子语类》卷五《性理二》，第215页。

"情"的关系而言的。

（二）"性"与"情"的关系

"性"与"情"的关系如下："性"是本，"情"是"性"之用或者说"性"之欲。"性"是本，并不意味着"性"之用的"情"一定发之中节，因为还要考虑"气"的因素。"情"之正正确地表现"性"之本，"情"之不正不但不表现"性"，而且与"性"无关，同时还有碍于人们去认识"性"。上文还讲到"性"与"情"是"道"之体用的关系，"性"是"道"之体，"情"是"道"之用。"道"之体实际就是"理"，"道"之用实际就是"情"（"情"体现在日用生活中）。我们又说"性"之用是"情"，"道"是形而上之"理"，"性"又是"理"，所以"道"和"性"的本质内容都是"理"。所以"道"之用和"性"之用本质上都是"理"之用即"情"。从分析可知，朱熹的"性情"思想是对先秦"性情"思想的进一步发展。

三、"心"

"心"与"性"一样，在不同的理论体系中其内涵有所不同。"心"不但是认识论的范畴，还是心性论、修养论、伦理学、"道统"论的范畴。就认识论而言，朱熹给"心"下了一个定义："夫心者，人之所以主乎身者也，一而不二者也，为主而不为客者也，命物而不命于物者也。故以心观物，则物之理得。"[1]"心"是主体，物是客体，"心"有能动的认知作用，"心"是通过对物的认知而识得"理"。《大学章句》中，朱熹讲道："盖人心之灵莫不有知，而天下之物莫不有理，惟于理有未穷，故其知有不尽也。"[2] 朱熹还指出，"心"又是主宰之谓，所谓"心"之

---

[1] 朱熹：《晦庵先生朱文公文集》卷六十七《观心说》，第3278页。
[2] 朱熹：《四书章句集注》，第6~7页。

主宰指的是"心"在认知过程中的主导作用,并不涉及本体论的向度,能起主宰作用的是通过"心"所认知的"理"。所以朱熹说道:"心固是主宰底意,然所谓主宰者,即是理也,不是心外别有道理,理外别有个心。"① 而"心"之所以能知觉、能认知,是因为"心"是灵虚之"气"与"理"的妙合。就伦理学而言,儒家一直都认为,不论是"天地之心"还是"人心",都具有仁、义、礼、智的善性,而仁为统率者,朱熹称之为"心德",有云:"盖谓仁者,天地生物之心,而人物所得以为心,则是天地人物莫不同有是心,而心德未尝不贯通也。虽其为天地,为人物,各有不同,然其实则有一条脉络相贯。"② 就"道统"论而言,主要是"人心"与"道心"的问题,此问题将在下文"道统"论中详细论述。而此处主要论述的是心性论意义上的"心",朱熹在诠释"心"的过程中,心性论和修养论是一起论述的,故在本小节中,亦将修养论一并论之。

(一)"心"的内涵

在心性论的语境下,朱熹关于"心"的含义,经过了一个变化的过程。在李侗的引导下,朱熹反思释、道之学后真正归儒,李侗学问之旨要是在静中求喜怒哀乐"未发"之大本。虽说,静中体验大本肯定是用"心"去体验的,但此时李侗并未指明"未发"是心之"未发"。李侗认为"未发"的意义要大于"已发"的意义。湖湘学派明确提出了"性体心用"的观点,认为"心"指的是"已发",强调从"已发"中去体验"未发"。朱熹在李侗逝后,问学张栻而从湖湘学的观点。之后又在与张栻的互动过程中不断反思、体验,推翻了之前"心"为"已发"的观点,明确了"心"的地位。在心性论中,朱熹所谓的"心"包括"已发"

---

① 黎靖德:《朱子语类》卷一《理气上》,第 117 页。
② 黎靖德:《朱子语类》卷九十五《程子之书一》,第 3189~3190 页。

第四章 朱熹《中庸》学的主要内容

"未发","心"乃"已发""未发"的统率。"已发未发,只是说心有已发时,有未发时。方其未有事时,便是未发;才有所感,便是已发,却不要泥着。"① 不管是"心"之"已发",还是"心"之"未发"都是情感或"中",或"和",或偏的状态,朱熹讲道,世间所有事情无一不与喜怒哀乐相联系,所以我们也可以说,世间所有事皆从"心"头来。

(二)"心"与"性情"的关系

"心"既然是"已发"与"未发"的统率,实际上就是"性"与"情"的统率。朱熹就是从"心"的体用来分析"性情"的,"性"就是"心"之理,乃体;情就是"心"之动,乃用;"心统性情","心"统体用。程颐和吕大临辩"中和"启发了朱熹"心"有体用和"心统性情"的思想。"未发"是"心"之体,"已发"是"心"之用的观点最先是由吕大临提出来的,程颐起初认为"心"是就"已发"而言的,在与吕大临辩论后,才正式提出"心"有体用的思想并加以阐释。② 因此才有了朱熹和学生的如下对话:

问:"吕与叔云:'未发之前,心体昭昭具在,已发乃心之用。'南轩辨昭昭为已发,恐太过否?"曰:"这辨得亦没意思。敬夫太聪明,看道理不子细。伊川所谓'凡言心者,皆指已发而言',吕氏只是辨此一句。伊川后来又救前说曰:'凡言心者,皆指已发而言,此语固未当。心一也,有指体而言者,"寂然不动"是也;有指用而言者,"感而遂通"是也,惟观其所见如何。'此语甚圆,无病。大抵圣贤之言多是略发个萌芽,更在后人推究,演而伸,触而长,然亦须得圣贤本意。不得其意,则从那处推得出来?"问:"心本是个

---

① 黎靖德:《朱子语类》卷六十二《中庸一》,第2039页。
② 程颢、程颐:《河南程氏文集》卷九《伊川先生文五》,第608~609页。

动物，不审未发之前，全是寂然而静，还是静中有动意？"曰："不是静中有动意。周子谓'静无而动有'。静不是无，以其未形而谓之无；非因动而后有，以其可见而谓之有耳。横渠'心统性、情'之说甚善，性是静，情是动，心则兼动静而言，或指体，或指用，随人所看。方其静时，动之理只在。伊川谓'当中时，耳无闻，目无见，然见闻之理在，始得。及动时，又只是这静底'。"①

"心统性情"，"心"统体用的观点在第三章《中庸章句》成书过程的考证过程中已经十分详细地论述过了，此处不再赘述。

四、修养工夫论

朱熹在《中庸》学说中的心性论和修养工夫论常常是放在一起讲的。在其诠释《中庸》时得出的修养工夫有二：一是"持敬"；二是"无时不涵养，无时不省察"。

（一）"持敬"

早在朱熹问学李侗时，李侗教导朱熹在静中体会"未发"之大本，实际上就已经包含了"持敬"的观点，程颐强调"涵养须用敬"的修养工夫论更是直接影响到了朱熹的修养工夫论。"持敬"的工夫针对的只是"未发"，大概朱熹认为敬必须静，既然是静，则肯定是"未发"的状态。所以他说："喜怒哀乐未发，程子'敬而无失'之说甚好。"② "持敬"的工夫具体说来就是"心"在静中无所偏倚、持久"涵养"。"敬"针对的是自己的内心世界，操存好自己的内心，自然能穷理、尽性、知天。云：

存心云者，则敬以直内，义以方外，若前所谓精一、操

---

① 黎靖德：《朱子语类》卷六十二《中庸一》，第 2043 页。
② 黎靖德：《朱子语类》卷六十二《中庸一》，第 2041 页。

存之道也。故尽其心而可以知性、知天，以其体之不蔽而有以究夫理之自然也。存心而可以养性、事天，以其体之不失而有以顺夫理之自然也。是岂以心尽心，以心存心，如两物之相持而不相舍哉！若参前倚衡之云者，则为忠信笃敬而发也。盖曰忠信笃敬不忘乎心，则无所适而不见其在是云尔，亦非有以见夫心之谓也。①

（二）"无时不涵养，无时不省察"

朱熹得出"无时不涵养，无时不省察"的工夫论经历了一个过程。这个过程在第三章已述，此不赘述。下面就"涵养"和"察识"的具体问题进行一番探究。在"未发"时的"涵养""操存"上，朱熹论述得十分详细。朱熹用了一个"约"字来说明"未发"时如何做工夫的问题。"约"就是在"戒慎恐惧"中的持续"涵养""操存"。学生对"约"字有所疑问：

> 问："先生云：'自戒谨而约之，以至于至静之中，无所偏倚，而其守不失，则天地可位。'所谓'约'者，固异于吕、杨所谓'执'、所谓'验'、所谓'体'矣，莫亦只是不放失之意否？"②

朱熹答曰：

> 固是不放失，只是要存得。③

在朱熹看来，"约"比吕大临、杨时所谓的"执""验""体"更能表达"未发"时的"存养"之意，"约"已经包含了"执""验""体"的思想，具体说来就是在日常生活中时刻提醒自己要存心、养性。"存养"是对"大本"的执守，"省察"则是对义理

---

① 朱熹：《晦庵先生朱文公文集》卷六十七《观心说》，第3278~3279页。
② 黎靖德：《朱子语类》卷六十二《中庸一》，第2049页。
③ 黎靖德：《朱子语类》卷六十二《中庸一》，第2049页。

的不懈追求。朱熹讲道,日常生活中"未发"时少,"已发"时多,所以在实践中"省察"的工夫也是十分重要的。具体到某件事情上,比如吃饭,吃饭有吃饭的形式和礼节,那么我们在吃饭中就当穷得这些道理,这就是朱熹所谓的"省察"工夫。

"存养"是静工夫,是"中",是无所偏倚;"省察"是动工夫,是"和",是无过无不及。动、静相互对立而又相互依存,静中含动,动中有静。思虑未萌,静中已知发用之端,谓静中含动;思虑已萌,如何动、动的规则是什么,乃静也。朱熹讲道:

> 存养是静工夫。静时是中,以其无过不及,无所偏倚也。省察是动工夫,动时是和。才有思为,便是动。发而中节无所乖戾,乃和也。其静时,思虑未萌,知觉不昧,乃《复》所谓"见天地之心",静中之动也。其动时,发皆中节,止于其则,乃《艮》之"不获其身,不见其人",动中之静也。穷理读书,皆是动中工夫。[1]

朱熹指出,不能在"存养"时就只知"存养",在"省察"时就只知"省察",要"无时不涵养,无时不省察",也就是说,"存养"和"省察"的工夫当时时为之,二者在做工夫时缺一不可,"察识""涵养"要"交相助"。

> 曰:"未发已发,只是一件功夫,无时不涵养,无时不省察耳。谓如水长长地流,到高处又略起伏则个。如恐惧戒谨是长长地做,到谨独是又提起一起。如水然,只是要不辍地做。又如骑马,自家常常提撅,及至遇险处,便加些提控。不成谓是大路,便更都不管他,任他自去之理!"[2]

又:

---

[1] 黎靖德:《朱子语类》卷六十二《中庸一》,第 2049 页。
[2] 黎靖德:《朱子语类》卷六十二《中庸一》,第 2045 页。

曰:"有涵养者固要省察,不曾涵养者亦当省察。不可道我无涵养工夫后,于已发处更不管他。若于发处能点检,亦可知得是与不是。今言涵养,则曰不先知理义底,涵养不得。言省察,则曰无涵养,省察不得。二者相推,却成檐阁。"……又曰:"……要知二者可以交相助,不可交相待。"①

以上就"中和""性情""心"及修养工夫论四个方面来论述了朱熹《中庸》诠释中的心性论思想,这四个方面是紧密联系在一起的。由"未发""已发"引出"中""和","中和"的本质是"性情","心"又有体用之分,"性"是体,"情"是用,如何让"未发"得"中","已发"得"和",这就需要"持敬""存养"("涵养")与"省察"的工夫。朱熹在其《已发未发说》中,就将心性论的四个方面结合起来论述,流畅而又言简意赅,先言"中和"(蕴含着对"性情"的论述),又言"持敬""涵养"与"省察"的工夫论,最后言"心"之体用。朱熹云:

右据此诸说,皆以思虑未萌、事物未至之时,为"喜怒哀乐之未发"。当此之时,即是心体流行,寂然不动之处,而天命之性,体段具焉。以其无过不及,不偏不倚,故谓之中。然已是就心体流行处见,故直谓之性则不可。吕博士论此大概得之。特以中即是性,赤子之心即是未发,则大失之,故程子正之。(解中亦有求中之意,盖答书时未暇辨耳。)盖赤子之心,动静无常,非寂然不动之谓,故不可谓之中。然无营欲知巧之思,故为未远乎中耳。未发之中,本体自然不须穷索,但当此之时,敬以持之,使此气象常存而不失,则自此而发者,其必中节矣。此日用之际本领工夫。

---

① 黎靖德:《朱子语类》卷六十二《中庸一》,第 2045~2046 页。

其曰"却于已发之处观之"者,所以察其端倪之动,而致扩充之功也。一不中则非性之本,然而心之道或几乎息矣。故程子于此,每以"敬而无失"为言。又云:"入道莫如敬,未有能致知而不在敬者。"又曰:"涵养须是敬,进学则在致知。"以事言之,则有动有静。以心言之,则周流贯彻,其工夫初无间断也,但以静为本尔。(周子所谓主静者亦是此意,但言静则偏,程子只说敬。)向来讲论思索,直以心为已发,而所论致知格物,亦以察识端倪为初下手处,以故缺却平日"涵养"一段功夫。其日用意趣,常偏于动,无复深潜纯一之味,而其发之言语事为之间,亦常躁迫浮露,无古圣贤气象,由所见之偏而然尔。程子所谓"凡言心者,皆指已发而言",此却指心体流行而言,非谓事物思虑之交也。然与《中庸》本文不合,故以为未当而复正之,固不可执其已改之言而尽疑论说之误,又不可遂以为当而不究其所指之殊也。周子曰:"无极而太极。"程子又曰:"'人生而静'以上不容说,才说时便已不是性矣。"盖圣贤论性,无不因心而发,若欲专言之,则是所谓无极而不容言者,亦无体段之可名矣。未审诸君子以为如何?[①]

宋代理学家从《中庸》"喜怒哀乐之未发,谓之中;发而皆中节,谓之和。中也者,天下之大本也;和也者,天下之达道也。致中和,天地位焉,万物育焉"这句话中看到了心性论的深意,并从理学的角度对心性问题进行探讨。二程之后的学者和他们的弟子对二程之心性思想各持一端,莫衷一是。朱熹在与学人的互动中,在吸取前人心性论成果的基础上,构建了推理严密、体系完善的心性论体系。其心性论体系是对二程心性论思想的发

[①] 朱熹:《晦庵先生朱文公文集》卷六十七《已发未发说》,第3267~3269页。

展，亦是宋代理学家心性思想的集大成，同时亦是宋代心性思想发展的高峰。

第四节 "道统"论

"道统"自从被韩愈正式提出之后，在宋代成为理学家讨论的重要问题，一方面理学家为自己新的理论寻找理论源头，另一方面则是寻找理论自信，以正统的面貌来发展和宣扬新儒学。

一、"道统"简述

儒家"道统"的思想早在孔子时已有萌芽，孔子言必称尧舜，《论语》中还有《尧曰》篇，论述尧传授舜为人、为君之道："咨！尔舜！天之历数在尔躬。允执厥中。四海困穷，天禄永终。"[1] 孟子梳理了从上古圣贤至于孔子的传授系谱：

> 由尧舜至于汤，五百有余岁，若禹、皋陶则见而知之，若汤则闻而知之。由汤于文王，五百有余岁，若伊尹、莱朱则见而知之；若文王，则闻而知之。由文王至于孔子，五百有余岁，若太公望、散宜生则见而知之；若孔子，则闻而知之。由孔子而来至于今，百有余岁，去圣人之世，若此其未远也；近圣人之居，若此其甚也，然而无有乎尔，则亦无有乎尔。[2]

这段引述直接表明了儒家思想承接的是上古圣贤之志，在这一系谱中有君王、有贤臣。孔孟后学不但言必称尧舜、孔孟，而且他们毕生的志愿就是彰明这一脉相承的文化传统、学术思想。

---

[1] 朱熹：《四书章句集注》，第193页。
[2] 朱熹：《四书章句集注》，第376~377页。

在宋代理学家看来，汉唐儒者未能接续孔孟之道，"道统""道学"因此而断裂了。但实际情况并不是这样，汉唐儒者仍然是在发展儒家学说，也出现了许多著名的哲学家、思想家，他们都以儒学为毕生之事业，并致力于孔孟之道的传扬。宋代理学家不列汉、唐儒者入"道统"，认为汉唐儒学不是纯正的儒学，而且他们把儒学的没落归责在没能传续孔孟之道的汉唐儒者身上是有失公允的。之所以有这样的判断，始作俑者大概就是韩愈，韩愈讲道：

> 斯吾所谓道也，非向所谓老与佛之道也。尧以是传之舜，舜以是传之禹，禹以是传之汤，汤以是传之文武周公，文武周公传之孔子，孔子传之孟轲，轲之死，不得其传焉。荀与扬也，择焉而不精，语焉而不详。①

韩愈指出，从上古圣贤至于孟子，学术一脉传承，孟子后，不得而传。宋代理学家继承了韩愈的观点，他们没有看到在释、道兴盛的时代，儒学的衰落最根本的原因在于儒学没有应时代而创新，只有自我创新才能重新展示儒学的魅力，而这样的创新必须是在儒学自身张力的范围之内。为了重振儒学，宋代理学家艰苦探索，实现了儒学发展的新阶段、新高度。因为他们自诩承接孔孟之道，所以理学（"道学"）就是儒学之正脉。为何汉唐儒者被排斥在"道统"之外，从韩愈、二程、朱熹等人的角度来看，原因有二：第一，他们认为汉唐儒学未能光大孔孟的儒学精神，以至于到了唐代才会败落；第二，就宋代理学家来说，正是因为儒学的式微，为理学的发展提供了条件，同时亦为理学家争取正统提供了机会，这种正统不但是社会思想的正统，即儒、释、道

---

① 韩愈撰，马其昶校注，马茂元整理：《原道》，载《韩昌黎文集校注》第一卷，第18页。

第四章 朱熹《中庸》学的主要内容

三教中,儒才是正统,而且还是儒家思想内部的正统。

何为"道统"?钱穆先生认为,宋明两代所争执的"道统",是一种主观的、一线单传的道统:"此种道统是截断众流,甚为孤立的;又是甚为脆弱,极易中断的;我们又可说它是一种易断的道统。此种主观的单传孤立的易断的道统观,其实纰缪甚多。若真道统则须从历史文化大传统言,当知此一整个文化大传统即是道统。如此说来,则比较客观,而且亦决不能只是一线单传,亦不能说它老有中断之虞。"[①] 钱先生反对宋明理学家所谓的"道统"论,认为宋代理学家所谓的"道统"是断续的、不符合中国历史文化事实的。钱先生是从中国文化的连续性和思想史的角度来认知"道统"。牟宗三先生认为:"中国'德性之学'之传统即名曰'道统'。"[②] 牟先生与钱先生一样,不把"道统"局限在某个谱系之中。

蔡方鹿先生认为:"所谓道统,简言之,指圣人之道传授的系统及论述此系统的理论。"他将"道统"发展史分为了四个阶段:第一阶段从伏羲到周公,以文王仁政和周公之礼为代表;第二阶段从孔子到汉儒,以孔孟仁义之道为代表;第三阶段从韩愈到程朱陆王,以超越时代的"心传"说和"天理"论为代表;第四阶段为20世纪20年代以来的现代新儒家,以由内圣心性之学开出科学民主新外王之学为代表[③]。彭永捷认为,儒家道统的哲学内涵可从三个方面——认同意识、正统意识、弘道意识概言之。宋代朱熹等人对儒家"道统"意识的发展,对于儒学本身的

[①] 钱穆:《中国学术通义》,台北:台湾学生书局,1975年,第94页。
[②] 郑家栋编:《略论道统、学统、政统》,《道德理想主义的重建——牟宗三新儒学论著辑要》,北京:中国广播电视出版社,1992年,第89页。
[③] 蔡方鹿:《中华道统思想发展史》,成都:四川人民出版社,2003年,第10~20页,第381~382页。

发展产生了积极与消极的双重作用①。陈赟认为："朱熹承接了孔子时代业已具有的道统论的两条线索，即治统上断自尧舜、教统上始自伏羲神农黄帝的两重道统论，并重点突出以教统方式承接道统，其方式有二：一是建立新经学体系，即《四书》，新经学不再是与治统相关的王官学，而是以成人为目标的教化体系；二是建立师道传承的谱系，使包括自己在内的二程一系的学统由作为一家一派的子学或三教之一的儒学而进升至道学。"②蔡先生从思想史、学术史的角度来定义"道统"，彭先生从内容与影响上来解读"道统"，陈先生从体系的构建来诠释"道统"。以上几位先生的观点在学界很具有代表性，对本节的写作有很大的启发。

"道统"的理念虽说在春秋战国时期就已经具有，但是"道统"作为一种理论、一种自觉意识则始于韩愈。二程、朱熹、黄榦等人将之理论化、体系化。朱熹承接韩愈、二程"道统"之论，将宋代具有代表性、影响力的理学人物列入"道统"之列，形成了谱系清晰、思想主旨明确、具有强烈的正统意识和弘道精神的"道统"论。

从现有文献的梳理来看，朱熹青少年时期就已经对"道统"有所认知，从师事李侗和与学人不断论辩中，朱熹对"中"的认识、对"道心""人心"、对"天理""人欲"的认识不断扩充、不断深入。这推动了"道统"体系的形成。朱熹"道统"思想的成熟是以淳熙十六年（1189）再次序定《中庸章句》为标志的。

---

① 彭永捷：《论儒家道统及宋代理学的道统之争》，《文史哲》2001年第2期，第36~42页。
② 陈赟：《朱熹与中国思想的道统论问题》，《齐鲁学刊》2012年第2期，第5~13页。

二、朱熹"道统"论的形成过程及主要内容

朱熹指出,"四书"是圣人之道的文本载体,《尚书·大禹谟》中的"十六字心传"("人心惟危,道心惟微,惟精惟一,允执厥中")是"道统"论之精练表达。朱熹之所以将"道统"落实在"十六字心传"上,一方面是因为这是古代圣王之言论,具有绝对的权威性;另一方面,其有利于"道统"体系之构建,"十六字心传"为朱熹"道统"论提供了思维路向:心—道的互动与融合。"十六字心传"包含着天人之道,朱熹将理学思维融于其中并重新构建天人系统。从内容来看,"道统"问题之关键在于构建"心"与"中"的系统。本节以时间发展为线索,以"四书"尤其是《中庸》一书为文献基础,以"心"与"中"的系统为主要内容,呈现出朱熹对"道统"的建构。

(一)从师刘子翚——朱熹"道统"论的萌发

绍兴十三年(1143),朱熹之父朱松病故,临终前将家事托付给好友胡宪、刘勉之、刘子翚(世称"武夷三先生")。[①] 三先生虽精通佛、老之学,但他们都崇尚程学,对朱熹多采用的是理学式的教育。朱熹说自己"十六岁便好理学,十七岁便有如今学者见识"[②]。在三先生门下,朱熹开始全面接受"四书"学的教

---

① 武夷三先生学问庞杂,学无定师,为朱熹博大而精致的理学体系奠定了重要的基础。据《宋元学案》全祖望案语:"白水、籍溪、屏山三先生,晦翁所尝师事。白水师元城,兼师龟山;籍溪师武夷,又与白水同师谯天授;独屏山不知所师。三家之学略同,然似皆不能不杂于禅。"全祖望指出,武夷三先生中的刘勉之(白水先生)、胡宪(籍溪先生)有师承传受,独刘子翚(屏山先生)无学术源流。黄宗羲认为刘子翚乃"洛学私淑"。(黄宗羲:《宋元学案》卷四十三《刘胡诸儒学案》,第1395页。)据束景南先生指出,"在经学上,三先生都上承二程,但刘子翚更多有取于胡瑗、程颐、胡安国;谯定更多有取于谯良佐、胡安国、谯定、朱震、湖湘派;刘勉之更多有取于谯定、刘安世、杨时、张载。"(见束景南:《朱子大传》,第50页。)

② 黎靖德:《朱子语类》卷一百一十五《训门人三》,第3645页。

育,并有了粗浅的领悟。①就"道统"论而言,是刘子翚首次开启了朱熹系统认识"道统"的大门,同时刘子翚也是朱熹少年时期精神启蒙的导师(朱松去世后,朱熹在一直刘氏家塾中受教)。刘子翚的学术生涯经历了由佛、老归儒的过程。②他告诉朱熹领会他的学术精要,就需认真研读其所著的《复斋铭》《圣传论》二书。

《复斋铭》是刘子翚读《易》之后所写,他将《易》看成入德之门,并把《复卦》中"不远复"作为人生的"三字符"。《圣传论》是刘子翚学术志向和"道统"思想的表达,并将之授予朱熹,希望朱熹能接续圣人之道,发扬圣人之志。在《圣传论》中,刘子翚首次提出了"道统"心传说。他指出,圣人之学衰微,散于百家而荡于末流,如何承接圣人之道是摆在儒者面前的首要问题。刘子翚讲道,尧舜二人能明"道"、循"道",是因为他们的"心"能与"道"相类应。刘子翚云:"夫道一而已,尧舜之心,不间乎此。"③据此,他提出了传"道"的方法:"心与道应。"④进而言之,心在认识"道"的过程中具有主体性的作用,这为朱熹后来提出以"心"为主导去统"性情""中和""已发""未发"奠定了理论基础;同时,"心"有跨越时空去体验"道"的能力,这为朱熹后来从心性的角度构建体系化的"道统"论提供了思想来源。刘子翚将《尚书·大禹谟》"惟精惟一"看

---

① 朱熹说他自己:"某少时读四书,甚辛苦。"(黎靖德:《朱子语类》卷一百四《自论为学工夫》,第3427页。)

② 刘子翚告诉朱熹:"吾少未闻道,官莆田时,以疾病始接佛老子之徒,闻其所谓清静寂灭者而心悦之,以为道在是矣。比归,读吾书而有契焉,然后知吾道之大,其体用之全乃如此,抑吾于《易》得入德之门焉。"(朱熹:《晦庵先生朱文公文集》卷九十《屏山先生刘公墓表》,第4169页。)可见其学术事业的曲折经历。

③ 杨国学:《屏山集校注与研究》卷一,北京:中国书籍出版社,2012年,第1页。

④ 杨国学:《屏山集校注与研究》卷一,第1页。

第四章 朱熹《中庸》学的主要内容

作入"道"的具体门径。他称"惟精惟一"为"密旨",领会"密旨"的关键在于认知"一"。刘子翚讲道:"昧乎一则莫知元本,滞乎一则入于虚妙,悦于谈听而不可用。"① 可见"一"的重要性。刘子翚指出,只有"心"才能识得"道","心"随物而动,动之本在于"道"之"一"。刘子翚云:"随动而一,非舍此合彼也。且性外无物,安得有二?一者道也,能一者心也。"②"道"之"一"有两个层面的含义:第一,指的是"道"是宇宙之本,是绝对的本体;第二,指的是"道"之纯粹无杂。这就引导朱熹从本体论的层面去理解"道"、认识"道",让朱熹明白"道统"心传要着重去把握"心"与"道"。在《圣传论》中,刘子翚还说明了"心传"之谱系,他分别列尧舜、禹、汤、文王、周公、孔子、颜子、曾子、子思、孟子十节颂扬他们功业,比韩愈、二程论说得更为具体和详明,有利于朱熹了解圣人事迹,领会圣人之旨。

刘子翚对"道统"思想的贡献在于:他是宋室政权南渡之后第一个具体研究"道统"的理学家,他的"道统"思想是朱熹"道统"思想的源头。他借鉴禅宗"心传"思想,以说明圣人之"道"可以跨越汉唐的"空白"而得到传承。在刘子翚的引领下,"道统"思想的种子在朱熹内心开始萌芽,年少的朱熹对圣人之事迹、"心传"有一定认识,不过多是肤浅、表象的,而且要求一个少年去体验"心传",本身也是有难度的。朱熹说他对刘子翚的"心传"思想"顿首受教"③,但他又自称沉迷佛、老十余

---

① 杨国学:《屏山集校注与研究》卷一,第1页。
② 杨国学:《屏山集校注与研究》卷一,第1页。
③ 朱熹:《晦庵先生朱文公文集》卷九十《屏山先生刘公墓表》,第4169页。

219

年而对圣人之道有所疏忽。① 到了朱熹的青年时期，另一位儒学大师——李侗改变了朱熹为学之方向，对朱熹的学术生命起到了关键性的影响。

（二）从师李侗——朱熹"道统"论的发展

绍兴二十三年（1153），朱熹开始师从李侗②。正是在李侗的指点下，朱熹由佛、老转向儒学，并决心终生致力于新儒学的建设。李侗是杨时的再传弟子，他继承和发展了杨时强调"未发"的观点。杨时主张用精纯无杂的"道心"去专注体验"未发"，以此悟得圣人相传之"中道"。③ 杨时在解读《中庸》"未发""已发"时指出，体验好了"未发"，中之义便会自然呈现出来，需发之时，便可得"中节"。④ 李侗在教授朱熹时，同样强调用"未发"之"心"去体验大本、圣人之道。朱熹在《延平先生李公行状》中谈到李侗：

> 讲诵之余，危坐终日，以验夫喜怒哀乐未发之前气象为如何，而求所谓中者。若是者盖久之，而知天下之大本真有在乎是也。……由是操存益固，涵养益熟，精明纯一，触处洞然，泛应曲酬，发必中节。⑤

李侗认为，"中"是天下之"大本"，万物皆由此而出。只要

---

① 朱熹由佛、老归儒后，开始批评佛、老，他将佛、老思想以及以儒杂佛、老或者以佛、老杂儒之学称之为"异端"。朱熹大力抨击"异端"思想，实际上也反映出了儒、释、道三家思想不可避免的交锋、交融和相互借鉴。
② 朱熹向李侗求学期间（1153—1163），主要讨论的问题有以下一些：理一分殊、忠恕之道、仁说、《太极图说》、《论语》、《孟子》、《中庸》等问题，同时还批评了释、老之学。
③ 杨时：《龟山先生文集》卷十四《答胡德辉问》，明万历十九年林熙春刻本。
④ 杨时：《龟山先生文集》卷二十一《答学者其一》，明万历十九年林熙春刻本。
⑤ 朱熹：《晦庵先生朱文公文集》卷九十七《延平先生李公行状》，第4517~4518页。

把握了"中",便可参天地之化育,领悟圣人之道。求"中"就需在"未发"上下功夫,具体的方法就是要在日用中多"操存""涵养"。杨时和李侗都强调"心"之"未发"才是体认圣人之道的根本方法,"已发"只是"未发"之逻辑延展。虽然朱熹在当时用杨时、李侗主张的方法并没有悟得圣人之道,但他至少知道从心性的层面去构建"道统"是一种可行的途径。事实证明,朱熹的心性论系统确实对"道统"的体系化起到了关键性的作用。在此阶段,朱熹认为,要传承圣人之道就要在"心"之"未发"和"中"上下功夫,这比少年时期更加具体化和富有操作性,并且朱熹已经真正开始了领悟圣人之道的尝试。

李侗告诉朱熹,天下之理皆自"中",朱熹将"中"的理论用于实践中,将"十六字心传"与帝王之道联系起来。朱熹的"道统"理论并不仅仅是学术、学派上的,还具有政治上的意义。绍兴三十二年(1162),朱熹上书宋孝宗,指出"十六字心传"是上古圣王为政之道的总结,他们遵照这十六个字治理好了国家,南宋面临着家国破碎、民众流离的现状,要重整山河,应循着上古圣王之道而行之。同时,朱熹告诫孝宗不要沉迷于佛、老之书。

> 臣闻之:尧、舜、禹之相授也,其言曰:"人心惟危,道心惟微。惟精惟一,允执厥中。"夫尧、舜、禹皆大圣人也,生而知之,宜无事于学矣。而犹曰精,犹曰一,犹曰执者,明虽生而知之,亦资学以成之也。陛下圣德纯茂,同符古圣,生而知之,臣所不得而窥也。[①]

在奏疏中,朱熹还将"十六字心传"与《大学》中的"致知格物"和"正心诚意"结合起来,他讲道:"盖'致知格物'者,

[①] 朱熹:《晦庵先生朱文公文集》卷十一《壬午应诏封事》,第571页。

尧舜所谓精、一也。'正心诚意'者，尧舜所谓执中也。自古圣人口授心传而见于行事者，惟此而已。"①朱熹从认识论和实践论的角度论"惟精惟一"，从心性论的角度谈"正心诚意"。以此说明不但要以"心"传"道"，还要付诸实践，达到知行合一，才能真正传承和实现尧舜之"中道"。此阶段朱熹谈及了"心"之"未发""中"的范畴，对"道统"理论有了粗浅的构思。

（三）学术交游——朱熹"道统"思想的深化

朱熹"道统"思想的进一步深入是在与其同时代学友的学术交游中展开的，在此阶段，朱熹"中""心"的系统不断完善。朱熹主要从"中和""中庸"两方面论"中"。而"中和"又是与"心"交互在一起的，因为"心"之"未发"与"已发"所要达到的境界就是"中"与"和"，同时，"心"还可统兼"中和"。此外，"中和"之本质是"天理"，"道心"之本质也是"天理"。

李侗去世后，朱熹与张栻就"中和"的问题相互交流、切磋，经历了"中和旧说"到"中和新说"的转变。在"旧说"阶段，朱熹接受了湖湘学派"性体心用"、"心"为"已发"的观点。但随着朱熹思想的不断深入，尤其在反复研读二程之书后，朱熹有了新的领悟。乾道五年（1169），朱熹指出，"心"之"已发""未发"是同一项工夫，两者同样重要，不可偏废。受程颐"心有体用"观点的影响，朱熹强调，要以"心"为主导来论"性情""中和""动静"，指明了"未发"是"性"，是思虑未萌阶段，"已发"是"情"，是思虑已萌阶段，这就推翻了"心"为"已发"的前说。把"心"作为观照"性情""中和""动静"的理性认知工具，并提出了"心统性情"的重要论断，"心"因而具有了纲领性的意义，这可谓是一个重大突破。同时，朱熹坚定地认为，传圣人之道必须尽心。

---

① 朱熹：《晦庵先生朱文公文集》卷十一《壬午应诏封事》，第572页。

第四章 朱熹《中庸》学的主要内容

乾道八年（1172），朱熹在与张栻、吕祖谦等人的学术交流中，初成《中庸章句》，并寄给张栻阅览。虽然《中庸章句》经多次修订，但此时《中庸章句》的大体内容和观点已经成型。在《中庸章句》开头，朱熹在借鉴郑玄、孔颖达、二程"中庸"定义的基础上①，重新界定了"中庸"："中者，不偏不倚、无过无不及之名。庸，平常也。"② 理解朱熹"中庸"重在把握"平常"之意，他指出，"平常"乃"事理之当然也"③。又指出，"庸者天下之定理"④。也就是说，"中庸"的本质就是"天理"、规律，具体到现实层面就是君臣父子、日用之常。这就将"中"从上古的政治范畴和周、孔的道德、礼制范畴提升至本体范畴，有利于"道统"体系的构建。"中和"与"中庸"的区别表现在，朱熹是从人性论、心性论、性情论的角度论"中和"，从礼制、伦理甚至本体论的角度论"中庸"。"中和"讲人的内在之性；"中庸"更强调将内在之性充实于外。朱熹又强调，两者所主张的都是"天理"，只是侧重点不同罢了。朱熹云："以性情言之，谓之中和；以理义言之，谓之中庸：其实一也。"⑤

淳熙元年（1174），朱熹与湖湘学者、浙东学者开始着重就"心"的"操舍""存亡"，"道心""人心"的问题展开论辩。他们的论辩可见于《朱文公文集》卷三十二与张敬夫的书信第五、六、七、八、九通⑥；卷四十与何叔京的书信第二十四、二十五

---

① 郑玄、孔颖达释"中庸"为"用中为常道也。"（郑玄注，孔颖达等正义：《礼记正义》卷五十二《中庸》，载《十三经注疏》，第 1625 页。）二程释"中庸"为："不偏之为中，不易之为庸。"（朱熹：《四书章句集注》，第 18 页。）
② 朱熹：《四书章句集注》，第 17 页。
③ 朱熹：《四书或问·中庸或问上》，第 549 页。
④ 朱熹：《四书章句集注》，第 17 页。
⑤ 黎靖德：《朱子语类》卷六十三《中庸二》，第 2056 页。
⑥ 朱熹：《晦庵先生朱文公文集》卷三十二，第 1395～1397 页。

223

通①；卷四十二与吴晦叔的书信第十一、十二通，与石子重的书信第三、四通②；卷四十七与吕祖俭书信第十、十三、十六、十七通③。此外，《南轩文集》卷二十与朱元晦的书信第一通④；卷二十六张栻与游诚之的书信第一通⑤。可见，当时学者对"心"的讨论未有定论。朱熹在与张栻论辩中界定了"道心""人心"的内涵。他指出，"道心"是自然流行的天理，"人心"是有所谋虑的心。但"道心"与"人心"只是一个"心"。"道心"（"天理"）的自然发见便是无私欲的"人心"，无私欲之"人心"便可以识得"道心"。也就是说"道心"与"人心"关系问题映射在实践中就是"天理"与"人欲"关系的问题。张栻对朱熹的看法深表赞同。在"心"的"操舍""存亡"问题上，朱熹写信给张栻，讲道："心"不会因为"操舍""存亡"而有所增益和损减，再次强调不管是"道心""人心"，并不是两个"性"⑥。朱熹强调，在日用伦常中，我们就需要通过不断的修炼和积累去识得这个精微本体的"道心"。张栻写信告诉朱熹，他不同意吕祖俭有关"心"的观点，批评吕祖俭"心"外求"心"的观点，"心"只有一个，不能外求。还指出，"心"之本体在本质上是"惟微"之"道心"。朱熹对张栻的见解表示赞同。在"心"的问题上，朱熹多受益于张栻的观点。

淳熙元年，朱熹作《观心说》，此文是他与学友论"心"的总结，主要论述是围绕"心"的认知作用、"心"的内容，以及

---

① 朱熹：《晦庵先生朱文公文集》卷四十，第1835~1837页。
② 朱熹：《晦庵先生朱文公文集》卷四十二，第1918~1919页，第1921~1922页。
③ 朱熹：《晦庵先生朱文公文集》卷四十七，第2183、2189页，第2190~2191页。
④ 张栻：《南轩先生文集》卷二十，第313~314页。
⑤ 张栻：《南轩先生文集》卷二十六，第401页。
⑥ 朱熹：《晦庵先生朱文公文集》卷三十二《问张敬夫》，第1396~1397页。

"心""操存"的意义三个方面展开的。第一，心具有主体性，这是从认识论的角度来谈的，指的是"心"能认知事物。第二，"道心"与"人心"并非绝对对立的范畴。"人心"循着"道心"而行，二者便是和谐统一的。第三，"心"之"操存"与"心"之"舍亡"是"心"的自主选择，"操存"的目的是时刻保持仁义之心，去领悟圣贤之道。"操存"的意义在于存心、养性、知天，能做到"操存"方可顺乎"天理"，明白圣人之道。此外，朱熹还批判了佛教的"心"论。"心"是佛教理论中最核心的范畴之一，是成就佛果之关键。朱熹认为，佛教"以心观心""以心求心""以心使心"是在"心"之外还置有一"心"，"心"则分裂为二，这在逻辑上是说不通的。

无论是刘子翚还是李侗，都主张要从心性论的角度去把握圣人之道，朱熹也是沿着这条道路而行的。在"心"的问题上，朱熹着重分析了"道心""人心"之关系，如何"存心"、如何从"心"的角度把握"天理"等问题。朱熹指出，"中"的主体内容是"中和""中庸"，两者的本质都是"天理"。朱熹在"心"与"中"的问题上已经有了深化，但此时朱熹并没有将"心""中"和传道者结合起来论说，只有将三者联系起来，才能建立起体系化的"道统"论。

（四）《中庸章句序》——朱熹"道统"理论体系的完善和建立

二程指出，《中庸》乃孔门传授心法之书。朱熹受此启发，将对"道统"问题的思考集中在对《中庸》一书的探寻上。朱熹"道统"思想的完善和"道统"体系的形成是以淳熙十六年（1189）春三月所作的《中庸章句序》为标志。《中庸章句序》中明确了"道心""人心"的本质及来源问题，阐述了"道"的内容，指出了传"道"之方法和"道"之传授系统。

从现存文献看，朱熹首次提出"道统"一词当在淳熙四年

(1177) 首序《中庸章句》之时。淳熙六年（1179），朱熹再次提及"道统"："濂溪先生虞部周公心传道统，为世先觉。"①淳熙八年（1181）《书濂溪光风霁月亭》又论及"道统"，亦是在称赞濂溪②。淳熙十六年正月《答陆子静》中提及"道统"，论述了孔子至周、程的谱系③。淳熙十六年三月，朱熹重新修订《中庸章句序》（即我们今天所见之《序》），加入了尧、舜之道的传授过程及传承者。重订之《序》是"道统"思想的精练表达：

第一，朱熹提出子思作《中庸》的目的——忧"道学"之不传和传承"统绪"。由《中庸章句序》可知："道统"包括"道"和"统"两个方面的内容，即学术和传承两个方面。在朱熹的理学视阈下，"道学"主要指的是程朱学派的理论；"统绪"则是他拣择的传承者。

第二，"十六字心法"是朱熹"道统"理论的精练表达。朱熹在与同时代学者论辩的阶段，"心"的系统已经较为完善，在《中庸章句序》中朱熹则进一步解答了"心"的来源问题："道心"源于性命之正，微妙难见；"人心"源自形气之私，常常危殆难安。存"道心"安"人心"，就是要在日常生活中，用"天理"去战胜"人欲"，具体而言，就是要时刻守住自己的善心、善性，不被私欲沾染。朱熹在《中庸章句序》直接阐释了"十六字心传"④，简言之，就是用纯粹专一之"道心"去悟"中"，去识"天理"，从而体验和明白永恒的、一以贯之的圣人之道。

第三，朱熹在《中庸章句序》中指出了圣人之道的传授谱系，有尧、舜、禹、汤、文王、武王、伊尹、傅说、皋陶、周

---

① 朱熹：《晦庵先生朱文公文集》卷九十九《公移》，第4582页。
② 朱熹：《晦庵先生朱文公文集》卷八十四《书濂溪光风霁月亭》，第3984页。
③ 朱熹：《晦庵先生朱文公文集》卷三十六《答陆子静》，第1576~1577页。
④ 朱熹在注解《尚书》时，对"十六字心传"有直接的阐释，与《序》中观点一致。（朱熹：《晦庵先生朱文公文集》卷六十五《杂著·尚书》，第3180页。）

第四章 朱熹《中庸》学的主要内容

公、召公,此为明君贤臣,有孔子、颜子、曾子、子思、孟子、程颢、程颐、朱熹,此为思想家。朱熹在淳熙十六年二月所作《大学章句序》则向前推至伏羲、神农、黄帝。朱熹"道统"谱系在之后还有进一步的修正。绍熙五年(1194)年朱熹作《沧洲精舍告先圣文》,较为完整地叙述了他心中的传"道"人。① 引人注意的是,此文又加入了宋代的周敦颐、邵雍、张载、司马光、李侗。② 学界对司马光是否真的入朱熹"道统"有争议③,还可做进一步讨论。朱熹"道统"谱系上溯远古圣神,下隐自身④,实际上成就了以自身思想为中心的学术权威。当然,我们又不能简单认为朱熹仅仅为了学术权威去构建"道统",还应看到他在理学背景下极具思辨、逻辑色彩之哲学构思,这是儒学发展的新突破和儒者思维层次的极大提升。

(五)朱熹"道统"论的意义和历史地位

值得注意的是,朱熹"道统"论只是特定历史阶段学术思想的建设而并不完全反映历史事实,也就是说,它是理学、哲学意义上的而非历史与逻辑相统一性的。恰如陈荣捷先生所说的:

---

① 朱熹:《晦庵先生朱文公文集》卷八十六《沧洲精舍告先圣文》,第4050~4051页。

② 早在乾道九年(1173),朱熹在《六先生画像赞》中,就专列周、二程、邵、张、司马论述他们的事迹。据束景南先生考证,《六先生画像传》是朱熹乾道九年(1173)的十一月应张栻、李宗思之请而作。参见束景南:《朱熹年谱长编》,第501页。

③ 魏涛:《朱熹缘何未将司马光纳入道学谱系》,《山西师大学报》2013年第4期,第118~112页。

④ 朱熹弟子也丝毫不谦虚地称颂朱熹乃"道统"之正传。黄榦在《朱先生行状》讲道:"由孔子而后,周、程、张子继其绝,至先生而始著。"(黄榦:《朱先生行状》,载《全宋文》第288册,上海:上海辞书出版社,合肥:安徽教育出版社,2006年,第453页。)陈淳在《严陵讲义·师友渊源》讲道,朱子"集诸儒之大成,而嗣周程之嫡统,萃乎洙泗濂洛之渊源者也"(陈淳:《北溪字义·严陵讲义》,北京:中华书局,1983年,第77页)。

"道统之绪，在基本上乃为哲学性之统系而非历史性或经籍上之系列。"①

通过对朱熹"道统"思想发展历程的爬梳，可知朱熹"道统"体系的创立主要受益于程门学派的理学家。刘子翚引导朱熹从"心"与"道"的角度去思考"道统"；从师李侗后，朱熹从心性论的角度去研究"道统"；又在与同时代学者的互动中，深化了对"心"和"中"系统的认识，对"道统"的构思大体成型；在《中庸章句序》中，朱熹将"心""中"和传承者统合起来，建立起了结构完整的"道统"体系，成为"道统"学说之集大成。但我们也应该指出，"道统"理论的积极面和消极面是同一的，其严肃正统反过来就是排斥异己，这有碍学术的正常发展，应予以摒弃。

朱熹"道统"论是"道统"学说发展史上最重要的一环。朱熹不但综合前人"道统"之论，形成了系统化的"道统"论，而且还开启元、明、清时期对"道统"问题的进一步探索。朱熹之后的学者，继续发展"道统"思想，但都鲜能超越朱熹，或者说依旧在朱熹"道统"体系的框架之内。

第五节　"慎独"论

"慎独"是儒家创造出来的最具有儒家特色的修养方法之一，成为中华民族性格中的一种特质。"慎独"这一范畴在先秦已有之且富有深蕴。然而，从汉代至今天，对"慎独"的理解都与其原意相去甚远。

---

① 陈荣捷：《朱学论集》，台北：台湾学生书局，1982年，第17页。

第四章　朱熹《中庸》学的主要内容

一、"慎独"的含义

"四书"中《大学》《中庸》都讲"慎独"。《大学》有两处讲到"慎独",《中庸》有一处讲到"慎独"。《大学》云:"所谓诚其意者:勿自欺也,如恶恶臭,如好好色,此之谓自谦,故君子必慎其独也!"① 朱熹解曰:

> 独者,人所不知而己所独知之地也。言欲自修者知为善以去其恶,则当实用其力,而禁止其自欺。使其恶恶则如恶恶臭,好善则如好好色,皆务决去,而求必得之,以自快足于己,不可徒苟且以殉外而为人也。然其实与不实,盖有他人所不及知而己独知之者,故必谨之于此以审其几焉。②

另一处为:"小人闲居为不善,无所不至,见君子而后厌然,揜其不善,而著其善。人之视己,如见其肺肝然,则何益矣。此谓诚于中,形于外,故君子必慎其独也。"③ 朱熹解曰:

> 闲居,独处也。厌然,消沮闭藏之貌。此言小人阴为不善,而阳欲揜之,则是非不知善之当为与恶之当去也;但不能实用其力以至此耳。然欲揜其恶而卒不可揜,欲诈为善而卒不可诈,则亦何益之有哉!此君子所以重以为戒,而必谨其独也。④

《中庸》云:"道也者,不可须臾离也,可离非道也。是故君子戒慎乎其所不睹,恐惧乎其所不闻。莫见乎隐,莫显乎微,故君子慎其独也。"⑤ 朱熹解曰:

---

① 朱熹:《四书章句集注》,第7页。
② 朱熹:《四书章句集注》,第7页。
③ 朱熹:《四书章句集注》,第7页。
④ 朱熹:《四书章句集注》,第7页。
⑤ 朱熹:《四书章句集注》,第17页。

独者，人所不知而己所独知之地也。言幽暗之中，细微之事，迹虽未形而几则已动，人虽不知而己独知之，则是天下之事无有着见明显而过于此者。是以君子既常戒惧，而于此尤加谨焉，所以遏人欲于将萌，而不使其潜滋暗长于隐微之中，以至离道之远也。①

　　因避讳，朱熹用同义之"谨"来代替"慎"，故"慎独"称"谨独"，"戒慎恐惧"亦称"戒谨恐惧"。朱熹给"谨独"下了一个定义：

　　是从见闻处至不睹不闻处皆戒谨了，又就其中于独处更加谨也。是无所不谨，而谨上更加谨也。②

　　在朱熹看来，"独"有两层含义：第一层含义是人所不知而己所独知之处，第二层含义是独处、闲居之时。不管是独知、还是独处，朱熹认为都是个人修养的关键之处。就慎其独知来说，指的是自己的内心能知精微之事，也就是"道"的隐微之处，因为"道"之"隐"需要经过修养工夫、实践工夫的积累才能知晓，当人已经独知"道"之"隐"时，不能懈怠，还要不断加谨，谨慎地察其几微之处，"道"则自然明，"人欲"亦自然控制在合理的范围内。就慎其独处来说，指的是在无他人之时，亦要做到光明磊落，有人之时为善，无人之时为恶，两者都是恶；内心真有善念，有人时和无人独处时都是一样的，这样行之于外才可谓真正的善，才可近"道"。

　　这里需提出的是，对朱熹的"慎独"不可作死板的理解，"慎独"并不只是说独处时该有的心理状态，在众人之中，心之念为正亦是"慎独"。也就是说，"慎独"是自己心之念，与独不

---

① 朱熹：《四书章句集注》，第18页。
② 黎靖德：《朱子语类》卷六十二《中庸一》，第2030页。

第四章 朱熹《中庸》学的主要内容

独处无关,独处要"慎独",不独处时也要"慎独"。"慎独"的目的从实践意义上来说,就是要遏制人欲的萌发,从理论层面来看,就是要知"道"、知"天理"。"慎独"实际上就是教人做君子,它不是轻易就能做到的,需要长期的工夫修炼。从《二程集》来看,二程兄弟直接谈及"慎独"的地方并不算多,其论述也不及朱熹这么丰富,说明在宋代"慎独"已经是一个约定俗成的概念了,故没有做过多的讨论。

我们再来看郑玄、孔颖达的解释,郑玄云:"慎独者,慎其闲居之所为。"[①] 疏曰:"君子慎其独也者,以其隐微之处,恐其罪恶彰显,故君子之人恒慎其独居。言虽独居,能谨慎守道也。"[②] 郑、孔二人都解释为独居之时能够谨守住"道",显然,朱熹是继承了郑、孔二人的思想(朱熹"慎独"的第二层含义),同时又发展了郑、孔二人的思想(朱熹"慎独"的第一层含义)。

二、对"慎独"的误读

我们看到,郑玄、孔颖达、朱熹对"慎独"的解释就是现在我们通常对"慎独"的理解。这一理解从汉代影响到了现在,或许会更久,这一优良的品质已经深深地扎根在中华民族的血液里。但郑玄、孔颖达、朱熹对"慎独"的理解却不是"慎独"的原意。在第二章的论述中,我们知道,"慎独"最早与"五行"有关,指的是内心专一纯粹去体认"道"。而郑玄、孔颖达、朱熹的"慎独"指的是人在独居、独知之时,对"道"的谨守。前者讲的是对"道"的体认,后者指的是对"道"的谨守,前者讲"五行",后者已经不论及"五行"了。"慎独"的原意并没有独知、独处、独居之意,故郑玄、孔颖达、朱熹对"慎独"的理解

---

① 郑玄注,孔颖达等正义:《礼记正义》卷五十二,第 1625 页。
② 郑玄注,孔颖达等正义:《礼记正义》卷五十二,第 1625 页。

是一种误读。虽然与原义有一定的差距，但依然是十分优秀的思想，所以才传承至今。今天，无论是原初之"慎独"，还是郑、孔、朱误读之"慎独"，都是十分珍贵的品质。

显然，朱熹对"慎独"范畴的发挥不及"中和""诚"等范畴。一方面，"慎独"牵涉思想体系构建的问题："慎独"本意指专注内心去体"道"即"诚于中"，不指"形于外"，"慎独"当属"未发"，但朱熹又讲到"戒慎恐惧"是"未发"，"慎独"是"已发"，为了体系的完整，朱熹对"慎独"是按照"已发"来阐释的；另一方面，也许朱熹认为郑玄、孔颖达对"慎独"的理解已经较为完美了，无需再做更多的发挥。汉代就已经对"慎独"做了错误的解读，宋代在此基础上走得更远了，因而"慎独"很难再回复到原来的概念。

三、"戒慎恐惧"与"慎独"的关系

《中庸》云："君子戒慎乎其所不睹，恐惧乎其所不闻。"① 朱熹解曰：

> 道者，日用事物当行之理，皆性之德而具于心，无物不有，无时不然，所以不可须臾离也。若其可离，则为外物而非道矣。是以君子之心常存敬畏，虽不见闻，亦不敢忽，所以存天理之本然，而不使离于须臾之顷也。②

"道"或者说"天理"的特点是不可见闻但又无时无刻不存在，要对"道"存有敬畏之心，就要"戒慎恐惧"。所以，"戒慎恐惧"是从"道"或者说"天理"的角度来说的。既然是从"道""天理"的角度，即是从本体出发，本体是"未发"，故朱

---

① 朱熹：《四书章句集注》，第17页。
② 朱熹：《四书章句集注》，第17页。

第四章 朱熹《中庸》学的主要内容

熹认为"戒慎恐惧"之时是"未发"。朱熹讲道:

> 所不闻,所不见,不是合眼掩耳,只是喜怒哀乐未发时。凡万事皆未萌芽,自家便先恁地戒谨恐惧,常要提起此心,常在这里,便是防于未然,不见是图底意思。①

用不睹、不闻来说"戒慎恐惧",是由外而尽于内,用"莫见乎隐,莫显乎微"来言"慎独"是由内而至于外。学生认为"戒慎恐惧"已经有动,是"已发"了,朱熹指出,"戒慎恐惧"是要发不发时候的工夫,有个思虑在,但又不执着于思虑,只是略略地提起,防患于未然。

> 曰:"公莫看得戒谨恐惧太重了,此只是略省一省,不是恁惊惶震惧,略是个敬模样如此。然道著'敬'字,已是重了。只略略收拾来,便在这里。伊川所谓'道个"敬"字,也不大段用得力'。孟子曰:'操则存。'操亦不是着力把持,只是操一操,便在这里。如人之气,才呼便出,吸便入。"②

引而"未发"毕竟还是"未发",故朱熹云:"戒谨恐惧是未发。"③"慎独"则是思虑已经萌发,已经有所形迹了,已经应物接事了,故为"已发",故朱熹云:"'谨独'既专就已发上说。"④

首先,"戒慎恐惧"与"慎独"是"未发"与"已发"的关系。其次,"戒慎恐惧"与"慎独"是"中"与"和"的关系,既然"戒慎恐惧"与"慎独"的关系是"未发"与"已发"的关

---

① 黎靖德:《朱子语类》卷六十二《中庸一》,第 2024 页。
② 黎靖德:《朱子语类》卷六十二《中庸一》,第 2032 页。
③ 黎靖德:《朱子语类》卷六十二《中庸一》,第 2027 页。
④ 黎靖德:《朱子语类》卷六十二《中庸一》,第 2034 页。

系，自然亦当是"中"与"和"的关系。学生问朱熹"戒慎乎其所不睹，恐惧乎其所不闻"与"慎独"的区别何在？朱熹指出，前者是从天理的角度来说的，后者则是从具体的实践上来说的。学生又问，既然通过"戒慎恐惧"，"天理"已明，何故还需"慎独"呢？朱熹指出，"戒慎恐惧"是"致中"（"未发"）的工夫，"慎独"是"致和"（"已发"）的工夫。"已发"占据生命活动的大多数，日常生活的实践需要"致和"。他说："虽是存得天理，临发时也须点检，这便是他密处。若只说存天理了，更不谨独，却是只用致中，不用致和了。"① 再次，"戒慎恐惧"与"慎独"是"涵养"与"省察"的关系。朱熹指出，既然"戒慎恐惧"能识得"未发"时之"大本""天理"，又因为"涵养"也能识得"大本""天理"，所以，"戒慎恐惧"的工夫实际上就是"涵养"的工夫；既然"慎独"能使得情感"发"而"中节"，又因为情感的发生各得其宜需要"省察"，所以，"慎独"的工夫实际上就是"省察"的工夫。

朱熹又指出，看待"已发"与"未发"、"中"与"和"、"涵养"与"省察"、"戒慎恐惧"与"慎独"都不必太拘泥，太死板，在实践中，应该要相互贯通。

> 先生曰："已发未发，不必太泥。只是既涵养，又省察，无时不涵养省察。若戒惧不睹不闻，便是通贯动静，只此便是功夫。至于谨独，又是或恐私意有萌处，又加紧切。若谓已发了，更不须省察，则亦不可。如曾子三省，亦是已发后省察。今湖南诸说，却是未发时安排如何涵养，已发时旋安排如何省查。"②

---

① 黎靖德：《朱子语类》卷六十二《中庸一》，第2031页。
② 黎靖德：《朱子语类》卷六十二《中庸一》，第2045页。

第四章　朱熹《中庸》学的主要内容

"涵养"与"察识"要交相助，因为"涵养""察识"无时无刻不在进行中。那么，"戒慎恐惧"与"慎独"也要时时提起，不可懈怠，否则难以体认到"天理"，也难以"发"而"中节"。实际上，"中"与"和"、"涵养"与"察识"、"戒慎恐惧"与"慎独"都是围绕着心之"已发"和"未发"而展开的，这几对范畴可以相互说明、相互阐释。这几对范畴关系的本质内容就是"性"（"天理"）与"情"（"人欲"）的关系。

朱熹还指出，"戒慎恐惧"与"慎独"都是"惟精惟一"的工夫。"戒慎恐惧"是持守，故是做"惟一"的工夫，但持守中不可不察，不可不做"惟精"的工夫，故亦要"慎独"；"慎独"是察于精密之处，故是做"惟精"的工夫，但是察于精密之处，亦不可少了持守，故要"戒慎恐惧"，所以"戒慎恐惧"与"慎独"都不可以少"惟精惟一"的工夫。朱熹云："两事（笔者注：指的是'戒慎恐惧'与'慎独'）皆少不得'惟精惟一'底工夫。不睹不闻时固当持守，然不可不察。谨独时固当致察，然不可不持守。"[①] 朱熹还强调，在做"戒慎恐惧"与"慎独"工夫的时候还要懂得"持敬"，敬应该贯穿在整个认识活动、实践活动之中，持敬方可得而不失。

"戒慎恐惧"与"慎独"在做工夫的时候虽有差别，"戒慎恐惧"时就当"戒慎恐惧"，当"慎独"时就当"慎独"，一个静，一个动。但从本质上说，二者不是两件事，而是一项工夫，是同一个"理"，"戒慎恐惧"与"慎独"的工夫是无时无处不存在的，两者也是相互融通的。"戒慎恐惧"时亦当"慎独"，"慎独"时亦要注意"戒慎恐惧"，当人工夫做得多，积累得多，"戒慎恐惧"与"慎独"自然从心所欲而不逾矩。

---

① 黎靖德：《朱子语类》卷六十二《中庸一》，第 2031 页。

> 已发未发，只是说心有已发时，有未发时。方其未有事时，便是未发；才有所感，便是已发，却不要泥着。谨独是从戒谨恐惧处，无时无处不用力，到此处又须谨独。只是一体事，不是两节。①

朱熹还指出，"慎独"是从"戒慎恐惧"而来的，说明"戒慎恐惧"是"慎独"的内在原因，"慎独"是"戒慎恐惧"形于外的表现，这很符合朱熹一贯的思维。朱熹指出，《中庸》文中的"亦孔之昭"是"慎独"之意，"不愧屋漏"则是"戒慎恐惧"之意。

"慎独"在先秦属于心性论和认识论的范畴，经过郑玄、孔颖达的发展，"慎独"范畴侧重点在于工夫修养，朱熹更多的是继承了郑、孔的思想未能作更多的、更具哲理性的发挥。朱熹的"慎独"思想也并不合乎"慎独"之原义。朱熹之后，明末思想家刘宗周的"慎独"思想独具特色，融合了程朱、陆王两家的思想。他认为心体即性体，本体即工夫，在刘宗周这里，"慎独"既包含着心体和性体，又是致修的工夫，这又在一定程度上归复到了先秦"慎独"的原义。

第六节 "中庸"论

以"中庸"为《中庸》的篇名，"中庸"当然是其主要内容。"中庸"在春秋时期就是儒家学说的一个重要范畴。《论语》就记载着孔子有关"中庸"的论述："中庸之谓德也，其至矣乎！民鲜久矣。"②《中庸》又记载着子思引用其祖父"中庸"的论述：

---

① 黎靖德：《朱子语类》卷六十二《中庸一》，第2039页。
② 朱熹：《四书章句集注》，第91页。

第四章　朱熹《中庸》学的主要内容

"子曰：'中庸其至矣乎！民鲜能久矣！'"① 二者意思无差异。孔子崇尚"中庸"，告诫学生要无过无不及。孔子在承接前人之志的基础上首次将"中庸"作为一个道德范畴提了出来，并把它作为最高的道德标准。

一、"中庸"的内涵

郑玄、孔颖达对"中庸"之解是相同的："庸，常也。用中为常，道也。"② 郑、孔二人都将"中庸"看成是至美至善的"中道"，"中庸"在郑、孔二人这里主要还是道德的范畴。朱熹在总结和继承前人"中庸"思想的基础上，建构了逻辑清晰、体系完整的"中庸"论。

（一）"中"的内涵

"中"是古代圣哲最为崇尚的观念之一。"中庸"之"中"，有两层含义，第一层含义指的是"在中"，第二层含义指的是"时中"。"在中"是从"未发"的意义上来说的，"时中"是从"已发"的意义上来说的。"中庸"之"中"兼具"已发""未发"，"已发"是体、"未发"乃用，故"中"又是兼体用的。也可以说，"中庸"之"中"是兼"中和"的，"中庸"与"中和"本质是一样的，只不过侧重点不同，下文将详述。"中"既然兼"中和"，"中和"的实际内容是"性情"，所以"中庸"之"中"实际上也描述和体现了"性情"。朱熹讲道：

> "中庸"之"中"，本是无过无不及之中，大旨在时中上。若推其中，则自喜怒哀乐未发之中，而为"时中"之"中"。未发之中是体，"时中"之"中"是用，"中"字兼中

---

① 朱熹：《四书章句集注》，第19页。
② 郑玄注，孔颖达疏：《礼记正义》卷五十二，第1664页。

和言之。①

"在中"指的是不偏不倚,"时中"则指的是无过无不及,"故于未发之大本,则取不偏不倚之名;于已发而时中,则取无过不及之义,语固各有当也"②。那么"在中"与"时中"的关系如何?朱熹认为"在中"是"时中"的内在原因,"时中"是"在中"之外在表现。"盖无过、不及,乃无偏倚者之所为。而无偏倚者,是所以能无过、不及也。"③ 与之相对应,"在中"需要"涵养"(静)的工夫,"时中"则需要"省察"(动)的工夫。只有君子能随时处"中",应物接物之时亦能做到恰到好处。《中庸》讲道,君子能"中",小人却难以做到"中"。

《中庸》又讲道,舜"执其两端,用其中于民"④。如果理解为执两端而取中间,那就太过简单机械了,这样的话孔子就不会说"中庸其至矣乎!民鲜能久矣!"朱熹指出,"两端不专是中间"⑤,"执其两端"而"用中"指的是符合事物的道理而用之。朱熹举例说,如薄厚的问题,当厚则厚,那么"厚上"就是中;当薄则薄,那么"薄上"是中。对人的赏罚也是一个道理,朱熹云:

> 两端未是不中。且如赏一人,或谓当重,或谓当轻,于此执此两端,而求其恰好道理而用之。若以两端为不中,则是无商量了,何用更说"执两端"。⑥

朱熹将"中"看成天下之正道,我们将之与"十六字心法"

---

① 黎靖德:《朱子语类》卷六十二《中庸一》,第2005页。
② 朱熹《四书或问·中庸或问上》,第548页。
③ 黎靖德:《朱子语类》卷六十二《中庸一》,第2040页。
④ 朱熹:《四书章句集注》,第20页。
⑤ 黎靖德:《朱子语类》卷六十二《中庸二》,第2059页。
⑥ 黎靖德:《朱子语类》卷六十二《中庸二》,第2059页。

联系起来就不难理解为何朱熹将"中"看成天下之正道。"心法"告诉我们要"允执厥中",即要真诚地、坚持不懈地执行"中道","执中"可以国兴民顺,故"中"为天下之正道。朱熹又指出,要做到"中"是十分困难的,这就需要人强力行之,即《中庸》所言的"强哉矫",否则难以得"中"。

(二)"庸"的内涵

二程讲"不易之谓庸"①。将"庸"作"不易"解,朱熹在二程的基础上,对"庸"作了更高层次的哲学描述:"庸,平常也。"② 何为"平常"?朱熹曰:"事理之当然也。"③ 具体到现实层面就是君臣父子、日用之常。朱熹又讲道:"庸者天下之定理。"④ "庸"的本质就是"天理"、规律。这就将"中庸"从政治、道德的范畴提升至本体范畴。朱熹认为,只有"平常"的事物才能久,久的事物才能贯通天地之奥义。朱熹实际上已经将二程之"不易"包括在"平常""定理"之中了。"不易"指的是"理"之不可易,"理"之不易说明"理"是永恒存在的,只有能"常"才可久矣,非"常",则不能"不易"也。学生问朱熹如何看待尧舜禅受,汤武放伐等异"常"之事情。朱熹指出,虽说尧舜禅受,汤武放伐从表面上看是异"常"之事,但这是不得已而为之的,事情到了一定的程度,必须得变,变的结果是合乎天道人伦的,那么就是"常","常"是事理之当然。

> 曰:庸字之义,程子以不易言之,而子以为平常,何也?曰:惟其平常,故可常而不可易,若惊世骇俗之事,则可暂而不得为常矣。二说虽殊,其致一也。但谓之不易,则

---

① 朱熹:《四书章句集注》,第17页。
② 朱熹:《四书章句集注》,第17页。
③ 朱熹:《四书或问·中庸或问上》,第549页。
④ 朱熹:《四书章句集注》,第17页。

必要于久而后见，不若谓之平常，则直验于今之无所诡异，而其常久而不可易者可兼举也。况中庸之云，上与高明为对，而下与无忌惮者相反，其曰庸德之行，庸言之谨，又以见夫虽细微而不敢忽，则其名篇之义，以不易而为言者，又孰若平常之为切乎！曰：然则所谓平常，将不为浅近苟且之云乎？曰：不然也。所谓平常，亦曰事理之当然，而无所诡异云尔，是固非有甚高难行之事，而亦岂同流合污之谓哉！既曰当然，则自君臣父子、日用之常，推而至于尧、舜之禅授，汤、武之放伐，其变无穷，亦无适而非平常矣。①

朱熹的论说涉及两个方面的内容。第一，涉及权变的思想，权变就是要在合乎规律、合乎事实的条件下具体问题具体分析，做到应时而变，变的目的是让事物得到更好的发展，朱熹指出，"中"之所贵者在于"权"，朱熹在《孟子集注》中讲道：

权，称锤也，所以称物之轻重而取中也。执中而无权，则胶于一定之中而不知变，是亦执一而已矣。程子曰："中字最难识，须是默识心通。且试言一厅，则中央为中；一家，则厅非中而堂为中；一国，则堂非中而国之中为中，推此类可见矣。"又曰："中不可执也，识得则事事物物皆有自然之中，不待安排，安排著则不中矣。"……为我害仁，兼爱害义，执中者害于时中，皆举一而废百者也。此章言道之所贵者中，中之所贵者权。②

第二，涉及"变"与"常"的辩证关系，事物的终始并不是一成不变的，事物内部有矛盾才能促进事物的前行，所谓"和实生物，同则不继"。事物在发展的历程中"变"中有"常"，"常"

---

① 朱熹：《四书或问·中庸或问上》，第 549 页。
② 朱熹：《孟子集注》，第 357 页。

中存"变","变"中有"常"保证事物的性质不变,"常"中存"变"保证事物不会一直停留在某个阶段,而是不断地向前发展。所以朱熹讲道:"是他到不得已处,只得变。变得是,仍旧是平常,然依旧着存一个变。"① 由以上分析可知,朱熹关于"中庸"之"庸"的理解极富辩证思维。

(三)"中"与"庸"的关系

朱熹认为"中"与"庸"不是二物,"中"是不偏不倚,无过无不及之名,"庸"是实然之理,"庸"是"中"的常然不易之处。"中"与"庸"孰轻孰重,孰先孰后,朱熹从不同的角度得出了不同的结论:从实理的角度来说,先"中"而后"庸";从人伦、实践的角度来说,先"庸"而后"中"。"中而后能常,此以自然之理而言。常而后能有中,此以人而言。"② 但朱熹认为,从根本上说唯"中"才可能有"庸",也就是说,"庸"之本质是"中","中"的外延大于"庸"的外延。"中"有"在中""时中"之意,包括"平常""定理",说明在"中"与"庸"中,"中"才是最根本的,"中则直上直下,庸是平常不差异。中如一物竖置之,常如一物横置之。唯中而后常,不中则不能"③。又:"庸是定理,有中而后有庸。"④ 辩证来看,有"中"必有"庸",有"庸"亦必有"中",二者缺一不可:

> 中、庸只是一个道理,以其不偏不倚,故谓之中。以其不差异可常行,故谓之庸。未有中而不庸者,亦未有庸而不中者。惟中,故平常。尧授舜,舜授禹,都是当其时合如此做,做得来恰好,所谓中也。中即平常也,不如此,便非

---

① 黎靖德:《朱子语类》卷六十二《中庸一》,第2009页。
② 黎靖德:《朱子语类》卷六十二《中庸一》,第2008页。
③ 黎靖德:《朱子语类》卷六十二《中庸一》,第2007~2008页。
④ 黎靖德:《朱子语类》卷六十二《中庸一》,第2010页。

中，便不是平常。以至汤、武之事亦然。又如当盛夏极暑时，须用饮冷，就凉处，衣葛挥扇，此便是中，便是平常。当隆冬盛寒时，须用饮汤，就密室，重裘，拥火，此便是中，便是平常。若极暑时重裘拥火，盛寒时衣葛挥扇，便是差异，便是失其中矣。①

朱熹认为，从某种意义上说，"中"就是"庸"，"庸"就是"中"。朱熹还通过日常生活中的例子来说明"中"与"庸"的关系，由此我们可以知道，通过日常生活中的修炼便可得"中""庸"。此外，朱熹还讲到了"中"与"诚"的关系，朱熹认为"中"就是"诚"，二者的实质内容都是"天理"，云："中是道理之模样，诚是道理之实处，中即诚。"②

（四）"中庸"的定义

以上分析了"中""庸"以及"中"与"庸"的关系，那么何谓"中庸"？"中庸"是《中庸》的重要内容之一，"中庸"与"慎独"一样，都是儒家文化中的特质，是民族精神的重要表现。朱熹的"中庸"在继承孔子、子思、郑玄、孔颖达等人的思想上有了新的发展。朱熹在《中庸章句》中讲道：

中庸者，不偏不倚、无过不及，而平常之理，乃天命所当然，精微之极致也。惟君子为能体之，小人反是。③

这个定义中，表达了三个方面的内容：第一，"中庸"不偏不倚、无过无不及，这是方法上的把握；第二，"中庸"是"天命"所为，也就是说"中庸"顺乎天命、规律，且是"天理"中最精微、极致之处，这是本体上的体现；第三，"中庸"是只有

---

① 黎靖德：《朱子语类》卷六十二《中庸一》，第 2008~2009 页。
② 黎靖德：《朱子语类》卷六十二《中庸一》，第 2008 页。
③ 朱熹：《四书章句集注》，第 18~19 页。

第四章　朱熹《中庸》学的主要内容

圣贤君子才能拥有的至德，这是主体上的要求。

朱熹一方面将"中庸"上升至"天理"这一本体范畴，另一方面，又将"天理"与生活实践结合起来，让我们有攀登之基石。实际上，朱熹的"中庸"范畴更多的是本体、实践意义上的，而非方法论意义上的。朱熹对"中""庸"及"中庸"的阐释遵循了儒者理解世界的基本方法：天与人本一体、体与用本一体。此外，朱熹还讲道，能为"中庸"者，乃智、仁、勇兼备者，"此中庸之成德，知之尽、仁之至、不赖勇而裕如者"①。朱熹是从哲学的、逻辑的角度来定义"中庸"的。可见，朱熹将"中庸"这一伦理道德的范畴提升至哲学的高度，为"中庸"这一至德提供了哲学论证。

按照朱熹对《中庸》的划分，第二章至第十一章，都在讲"中庸"，朱熹也对此作了详细的论说。第二章讲君子得"中庸"，小人不得"中庸"；第三章、第七章、第九章讲"中庸"难得；第四章、第五章讲"中庸"之道不行、不明；第六章、第八章、第十章举舜、颜回、子路的例子明"中庸"之德，三人分别对应智、仁、勇，三者不可偏废才可得"中庸"；第十一章讲只有圣贤之人才能真正得"中庸"。具体分析而言，"中庸"是圣贤、君子独有的品质，因为只有君子能做到无所偏倚，无过不及，能做到"戒慎恐惧""慎独"，故能随时随地而处"中"。因小人不自知，故无所忌惮，不"常"亦不"中"。君子、圣贤不素隐行怪、不刻意去彰显自己、不半途而废。君子只是真诚地依乎"中庸"而行之，坚守住"中庸"，即使自己的理想未能展现，亦要独善其身。

《中庸》讲道："天下国家可均也，爵禄可辞也，白刃可蹈

---

① 朱熹：《四书章句集注》，第 22 页。

也，中庸不可能也。"① 朱熹认为这三种情况属于智、仁、勇之事，智、仁、勇本是难做之事，"中庸"比它们还要难。朱熹指出，要想得"中庸"之道，需要心中无一己之私利。在具体的实践中，常会因事、势所迫而难以中节，加上人禀气之偏，难免会陷于人欲之中无法自拔，更何况不是说在一件事情上做到"中庸"就可谓"中庸"了，还要不懈地持守之，故"中庸"看似容易实则难。故朱熹云：

> 以三者（笔者注：指的是智、仁、勇）之难，明中庸之尤难也。盖三者之事，亦知仁勇之属，而人之所难，然皆取必于行，而无择于义，且或出于气质之偏，事势之迫，未必从容而中节也。若曰中庸，则虽无难知难行之事，然天理浑然，无过不及，苟一毫之私意有所未尽，则虽欲择而守之，而拟议之间，忽已堕于过与不及之偏而不自知矣。此其所以虽若甚易，而实不可能也。故程子以克己最难言之，其旨深矣。②

朱熹分析"中庸"之道不行、不明的原因在于智者、贤者过之，愚者、不肖者不及。朱熹认为，智者无须什么都知，智者也可能对事物探究太过，智者有自己认知的范围，太过执着去认知或认知太过，故智者有时候也不能得"中庸"；愚者蒙昧无知，没有能力去认知事物，更不可能知道如何去行道，故愚者不得"中庸"，所以孔子才会说"道之不行"。朱熹又指出贤者有不行之处，却刻意去追求行，是太过了，故贤者不得"中庸"；不肖者无所忌惮，不知道如何去求道，是不及，故不肖者不得"中庸"，所以孔子才会说"道之不明"。朱熹强调，"中庸"之道，

---

① 朱熹：《四书章句集注》，第21页。
② 朱熹：《四书或问·中庸或问上》，第568页。

无外乎于日用之间,这就告诉我们,"中庸"之道无须外求,在日用中去实践、去修炼、去积累便可得之。朱熹讲道:

> 测度深微,揣摩事变,能知君子之所不必知者,知者之过乎中也。昏昧蹇浅,不能知君子之所当知者,愚者之不及乎中也。知之过者,既惟知是务,而以道为不足行,愚者又不知所以行也,此道之所以不行也。刻意尚行,惊世骇俗,能行君子之所不必行者,贤者之过乎中也。卑污苟贱,不能行君子之所当行者,不肖者之不及乎中也。贤之过者,既唯行是务,而以道为不足知,不肖者又不求所以知也,此道之所以不明也。然道之所谓中者,是乃天命人心之正,当然不易之理,固不外乎人生日用之间,特行而不著,习而不察,是以不知其至而失之耳。故曰:"人莫不饮食也,鲜能知味也。"知味之正,则必嗜之而不厌矣;知道之中,则必守之而不失矣。①

"中庸"看似简单,做起来则十分困难,中而不倚,对大多数人来说都难以做到。即使做到了一时的无所偏倚,也难以长久把捉。所以要想做到真正的"中庸",必须行"强矫哉"的工夫,否则难以得"中庸"。如前面所言,不是说简单的执两端而为"中",要有权变的思想,才能做到随时而中。《中庸》举南方之强与北方之强的例子就包含了这个道理。"中庸"之难不仅仅在于它是"天理"中最精微、极致之处,而且还在于它运用在实际中亦是比较难实现的,智者、贤者都有可能达不到"中庸",更何况凡俗之人。

二、"中庸"与其他范畴的关系

朱熹在论述"中庸"时,也谈及它与其他范畴的关系。

---

① 朱熹:《四书或问·中庸或问上》,第 566 页。

(一)"中庸"与"高明"的关系

杨时认为,"高明"是"中庸"之体,"中庸"是"高明"之用;王安石认为"高明"处己,"中庸"处人。朱熹赞同杨时之论,反对王安石之论。《中庸》云:"高明配天"①,故"高明"是形容"天理"的,"中庸"乃"天理"之精微部分,相比较而言,"高明"形容的是"天理"的全部,"中庸"只是"天理"的部分内容,"高明"(整体)与"中庸"(部分)的关系是互为体用的关系。故朱熹说:"要知中庸、高明二者皆不可废。"②《中庸》云:"极高明而道中庸。"③ 那么"极高明"与"道中庸"又是什么关系呢?朱熹认为:

> "极高明"是言心,"道中庸"是言学底事。立心超乎万物之表,而不为物所累,是高明。及行事则恁心地细密,无过不及,是中庸。④

"极高明"是从人心的角度来说的,指的是心本高明,不为物所累,不为物所累就是不被一己之私欲所蒙蔽,心纯粹专一,明朗开阔,心就能致广大而尽精微;"道中庸"是从实践角度来说的,指的是行事无过不及。心不被物欲沾染,自然无过无不及。朱熹的观点是直接来源于二程的,二程认为,"极高明"和"道中庸"是一项工夫,"极高明"和"道中庸"的本质都是"天理","中庸"是"天理"之精微处,"高明"是形容"天理"的,故"中庸"亦就是"高明"之精微处。二程云:

> "极高明而道中庸",非二事。中庸,天理也。天理故高

---

① 朱熹:《四书章句集注》,第34页。
② 黎靖德:《朱子语类》卷六十二《中庸一》,第2008页。
③ 朱熹:《四书章句集注》,第35页。
④ 黎靖德:《朱子语类》卷六十四《中庸三》,第2133页。

明，不极乎高明，不足以道中庸。中庸乃高明之极。①

（二）"中庸"与"中和"的关系

朱熹认为，"中庸"与"中和"既有区别又有联系。"中庸"指的是实理，这是从"天理"的角度来说的；"中和"言的是性情，这是从心性的角度来说的，两者所侧重的角度是不一样的。从本质来看，心性是从属于"天理"的，故"中庸"包括"中和"。但朱熹又强调，"中庸""中和"所指向的内容是一样的。"中庸"之"中"兼"在中"和"时中"，包含"未发"与"已发"，也就是说，"中庸"之"中"兼体用，"中和"之"中"兼"和"。"庸"有平常之意，故其包含赅备，精粗本末，无所不尽，故"中庸"兼"中和"。但二者从本质上说都是"理"，故朱熹才会说："以性情言之，谓之中和；以理义言之，谓之中庸：其实一也。"②

前文引述道："庸是定理，有中而后有庸。"但是朱熹又说："以中对庸而言，则又折转来，庸是体，中是用。"③ 这又说明"庸"是体"中"是用了。接着他又言："以中和对中庸而言，则中和又是体，中庸又是用。"④ 这又讲到"中和"是体，"中庸"是用了。这和前文的分析出入很大。我们尝试做出以下分析：根据前文之分析，"中"与"庸"的关系是"中"是体，"庸"是用，先"中"而后"庸"；"中庸"兼"中和"。前文朱熹是站在更广阔的角度来论"中"与"庸"的关系，以及"中和"与"中庸"的关系的。此处是从"时中""执中"的角度来分析的"中"的，"庸"乃"天下之定理"，这又是从天理的角度来论的，故

---

① 程颢、程颐：《河南程氏外书》卷三，第367页。
② 黎靖德：《朱子语类》卷六十三《中庸二》，第2056页。
③ 黎靖德：《朱子语类》卷六十三《中庸二》，第2056页。
④ 黎靖德：《朱子语类》卷六十三《中庸二》，第2056页。

"庸"为体,"中"为用。如果将"中庸"看成方法论,"中和"是"天地位焉,万物育焉",那么"中和"是体,"中庸"是用。当然,也可能是《朱子语类》中学生记载、理解的错误。从《中庸章句》分析来看,"中和"说的是"性情"之德,"中庸"说的是"天理精微之极致",朱熹在《中庸或问》中指出,"精粗本末,无所不尽,此其所以不曰中和,而曰中庸也"①,说明朱熹更倾向的观点是"中庸"兼"中和","中庸"才是体,"中和"才是"用"。

朱熹的"中庸"论是在二程基础上展开的,《中庸章句》开头就引用二程之语:"子程子曰:'不偏之谓中,不易之谓庸。中者,天下之正道,庸者,天下之定理。'"②但是我们看到,二程之"中庸"思想显然不及朱熹"中庸"思想丰富和精密。朱熹解析了"中庸"之"中"与"中庸"之"庸"的概念,分析"中"与"庸"的关系,定义了"中庸",同时还将"中庸"与"高明""中和"等范畴联系起来,进行了十分详密的论证。朱熹"中庸"论不但有哲理上的论证,还对日常生活具有正确的指导作用。朱熹认为在生命活动中"已发"是大多数,故要随时而"中",即在日常生活中要努力做到无过无不及,用"平常"之"庸"取代了二程"不易"之"庸",并将"中"与"庸"联系起来。这说明了朱熹绝不是只知道深究义理的哲学家,他还是强调实践的行动家。从朱熹的"中庸"论可以看到,朱熹思想体系的严密,朱熹之后的儒者对"中庸"思想的探索都鲜能超越朱熹,都只是在朱熹"中庸"思想的范围内徘徊。

---

① 朱熹:《四书或问·中庸或问上》,第549页。
② 朱熹:《四书章句集注》,第17页。

第七节 "尊德性"与"道问学"

在朱熹的理论中,"尊德性"与"道问学"不仅是为学之方、教人之法的问题,还是理学问题。

一、与陆氏兄弟为学之方的辩论

朱熹和陆九渊都是当时知名学者,但二人在为学上有众多差异。我们从二人为学方法上可窥见他们学术旨趣的不同。淳熙二年(1175)六月,吕祖谦为了调和朱熹"理学"和陆九渊"心学"的矛盾,诚邀二人及当时一些有名的学者在江西鹅湖寺就教人之法、为学之方的问题展开辩论。陆九渊站在其心学立场上,主张学问要先立乎其大;朱熹则强调要格物致知,主张多读书,要善于分析问题,积累经验,穷得事物之理。二人在方法上的矛盾,用陆九渊的话来说就是"简易"与"支离"的矛盾。为此陆九渊还作诗一首:

> 墟墓兴哀宗庙钦,斯人千古不磨心。
> 涓流积至沧溟水,拳石崇成泰华岑。
> 易简工夫终久大,支离事业竟浮沉。
> 欲知自下升高处,真伪先须辨只今。①

陆九渊批判朱熹的为学方法支离破碎,沉浮不定,难有所成就,而陆九渊认为直指本心的为学之道才是值得追求的大事业,陆氏兄弟认为古圣相传之道可以通过心传代代相承。鹅湖之会除了一些简单的记述之外并无详细的材料,从现有的材料开看,此

---

① 陆九渊:《陆九渊集》卷二十五《鹅湖和教授兄韵》,北京:中华书局,2014年,第301页。

次为学之方的辩难并未明确指出朱熹的为学之方是"道问学",而陆九渊的为学之方则是"尊德性"。"道问学"与"尊德性"出自《中庸》,《中庸》曰:"尊德性而道问学。"① 陆九渊的《年谱》中有关于此段历史的记载:

> 鹅湖之会,论及教人。元晦之意,欲令人泛观博览,而后归之约。二陆之意,欲先发明人之本心,而后使之博览。朱以陆之教人为太简,陆以朱之教人为支离,此颇不合。先生更欲与元晦辩,以为尧舜之前何书可读?复斋止之。赵刘诸公拱听而已。先发明之说,未可厚诬,元晦见二诗不平,似不能无我。②

朱熹要求博而后约,陆九渊只要求发明本心,而此时二人都未说到"尊德性"和"道问学"二词,而是讲的"泛观博览""约""发明本心""支离"等词语。真正提出二人为学之方的差别是"尊德性"与"道问学"的是朱熹。陆九渊引用朱熹的书信曰:

> 朱元晦曾作书与学者云:"陆子静专以尊德性诲人,故游其门者多践履之士,然于道问学处欠了。某教人岂不是道问学处多了些子?故游某之门者践履多不及之。"观此,则

---

① 朱熹:《四书章句集注》,第35页。
② 陆九渊:《陆九渊集》卷三十六《年谱》,第491页。黄宗羲云:"先生(笔者注:指的是陆九渊)之学,以尊德性为宗,谓'先立乎其大,而后天之所以予我者,不为小者所夺。夫苟本体不明,而徒致功于外索,是无源之水也'。同时紫阳之学,则以道问学为主,谓'格物穷理,乃吾人入圣之阶梯。夫苟信心自是,而惟从事于覃思,是师心之用也'。……况考二先生之生平自治,先生之尊德性,何尝不加功于学古笃行,紫阳之道问学,何尝不致力于反身修德,特以示学者之入门各有先后,曰'此其所以异耳'。然至晚年,二先生亦俱自悔其偏重。"(黄宗羲原著,全祖望补修:《宋元学案》卷五十八《象山学案》,第1885~1886页)正是因为二人在为学之方、"太极"等问题上的差异导致了二人后学如冰炭不相容,宗朱者说陆学为狂禅,宗陆者说朱学为俗学。

是元晦欲去两短，合两长。然吾以为不可，既不知尊德性焉，有所谓道问学？①

朱熹的原信未收入现在的《朱文公文集》中，从朱熹的这封信中，可以看出朱熹并不赞同陆氏的观点，认为他少了"道问学"这一节工夫。从引述看，朱熹讲"泛观博览，而后归之约"说明他为学的步骤，首先是格物，然后致知，也就是说先"道问学"而后"尊德性"，朱熹是两者都重视的。我们从朱熹的整个理论体系同样也可以看出，他确实是二者皆重的，而陆九渊则把本心无限放大了。从朱熹写给张栻的信中我们可见朱熹对陆氏兄弟学术的评价：

> 子寿兄弟气象甚好，其病却是尽废讲学而专务践履，却于践履之中要人提撕省察，悟得本心，此为病之大者。要其操持谨质，表里不二，实有以过人者。惜乎其自信太过，规模窄狭，不复取人之善，将流于异学而不自知耳。②

朱熹认为陆氏兄弟之学废弃格物而专务本心，流于"异端"，而且学术的规模太过狭隘，对学术的专研，对人生的修养都是有害的。朱熹与陆九渊为学之方的争论，是一种方法论上的理论自觉。朱陆为学之方的争论，对南宋之后的学者产生了重大影响。他们或尊朱贬陆，或尊陆贬朱，或调和二者。

二、"尊德性"与"道问学"中的理学问题

朱熹对"尊德性"与"道问学"的阐释又不仅仅是为学之方的问题。朱熹在《中庸章句》中对"尊德性"与"道问学"的解释为：

---

① 陆九渊：《陆九渊集》卷三十四《语录上》，第400页。
② 朱熹：《晦庵先生朱文公文集》卷三十一《答张敬夫》，第1350页。

> 尊者，恭敬奉持之意。德性者，吾所受于天之正理。道，由也。……尊德性，所以守心而极乎道体之大也。道问学，所以致知而尽乎道体之细也。①

"尊德性"言的是义理，"道问学"言的是学上的工夫，前者的工夫在持守上，后者的工夫在行上，不论是守还是行，都是认识"天理"的工夫。朱熹并不单就"尊德性"或"道问学"而言，他把"涵养""持敬"的工夫归为"尊德性"，把格物致知的工夫归为"道问学"。《中庸》云：

> 故君子尊德性而道问学，致广大而尽精微，极高明而道中庸。温故而知新，敦厚以崇礼。②

朱熹解曰：

> "尊德性"、"致广大"、"极高明"、"温故"、"敦厚"，只是"尊德性"；"尽精微"、"道中庸"、"知新"、"崇礼"，只是"道问学"。如伊川言"涵养须用敬，进学则在致知"。③

朱熹指出，能"尊德性"自然能"致广大""极高明""温故""敦厚"，并将它们称之为"大者五事"④；"道问学"自然能"尽精微""道中庸""知新""崇礼"，并将它们称之为"小者五事"⑤。"大者五事"是纲领，"小者五事"是细密工夫。他还分别对应起来说，"尊德性"自然能"道问学"，能"致广大"自然能"尽精微"，能"极高明"自然能"道中庸"。能"温故"自然能"知新"，能"敦厚"自然能"崇礼"。按照朱熹的见解，"大

---

① 朱熹：《四书章句集注》，第 35 页。
② 朱熹：《四书章句集注》，第 35 页。
③ 黎靖德：《朱子语类》卷六十四《中庸三》，第 2136~2137 页。
④ 见黎靖德：《朱子语类》卷六十四《中庸三》，第 2137 页。
⑤ 见黎靖德：《朱子语类》卷六十四《中庸三》，第 2137 页。

者五事"是本,"小者五事"是末,得本,方能得末。从此点亦可以看出,朱熹并不只是重视"道问学"的。也正是因为朱熹两者都重视,学生产生了疑问,指出"尊德性而道问学""择善而固执"都说明义理在先,先知而后行,它们之间是有先后之分的。朱熹告诉学生,"尊德性"是道之大处,"道问学"是道之细处,二者是密切联系的。二者的关系可以用一般与个别的关系来说明,"道问学"是一般处。个别通过各种形式来表现一般,一般是个别之共性,二者是辩证统一的关系。故朱熹云:

> "尊德性"至"敦厚"此上一截,便是浑沦处;"道问学"至"崇礼"此下一截,便是详密处。道体之大处直是难守,细处又难穷究。若有上面一截,而无下面一截,只管道是我浑沦,更不务致知,如此则茫然无觉。若有下面一截,而无上面一截,只管要纤悉皆知,更不去行,如此则又空无所寄。如有一般人实是敦厚淳朴,然或箕踞不以为非,便是不崇礼。若只去理会礼文而不敦厚,则又无以居之。所以"忠信之人可以学礼",便是"敦厚以崇礼"。①

由此而展开来说,《中庸》中描述天理的,都是道体之大处,描述具体礼仪形式、实践工夫的,都是道之细处,如"大哉圣人之道!洋洋乎!发育万物,峻极于天"②。就是言道体之大处;"礼仪三百,威仪三千"③ 就是言道之细处。

"尊德性"既然是言"天之正理",那么肯定需要用"涵养"的工夫,"涵养"才可明"天理"在我,"道问学"则是格物致知,是实践工夫,即要做到无过无不及的中节处,积累得多,积累得久,自然随时而中,知行自然合一。朱熹讲道:"行得到恰

---

① 黎靖德:《朱子语类》卷六十四《中庸三》,第2139页。
② 朱熹:《四书章句集注》,第35页。
③ 朱熹:《四书章句集注》,第35页。

好处，无些过与不及，乃是知得分明，事事件件理会得到一个恰好处，方能如此。此足以见知与行互相发明滋养处。"① 朱熹将"尊德性""道问学"与修养工夫、"天理"论、"中庸"思想、"中和"思想等联系起来了，由此可见朱熹学术体系之严密。我们亦可看到，朱熹的思想是有推理过程的，我们不能单纯说他为了体系的完整而刻意为之，至少我们就朱熹的理论体系来说，各范畴的界定以及相互之间关系的论证说明大部分都是极富逻辑性和思辨色彩的。

第八节　朱熹《中庸》诠释中对"异端"思想的排斥

唐宋时期，释、道盛行，儒家却黯淡无光、相形见绌。如何将儒家的学脉传承下去，是宋代儒者所面临的重大课题。汉唐儒学的体制化让儒学丧失了生命力，而儒家经典中展现儒学生命力和精神的地方却未能得以彰著，故而在理论上难以与哲理化极高的释、道抗衡。鉴于此，儒者必须重新审视儒家经典，找到与释、道相抗衡的理论武器，才能挽救其衰败的局面。在这样的学术状况下，经过儒者的探索，找到了"四书"、《易传》、《乐记》等经典，它们就像是儒家的救命草一样，让儒者看到了重生的希望。正是这些经典给了儒者尽情发挥的思维空间，找寻到了儒家生生不息的精神源泉。经过宋代众多儒者的努力探索，新的学术范式逐步成形，全新的儒学体系——理学建立起来了。理学的产生、发展除了是儒学自身成长的需要之外，还有一个重要的目的就是抵制"异端"。

朱熹作为理学之大成者，在其《中庸》诠释中自然不乏对

---

① 黎靖德：《朱子语类》卷六十四《中庸三》，第2138页。

第四章 朱熹《中庸》学的主要内容

"异端"的贬斥，下面简要举例予以说明。朱熹云：

> 然则彼释迦是空虚之魁，饥能不欲食乎？寒能不假衣乎？能令无生人之所欲者乎？虽欲灭之，终不可得而灭也。①

朱熹认为，佛教的立论根基不切合实际，佛教认为一切皆是虚妄，要求人禁欲、灭欲，但合理的欲望是不可灭的，如吃饭穿衣，何以能灭？在一些具体问题和具体做法上，他对佛教是持反对态度的。但我们从朱熹的论述可以看出，他并不是对佛教一概否定，他多次说到佛教理论高深、精微，甚至我们也可以从朱熹的理论中看到佛学的影子。

> "盖释氏不理会常行之道，只要空守着这一个物事，便唤做道，与中庸自不同。"说毕又曰："辟异端说话，未要理会，且理会取自家事。自家事既明，那个自然见得。"②

朱熹认为，佛家不理会一切事物，只看到空，不去明是与非，把世间万象的空、虚看作真理。作为儒者的朱熹，强调的是积极入世的观点，讲"格物致知"，讲"中庸"，告诉我们要"博学""审问""慎思""明辨""笃行"。他认为我们努力去实践、去认识世界是有意义的事情，这种意义不但是自我身心的完善，更是对他人、对社会的一种责任。

> 圣人将那广大底收拾向实处来，教人从实处做将去。老、佛之学则说向高远处去，故都无工夫了。圣人虽说本体如此，及做时须事事着实。如礼乐刑政，文为制度，触处都是。体用动静，互换无端，都无少许空阔处。若于此有一毫

---

① 黎靖德：《朱子语类》卷六十二《中庸一》，第 2015 页。
② 黎靖德：《朱子语类》卷六十二《中庸一》，第 2022~2023 页。

之差，则便于本体有亏欠处也。"洋洋乎，礼仪三百，威仪三千。"洋洋是流动充满之意。①

朱熹批判佛、老之学好高骛远导致无工夫可做，儒家之学亦讲天道性命，但却是从实实在在的事情着手的。朱熹指出，圣人制礼作乐，凡人遵依而行之，不但在本体论层面无所欠缺，而且在实践层面亦是无欠缺的，所以儒学才是博大、周全的学问。

下面再引几段朱熹对"异端"的批判：

> 高明，释氏诚有之，只缘其无"道中庸"一截。②

> 又问："此章前说得恁地广大，末梢却说'造端乎夫妇'，乃是指切实做去，此吾道所以异于禅佛？"曰："又须看'经礼三百，威仪三千'。圣人说许多广大处，都收拾做实处来。佛、老之学说向高处，便无工夫。圣人说个本体如此，待做处事事着实，如礼乐刑政，文为制度，触处都是。缘他本体充满周足，有些子不是，便亏了它底。佛是说做去便是道，道无不存，无适非道，有一二事错也不妨。"③

> "极高明"须要"道中庸"，若欲高明而不道中庸，则将流入于佛、老之学。且如儒者远庖厨，佛、诸则好高之过，遂至戒杀食素。儒者"不迩声色，不殖货利"，他是过于高明，遂至绝人伦及欲割己惠人之属。如陆子静天资甚么高明，却是不道中庸，后其学便误人。某尝说陆子静说道理有个黑腰子，其初说得澜翻，极是好听，少间到那紧处时又却藏了不说，又别寻一个头绪澜翻起来，所以人都捉他那紧处不着。④

---

① 黎靖德：《朱子语类》卷六十四《中庸三》，第 2132 页。
② 黎靖德：《朱子语类》卷六十二《中庸一》，第 2008 页。
③ 黎靖德：《朱子语类》卷六十三《中庸二》，第 2078 页。
④ 黎靖德：《朱子语类》卷六十四《中庸三》，第 2134 页。

第四章　朱熹《中庸》学的主要内容

盖有得乎天命之说，则知天之所以与我者，无一理之不备，而释氏所谓空者非性矣；有以得乎率性之说，则知我之所得乎天者，无一物之不该，而老氏所谓无者非道矣；有以得乎修道之说，则知圣人之所以教我者，莫非因其所固有，而去其所本无，背其所至难，而从其所甚易，而凡世儒之训诂词章，管、商之权谋功利，老、佛之清净寂灭，与夫百家众技之支离偏曲，皆非所以为教矣。由是以往，因其所固有之不可昧者，而益致其学问思辨之功；因其所甚易之不能已者，而益致其持守推行之力，则夫天命之性，率性之道，岂不昭然日用之间，而修道之教，又将由我而后立矣。①

从以上引述可知，朱熹对释、道的批判主要有两点：第一，批判它们对儒家仁、义、礼、智和人伦关系的挑战；第二，批判它们空虚而不务实。朱熹认为儒家不但具有精致的、思辨性的哲学理论，还把个人的生命活动安排得妥妥帖帖。所以在儒、释、道三教中，儒才是正统，才是最值得提倡和实践的学问，理所应当成为政治生活、社会生活、个人生活的准则。

实际上，理学的兴起与佛、老是密不可分的，因为任何思想的形成都离不开当时的学术形态。宋代释、道兴盛，理论发达，儒学相对势弱，儒学要创新，必须以释、道为参照系。同样，佛学要创新，儒、道是参照系，道学（指的是老庄创立的道家学术体系及后学对他们的发展和道教理论）要创新，儒、释是参照系。当然，不同的时代，学术的主流有所不同，以谁为参照要具体问题具体分析。宋代的儒者，就是在释、道盛行的状况下，援释入儒，援道入儒，把儒学发展到了一定的高度，这一学术高度的集大成者就是朱熹。朱熹早年出入释、道十余年，对释、道之

---

① 朱熹：《四书或问·中庸或问上》，第552页。

学甚是了解，肯定受其影响，在诠释经典中，自然而然都会引儒释释、道，或引释、道释儒。不单朱熹，宋代许多理学家都对释、道理论十分精通，理学自然而然受其影响，也只有借鉴其他理论体系，吸收它们学术中有益的成分，才能创造新儒学。从儒学史、经学史来看，理学在释、道理论的参照中达到了一定的高度，并完成了儒学的哲学化。宋志明先生在关于儒、释、道的关系和儒学精神实质的问题上，有一段十分深刻的论说：

> 在佛教兴起之前，思想界唯一能与儒家抗衡的是道家学说。所以道家便成为学者理解儒学精神实质的第一个参照系。南北朝时期佛教兴起，又为学者理解儒学精神实质提供了另一个参照系。东汉末年经学开始走向衰落之后，一些学者便参照道家思想阐释儒学的哲理，这就是魏晋玄学的出现。从某种意义上说，玄学的出现可以看成儒学哲理化过程的开始。佛教兴起以后，也有一些学者参照佛学阐释儒家的思想。直到宋明时代，儒家学者才立足于儒、释、道三教合流的高度，援道入儒，援释入儒，完成了儒学的哲理化过程。所以，宋明理学可以看作继经学之后儒学思想的第三个理论形态。①

宋先生的这段论说足以说明，任何理论要得以发展，要在充分发掘自身思想精髓（内在生命力）的基础上，还要做到兼容并包，充分借鉴其他理论中的优秀成分为己所用，这样才能为自身学术的发展添加新的动力，才能充分展现自身学术的生命力。

---

① 宋志明：《现代新儒学的走向》，北京：北京师范大学出版社，2009年，第267页。

第九节　朱熹《中庸》学文献举隅及朱熹对儒家经典与他人观点的引用举例

一、朱熹《中庸》学文献举隅

朱熹著述中涉及《中庸》学文献的有以下几种。

（一）《朱子语类》中的《中庸》文献

《朱子语类》共一百四十卷，其中卷六十二至卷六十四是直接地、依章次地阐发朱熹的《中庸》学说。卷六十二记载的是朱熹与学生关于《中庸》纲领、《中庸章句》的序言和首章之义的讨论。卷六十三记载的是朱熹与学生关于第二章、第四章、第六章、第八章、第九章、第十章、第十一章、第十二章、第十三章、第十四章、第十六章、第十七章、第十八章、第十九章的讨论。卷六十四记载的是朱熹与学生关于第二十章至第三十三章的讨论。通过对《中庸章句》的思想与《朱子语类》中《中庸》的思想进行比较，我们可以发现，《朱子语类》中《中庸》学说与《中庸章句》的思想是一致的。

（二）《朱文公文集》中的《中庸》文献

1. 书信类。

《文集》中《答詹帅》《与张钦夫》《答张敬夫》《答吕伯恭》《答陆子静》《与范直阁》《答何京叔》《答程允夫》《答林择之》《答刘叔文》《答黄商伯》《答吴伯丰》《答应仁仲》《答郑子上》《答陈安卿》《答黄道夫》《答宋深之》《答孙敬甫》《与湖南诸公论中和第一书》等书信。主要集中在《文集》卷二十七、卷三十、卷三十一、卷三十二、卷三十三、卷三十六、卷三十七、卷四十、卷四十一、卷四十三、卷四十六、卷五十二、卷五十四、卷五十六、卷五十七、卷五十八、卷六十三、卷六十四等；《别集》卷一《答刘德修》、卷三《答刘子澄》等；《续集》卷一《答黄直卿》、卷二《答蔡季通》等。除了朱熹本人的《文集》之外，同时还要参以《南轩先生文集》《东莱集》中张栻、吕祖谦与朱熹书信互动中有关《中庸》的论述。张栻与朱熹论《中庸》的书信主要集中在《南轩先生文集》的卷二十、卷二十一、卷二十四、卷三十。吕祖谦与朱熹书信论《中庸》的书信主要集中在《东莱别集》卷七、卷八、卷十六。通过朱熹与他人的书信往来，可以知道朱熹与同时代学者对《中庸》的认识，还能梳理出朱熹《中庸》学说的形成过程以及知晓其他学者对朱熹《中庸》学说的评价。

2. 论说类。

朱熹《文集》中卷六十七《已发未发说》、卷六十七《中庸首章说》，还有《中庸集解记辩》（删定《中庸集解》时所作，佚）、《中和旧说》（佚）等。

3. 序跋类。

朱熹《文集》中卷七十五《中和旧说序》、卷七十五《中庸集解序》、卷七十六《中庸章句序》、卷八十一《书中庸后》、卷八十二《书临漳所刊四子后》等。

（三）专著中的《中庸》文献

《张无垢中庸解》是朱熹批判张九成《中庸》学说的一部著述，载于朱熹《文集》卷七十二。朱熹批判的焦点是张九成《中庸》学说中的佛学倾向。

《中庸章句》是朱熹《中庸》学成熟的代表作，集中展现了朱熹体系完整、逻辑严密的《中庸》学说。

《中庸或问》成书于淳熙四年（1177），是朱熹与弟子有关对《中庸》问题的探讨。

《中庸辑略》成于淳熙四年，是朱熹删《中庸辑略》之繁芜而成。该书辑录了周敦颐、程颢、程颐、张载、吕大临、谢良佐、游酢、杨时、侯仲良、尹焞十家《中庸》之说，现有单本行世，同时也编入了《朱子全书外编》。《中庸辑略》是我们了解宋代思想家《中庸》学说的素材，从中亦可以看出朱熹对前人思想的继承与发展。

《胡子知言疑义》是朱熹、张栻、吕祖谦批判胡宏《知言》的著述。三人对胡宏《知言》的批判，为朱熹《中庸》学的确立奠定了基础。

此外，还有《中庸集解》《四书音训》《四书集义》，惜全佚。

以上三种类型的文献都是朱熹对《中庸》的直接阐述，本书在论述朱熹《中庸》学的具体理论中都有所涉及。当然，我们亦不能仅仅只看到朱熹《中庸》学的文献，还要触类旁通，关联朱熹的其他思想和著述，这样才能更准确地认知朱熹的《中庸》学体系。

此处再对朱熹有关《中庸》研究的著述做一点说明，我们知道《中庸章句》是朱熹《中庸》学的集中体现。此外还有《朱子语类》卷六十二至卷六十四专门论述《中庸》的部分，专著有《中庸或问》，《文集》中有书信、论说、序跋专门阐述《中庸》相关问题。通过对这些材料的相互比较可知：《中庸或问》《朱子语类》和《文集》中有关《中庸》的论述和《中庸章句》所要表达的思想绝大部分是一致的。此外，通过分析朱熹对《大学》《论语》《孟子》与《中庸》中相关问题、范畴的阐释可知，"四书"的阐释是基本一致的。比如在对"天理""性""情"等范畴进行界定时，"四书"对它们的论述是差不多的。

二、朱熹《中庸》诠释中对儒家经典与他人观点的引用举例

朱熹之所以是宋代理学的集大成者，就在于他站在前人的肩上充分借鉴、吸收对他学术体系的构建有益的思想和在与同时代学者的学术交往中不断提升了自己的理论水平。纵观朱熹的一

生，他勤勉为学，艰苦探索，在对儒家经典有全面的了解后，又积极与同时代学人互动，综合了周、程以来的理学思想，建立了完善的理学体系。下面就朱熹在《中庸》诠释中对儒家经典的引述和对他人观点的引用予以简单的举例分析。

（一）对儒家经典的引述

1.《尚书》。

《书》言"柔远能迩"，而又言"蛮夷率服"，则所谓柔远，亦不止谓服四夷也。况愚所谓授节委积者，比长、遗人、怀方氏之官掌之，于经有明文耶！①

2.《诗经》。

《嘉乐》诗下章又却不说其他，但愿其子孙之多且贤耳。此意甚好，然此亦其理之常。若尧、舜之子不肖，则又非常理也。②

问："'身不失天下之显名'与'必得其名'须有些等级不同？"曰："游、杨是如此说，尹氏又破其说，然看来也是有此意。如尧、舜与汤、武真个争分数，有等级。只看圣人说'谓《韶》尽美矣，又尽善也；谓《武》尽美矣，未尽善也'处便见。"③

《中庸》原文对《诗经》有多处引用，故朱熹在《中庸》诠释中也注重对《诗经》的引用。在春秋战国时期，《诗经》就是当时的经典，诸子往往通过对《诗经》的引用以证明自己的学术权威性。我们看到，《论语》《孟子》《中庸》等儒家经典中，常有对《诗经》的引用。

---

① 朱熹：《四书或问·中庸或问下》，第588页。
② 黎靖德：《朱子语类》卷六十三《中庸二》，第2092页。
③ 黎靖德：《朱子语类》卷六十三《中庸二》，第2093页。

3. 《论语》。

圣贤所说工夫，都只一般，只是一个"择善固执"。《论语》则论"学而时习之"，《孟子》则说"明善诚身"，只是随它地头所说不同，下得字来各自精细，真实工夫只是一般。须是尽知其所以不同，方知其所谓同也。①

4. 《易传》。

"君子而时中"，与《易传》中所谓"中重于正，正者未必中"之意同。正者且是分别个善恶，中则是恰好处。②

5. 《大学》。

《大学》所以说格物，却不说穷理。盖说穷理，则似悬空无捉摸处；只说格物，则只就那形而下之器上便寻那形而上之道，便见得这个元不相离，所以只说格物。③

6. 《孟子》。

如《孟子》"充其无欲害人之心，而仁不可胜用；充无穿窬之心，而义不可胜用"，此正是致曲处。东坡文中有一处说得甚明。如从此恻隐处发，便从此发见处推至其极；从羞恶处发，便就此发见处推至其极，孟子所谓广充其四端是也。曲无不致，则德无不实，而明著动变积而至于能化，亦与圣人至诚无异矣。④

7. 《左传》。

正淳问："三年之丧，父母之丧，吕氏却作两般。"曰：

---

① 黎靖德：《朱子语类》卷六十四《中庸三》，第2108~2109页。
② 黎靖德：《朱子语类》卷六十三《中庸二》，第2054页。
③ 黎靖德：《朱子语类》卷六十二《中庸一》，第2026页。
④ 黎靖德：《朱子语类》卷六十四《中庸三》，第2119页。

"吕氏所以如此说者，盖见左氏载周穆后薨，太子寿卒，谓周'一岁而有三年之丧二焉'。左氏说礼，皆是周末衰乱不经之礼，无足取者。"①

8.《仪礼》。

近看《仪礼》，见古人祭祀皆称其祖为"伯某甫"，可以释所疑子思不字仲尼之说。②

除了儒家经典之外，朱熹还引用了其他著作：

1.《楚辞》。

问："'其大无外，其小无内'二句，是古语，是自做？"曰："《楚辞》云：'其小无内，其大无垠。'"③

2.《汉书·艺文志》。

问："《汉艺文志》引《中庸》云'索隐行怪，后世有述焉'，'素隐'作'索隐'，似亦有理，钩索隐僻之义。素、索二字相近，恐误作'素'，不可知。"曰："'素隐'从来解不分晓，作'索隐'读亦有理。索隐是'知者过之'，行怪是'贤者过之'。"④

3.《太极图说》。

问："此章以《太极图》言，是所谓'妙合而凝'也。"曰："'立天之道，曰阴与阳；立地之道，曰柔与刚；立人之道，曰仁与义'，便是'体物而不可遗'。"⑤

---

① 黎靖德：《朱子语类》卷六十三《中庸二》，第2095页。
② 黎靖德：《朱子语类》卷六十三《中庸二》，第2056页。
③ 黎靖德：《朱子语类》卷六十三《中庸二》，第2070页。
④ 黎靖德：《朱子语类》卷六十三《中庸二》，第2066~2067页。
⑤ 黎靖德：《朱子语类》卷六十三《中庸二》，第2085~2086页。

第四章　朱熹《中庸》学的主要内容

由以上引述可知，朱熹对《中庸》的诠释，是非常周密的。他引经据典，详加考证，甚至对一个字、词都不断斟酌，以期能更好、更准确地诠释《中庸》。可见，朱熹对学术的追求确实是精益求精。

（二）对他人观点的引用

1. 郑玄。

> 问"悠久"、"博厚"、"高明"。曰："此是言圣人功业，自'征则悠远'至'博厚'、'高明'、'无疆'，皆是功业著见如此，故郑氏云'圣人之德，著于四方'。"①

> "至诚无息"一段，郑氏曰言"至诚之德著于四方"是也。诸家多将做进德次第说，只一个"至诚"已该了，岂复更有许多节次不须说入里面来？古注有不可易处，如"非天子不议礼"一段，郑氏曰："言作礼乐者，必圣人在天子之位"，甚简当。②

2. 王安石。

> 荆公"明处己，中庸处人"。③

3. 苏轼。

> 东坡文中有一处说得甚明。如从此恻隐处发，便从此发见处推至其极；从羞恶处发，便就此发见处推至其极，孟子所谓广充其四端是也。曲无不致，则德无不实，而明著动变积而至于能化，亦与圣人至诚无异矣。④

---

① 黎靖德：《朱子语类》卷六十四《中庸三》，第2129页。
② 黎靖德：《朱子语类》卷六十四《中庸三》，第2130页。
③ 黎靖德：《朱子语类》卷六十二《中庸一》，第2008页。
④ 黎靖德：《朱子语类》卷六十四《中庸三》，第2119页。

4. 周敦颐。

周子曰:"惟中者,和也,中节也,天下之达道也。"①

曰:"子思之言中和如此,而周子之言则曰'中者,和也,中节也,天下之达道也',乃举中而合之于和,然则又将何以为天下之大本也耶?"曰:"子思之所谓中,以未发而言也,周子之所谓中,以时中而言也。愚于篇首已辩之矣,学者涵泳而别识之,见其并行而不相悖焉者可也。"②

5. 张载。

《横渠行状》述其言云:"吾学既得于心,则修其辞;命辞无差,然后断事;断事无失,吾乃沛然精义入神者,豫而已矣。"③

"鬼神者,造化之迹。"造化之妙不可得而见,于其气之往来屈伸者是以见之。微鬼神,则造化无迹矣。横渠"物之始生"一章尤说得分晓。④

曰:"张子之言如何?"曰:"其曰须句句理会,使其言自相发明者,真读书之要法,不但可施于此篇也。"⑤

6. 程颢。

明道所以云:"天下之物,无独必有对,终夜思之,不知手之舞之,足之蹈之!"⑥

明道云:"论性不论气,不备;论气不论性,不明。"⑦

---

① 黎靖德:《朱子语类》卷六十二《中庸一》,第 2005 页。
② 朱熹:《四书或问·中庸或问上》,第 560 页。
③ 黎靖德:《朱子语类》卷六十三《中庸二》,第 2055 页。
④ 黎靖德:《朱子语类》卷六十三《中庸二》,第 2086 页。
⑤ 朱熹:《四书或问·中庸或问上》,第 549 页。
⑥ 黎靖德:《朱子语类》卷六十二《中庸一》,第 2007 页。
⑦ 黎靖德:《朱子语类》卷六十二《中庸一》,第 2020 页。

"鸢飞"、"鱼跃",上文说天地万物处,皆是。又有无穷意思,又有道理平放在彼意思。上鸢下鱼,见者皆道,应之者便是。明道答横渠书意是"勿忘,勿助长",即是私意,著分毫之力是也。"弄精神",是操切做作也,所以说"知此,则人尧、舜气象"。"不与天下事",对时育物意思也。理会"鸢飞"、"鱼跃",只上蔡语二段、明道语二段看。上蔡言"与点"意,只是不矜负作为也。五峰说妙处,只是弄精神意思。"察"字亦作"明"字说。①

7. 程颐。

伊川谓"中者,天下之正道"。②

如伊川说"经"、"权"字,"合权处,即便是经"。③

问"致曲"。曰:"伊川说得好,将曲专做好处,所以云'或仁或义,或孝或弟',就此等处推致其极。"④

8. 吕大临。

吕中庸文滂沛,意浃洽。⑤

李先生说:"陈几叟辈皆以杨氏《中庸》不如吕氏。"先生曰:"吕氏饱满充实。"⑥

曰:"吕氏之说之详,不亦善乎?"曰:"吕氏此章,最为详实,然深考之,则亦未免乎有病。盖君子之于天下,必欲无一理之不通,无一事之不能,故不可以不学,而其学不可以不博,及其积累而贯通焉,然后有以深造乎约,而一以

---

① 黎靖德:《朱子语类》卷六十三《中庸二》,第 2072~2073 页。
② 黎靖德:《朱子语类》卷六十二《中庸一》,第 2005 页。
③ 黎靖德:《朱子语类》卷六十二《中庸一》,第 2009 页。
④ 黎靖德:《朱子语类》卷六十四《中庸三》,第 2119 页。
⑤ 黎靖德:《朱子语类》卷六十二《中庸一》,第 2010 页。
⑥ 黎靖德:《朱子语类》卷六十二《中庸一》,第 2010 页。

贯之，非其博学之初，已有造约之心，而姑从事于博以为之地也。至于学而不能无疑，则不可以不问，而其问也或粗略而不审，则其疑不能尽决，而与不问无以异矣，故其问之不可以不审。若曰成心亡而后可进，则是疑之说也，非疑而问、问而审之说也。学也，问也，得于外者也，若专恃此而不反之心，以验其实，则察之不精，信之不笃，而守之不固矣，故必思索以精之，然后心与理熟，而彼此为一。然使其思也，或太多而不专，则亦泛滥而无益，或太深而不止，则又过苦而有伤，皆非思之善也。故其思也，又必贵于能谨，非独为反之于身，知其为何事何物而已也。其余则皆得之，而所论变化气质者，尤有功也。"①

9. 杨时。

杨氏解"鸢飞"、"鱼跃"处云："非体物者，孰能识之？"此是见处不透。②

"天生烝民，有物有则。"所谓道者是如此，何尝说物便是则。龟山便只指那物做则，只是就这物上分精粗为物则。如云目是物也，目之视乃则也；耳物也，耳之听乃则也。殊不知目视耳听依旧是物，其视之明、听之聪方是则也。又云：伊尹之耕于莘野，此农夫田父之所日用者，而乐在是。如此，则世间伊尹甚多矣。龟山说话，大概有此病。③

若杨氏无适非道之云则善矣，然其言似亦有所未尽。盖衣食、作息、视听、举履，皆物也，其所以如此之义理准则，乃道也。若曰所谓道者，不外乎物，而人在天地之间，不能违物而独立，是以无适而不有义理之准则，不可顷刻去

---

① 朱熹：《四书或问·中庸或问下》，第594页。
② 黎靖德：《朱子语类》卷六十二《中庸一》，第2076页。
③ 黎靖德：《朱子语类》卷六十二《中庸一》，第2026页。

之而不由，则是中庸之旨也。若便指物以为道，而曰人不能顷刻而离此，百姓特日用而不知耳，则是不惟昧于形而上下之别，而堕于释氏"作用是性"：之失，且使学者误谓道无不在，虽欲离之而不可得。吾既知之，则虽猖狂妄行，亦无适而适而不为道。则其为害将有不可胜言者，不但文义之失而已也。①

10. 谢良佐。

如明道之说，却不曾下"勿"字，盖谓都没耳。其曰"正当处"者，谓天理流行处，故谢氏亦以此论曾点事。其所谓"勿忘、勿助长"者，亦非立此在四边做防检，不得犯着。盖谓俱无此，而皆天理之流行耳。钦夫《论语》中误认其意，遂曰："不当忘也，不当助长也。"如此，则拘束得曾点更不得自在，却不快活也。②

理会"鸢飞"、"鱼跃"只上蔡语二段、明道语二段看。③

11. 游酢。

问"修道之谓教"。曰："游、杨说好，谓修者只是品节之也。"④

曰："所谓前定何也？"曰："先立乎诚也。先立乎诚，则言有物而不踬矣，事有实而不困矣，行有常而不疲矣，道有本而不穷矣。诸说惟游氏诚定之云得其要。张子以精义入神为言，是则所谓明善者也。"⑤

---

① 朱熹：《四书或问·中庸或问上》，第557页。
② 黎靖德：《朱子语类》卷六十三《中庸二》，第2071页。
③ 黎靖德：《朱子语类》卷六十三《中庸二》，第2072页。
④ 黎靖德：《朱子语类》卷六十二《中庸一》，第2022页。
⑤ 朱熹：《四书或问·中庸或问下》，第590页。

12. 候师圣。

　　侯氏所引孔子之类，乃是且将孔子装影出来，不必一一较量。①

　　问："谢氏谓'祖考精神，便是自家精神'，如何？"曰："此句已是说得好。祖孙只一气，极其诚敬，自然相感。如这大树，有种子下地，生出又成树，便即是那大树也。"②

13. 胡宏。

　　先生曰："五峰云：'性犹水，善犹水之下也，情犹澜也，欲犹水之波浪也。'波浪与澜只争大小，欲岂可带于情？"某问："五峰云'天理人欲，同行而异情'却是？"先生曰："是，同行者，谓二人同行于天理中；一人曰从天理，一人专徇人欲，是异情。下云'同体而异用'，则大错。"③

　　"性无善恶"，此乃欲尊性，不知却鹘突了它。胡氏论性，大抵如此，自文定以下皆然。如曰"性，善恶也。性、情、才相接"，此乃说着气，非说著性。向吕伯恭初读《知言》，以为只有二段是，其后却云"极妙，过于《正蒙》"。④

14. 张栻。

　　问："南轩鬼神，一言以蔽之，曰'诚'而已，此语如何？"曰："诚是实然之理，鬼神亦只是实理。若无这理，则便无鬼神，无万物，都无所该载了。"⑤

---

① 黎靖德：《朱子语类》卷六十三《中庸二》，第 2069 页。
② 黎靖德：《朱子语类》卷六十三《中庸二》，第 2091 页。
③ 黎靖德：《朱子语类》卷六十二《中庸一》，第 2013 页。
④ 黎靖德：《朱子语类》卷六十二《中庸一》，第 2013 页。
⑤ 黎靖德：《朱子语类》卷六十三《中庸二》，第 2090 页。

15. 陆九渊。

　　陆子静亦自说得是,云:"舜若以人心为全不好,则须说不好,使人去之。今止说危者,不可据以为安耳。言精者,欲其精察而不为所杂也。"此言亦自是。①

以上只是朱熹及弟子在解读《中庸》的过程中对部分学者的思想及言论的引述。从引述中,我们可以看到,朱熹对其他学者《中庸》思想有批评,亦有赞许。其中对周敦颐、张载、程颐、吕大临等人的《中庸》思想多表示赞同,对杨时等流于"异端"的思想进行了批判。朱熹兼采各家之长,这种不拘一格、兼容并蓄的学术精神造就了他极高的学术成就。

本章小结

综上所论,我们可以看到从子思成《中庸》之后,朱熹之前的学者都未能真正建立起完整的《中庸》学体系。朱熹在前人之学尤其是二程以来学者对《中庸》研究的基础上建立起了《中庸》学体系。根据本章所述,我们可以简要总结一下朱熹《中庸》学的主要内容:第一,"理"本论是朱熹《中庸》学的理论基础和重要内容,朱熹《中庸》诠释中的所有思想都是以"理"为基础而展开的。朱熹谓"性即理",形而上之"理"是"道","诚"表达"真实无妄"的"天理","鬼神"亦只是"天理"而已,"道统"论也谓"道心"就是"天理","中庸"乃"天理"之精微,"尊德性"言的也是"理"。"理"本论不但是朱熹《中庸》学的核心内容,更是朱熹整个思想体系的核心内容。第二,心性论是朱熹探索《中庸》的起点,亦是朱熹《中庸》学的重要

---

① 黎靖德:《朱子语类》卷六十二《中庸一》,第 2015 页。

内容。朱熹首先探讨的就是《中庸》的"中和"问题，进而逐步展开对《中庸》心性思想的全面探索，朱熹对心性论的研究是宋代心性论研究的高峰。第三，"道统"论是朱熹《中庸》学的总纲领，朱熹在《中庸章句序》中指出，《中庸》一书是"道统之传"的文本，是"十六字心传"之具体展开。第四，"察识"与"涵养"交相助是朱熹《中庸》学的工夫论，其中包含的具体方法有"戒慎恐惧""慎独""持敬"，等等。第五，批判"异端"是朱熹诠释《中庸》的重要目的之一，但在批判"异端"的同时，又借为己用，大大深化和提升了其《中庸》学说。第六，朱熹在诠释《中庸》的过程中大量引用了其他经典、他人的著述和观点，使其理论更具有逻辑性和说服力。第七，朱熹诠释《中庸》是以义理为主，兼重训诂，朱熹对经典的诠释不仅重在哲理的探索，也重视辞章的考据。朱熹之后，其《中庸》学经过他的弟子和追随者的继承与传扬而得以光大。

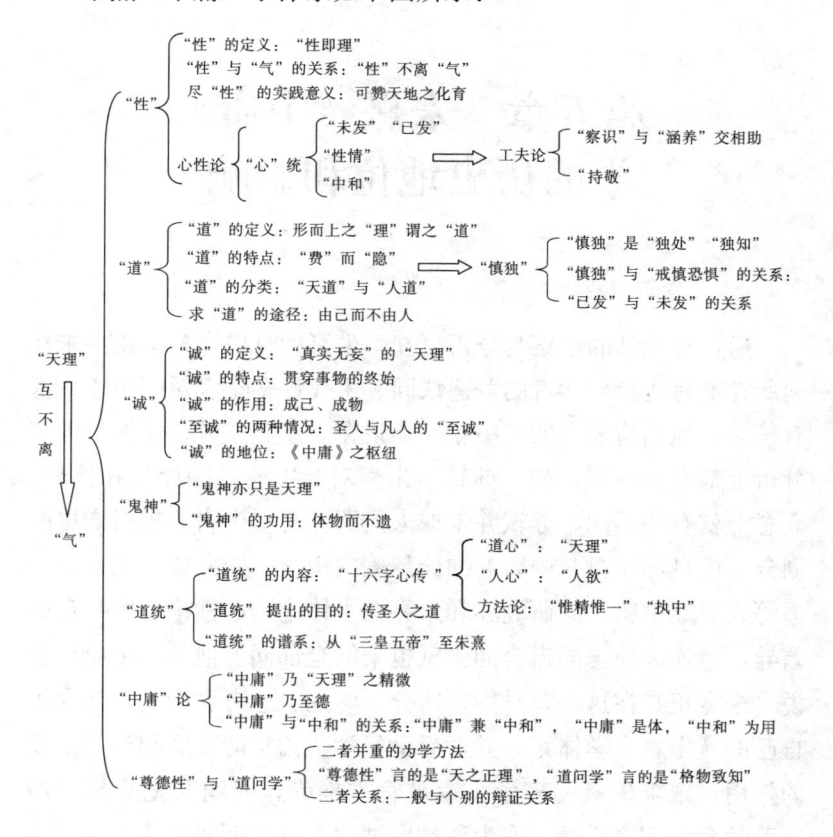

第四章　朱熹《中庸》学的主要内容

朱熹《中庸》学体系如下图所示：

```
                ┌ "性"的定义："性即理"
                │ "性"与"气"的关系："性"不离"气"
         ┌ "性" ┤ 尽"性"的实践意义：可赞天地之化育
         │     │              ┌ "未发""已发"           ┌ "察识"与"涵养"交相助
         │     └ 心性论 ┤ "心"统 ┤ "性情"      ⇒ 工夫论 ┤
         │              │        └ "中和"              └ "持敬"
         │
         │     ┌ "道"的定义：形而上之"理"谓之"道"
         │     │ "道"的特点："费"而"隐"              ┌ "慎独"是"独处""独知"
         │ "道"┤ "道"的分类："天道"与"人道"  ⇒ "慎独"┤ "慎独"与"戒慎恐惧"的关系：
         │     │ 求"道"的途径：由己而不由人          └ "已发"与"未发"的关系
"天理"    │
 互       │     ┌ "诚"的定义："真实无妄"的"天理"
 不      ┤"诚" ┤ "诚"的特点：贯穿事物的终始
 离       │     │ "诚"的作用：成己、成物
 ⇓        │     │ "至诚"的两种情况：圣人与凡人的"至诚"
"气"      │     └ "诚"的地位：《中庸》之枢纽
          │
          │ "鬼神"┬ "鬼神亦只是天理"
          │      └ "鬼神"的功用：体物而不遗
          │
          │              ┌ "道统"的内容："十六字心传" ┬ "道心"："天理"
          │ "道统"┤ "道统"提出的目的：传圣人之道       ├ "人心"："人欲"
          │              └ "道统"的谱系：从"三皇五帝"至朱熹 └ 方法论："惟精惟一""执中"
          │
          │         ┌ "中庸"乃"天理"之精微
          │ "中庸"论 ┤ "中庸"乃至德
          │         └ "中庸"与"中和"的关系："中庸"兼"中和"，"中庸"是体，"中和"为用
          │
          │                    ┌ 二者并重的为学方法
          └ "尊德性"与"道问学" ┤ "尊德性"言的是"天之正理"，"道问学"言的是"格物致知"
                               └ 二者关系：一般与个别的辩证关系
```

273

第五章　朱熹《中庸》学的历史地位和影响

通过对文献的考察与分析可知，朱熹的《中庸》学说并未在他所在的时代得到学者的普遍认同。宋代许多学者对《中庸》都有研究，他们与朱熹的《中庸》学说在立意、主旨、体例、内容分析上都有所不同。如，苏轼与朱熹对《中庸》的诠释在体例、立意上就有所不同，苏轼并未像朱熹那样对《中庸》进行详尽的划分，而且苏轼对《中庸》的诠释偏向佛学。张九成、胡宏、叶适等人对《中庸》的研究亦和朱熹在本体论、心性论上有一定的差异，就连和他志同道合的张栻也未能全部同意他的《中庸》学说。朱熹正是在这些差异中，区分、鉴别、思考、借鉴，建立了自己的《中庸》学体系，并对后世经学、儒学的发展起到了重要的作用。宋末朱熹的理学一度被官方推崇，元朝又把朱熹"四书"学命为官方哲学，成为科举考试的圭臬，而明、清延续了这一传统。元、明、清之《中庸》学多承袭朱熹的《中庸》学说，但亦有部分学者未按照朱熹《中庸》学的理路来解释《中庸》。本章着重论述朱熹《中庸》学的历史地位及其对后世《中庸》学的影响，同时也论及了与朱熹《中庸》学有差异的《中庸》学说，只有这样，才可以全方位地了解朱熹的《中庸》学。

第一节　朱熹《中庸》学的历史地位

朱熹思想博大精深、奥义无穷，从学科门类的划分看来，有政治学、经济学、哲学、教育学、史学、法学、文学等，从对儒家经典的诠释看来，有《诗经》学、《尚书》学、《礼》学、《易》学、《春秋》学、《孝经》学，"四书"学等。"四书"学是由朱熹最终确立的，《中庸》学只是其"四书"学的一个组成部分，但其包含了宋代理学讨论的最基本和最重要的问题，如"理"本论、心性论、工夫论、"慎独"论、"道统"论等等。在朱熹看来，《中庸》意义重大，它不但为儒学找到了生生不竭的动力和永恒存在的精神基础，更为儒学找到了传承的方式，还富有时代的精神。在"异端"思想盛行的状况下，儒学亦可以依靠自身的创新发展出与"异端"思想相媲美的哲学理论。由此可见，朱熹《中庸》学是朱熹理学体系中的重要组成部分，它与朱熹其他学说融会贯通、相互辉映。我们也可以看到，朱熹对经典的研究是从整体的角度出发的，有点、有线、有面、有体。朱熹思想的整体性，亦说明了朱熹的高瞻远瞩、立意深远。

一、朱熹《中庸》学在《中庸》学史上的地位

从文献看，对《中庸》系统的研究当开始于汉代，《汉书·艺文志》所载《中庸说》两篇是目前能知晓的专门研究《中庸》的最早著述，惜已佚，无法考证具体内容。从汉代的著述情况看来，对《中庸》的诠释几乎都是置于《礼记》研究中的，都是以训诂考据为主，鲜有义理的发挥。魏晋南北朝时期，可考证的有四部关于《中庸》的著述，惜全佚，因著述者都好释、道之学，他们很可能是以释、道为参照系来解读《中庸》的，并且在对《中庸》的诠释中应该已经有了义理的阐发。唐代可考的单独研

究《中庸》的只有李翱的《中庸说》，虽已亡佚，但我们可从其《复性书》中窥探其《中庸》学说一二。从《复性书》中已经可以看到理学思想的端倪。到了宋代，绝大部分理学家对《中庸》有所涉及，而且有许多理学家还建立起了体系化的《中庸》学说，而真正将义理和考据完美结合起来并充分借鉴各家《中庸》之说进而形成了一套完整体系的是朱熹。朱熹的《中庸》学不但体现了时代特色，更是把《中庸》学推向了一个新的发展高度。朱熹之后的儒者，对《中庸》的研究都难以超越朱熹。

从对朱熹之后《中庸》研究的相关著述的考察来看，对《中庸》的研究大致分为三种情况：第一种是《中庸》的单独研究，第二种是置于"四书"之下的研究，第三种是置于《礼记》之下的研究。第二种情况要远远多于第一种情况，"四书"学主要是宗朱子之说，置于《礼记》之下的研究亦多宗朱子之说。这说明，朱熹的"四书"学体系和《中庸》学得到了后世多数学者的认同。朱熹"四书"学在元代被确定为官方哲学后，明代又编有《四书大全》，对朱熹"四书"学作了面面俱到的阐释。元、明、清大多数学者对"四书"和《中庸》的研究都在朱熹研究的范围之内或者说都未能超越朱熹的研究，但亦有少部分学者怀疑、否定朱熹的"四书"学。元朝绝大多数儒者都对朱熹的"四书"学持赞同态度，持怀疑态度者主要集中在明、清两代。

"四书"虽然包括《中庸》，但二者的思想发展逻辑有一定不同，当然更多的是交叉。朱熹之后，《大学》《中庸》《论语》《孟子》的单独研究沿着自身思想的逻辑向前发展，亦有一些成果，但都未能形成气候。"四书"被确立为官方哲学和科举考试的圭臬之后，发展和创新自然不足。我们可以说在《中庸》学说史中，朱熹的《中庸》学是最能代表《中庸》研究高度的学说。笔者在对元、明、清学者关于"四书"和《中庸》研究的文献整理中，对朱熹之后的"四书"和《中庸》研究的情况有了大致的了解，但限于篇幅、时间和主题的原因，只能嗣后再做具体研究。总的说来，元、明、清三代的"四书"学和《中庸》学都难以与朱熹的"四书"学和《中庸》学媲美，这一方面是因为官方对朱熹《中庸》学的支持，更重要的方面是朱熹"四书"学和《中庸》学体系的逻辑性和整体性。

二、朱熹《中庸》学在"四书"学上的地位

"四书"中各书的研究在先秦已有涉及。汉代，"四书"处于独立的研究中，《论语》乃孔子之语，历来备受重视，而《大学》《中庸》是《礼记》中的两篇，《孟子》还未上升为经典，受重视程度显然不及其他三书。魏晋南北朝时期，"四书"的研究仍然是单独进行的。到了唐代中后期，《孟子》开始了由子入经的升格运动。到了北宋，宋初三先生、欧阳修、范仲淹、周敦颐、张载、邵雍、二程等人都对《孟子》推崇备至，认为它传孔子之道，有利于"道统"的构建，还有利于抵制"异端"，其学术价值和现实意义充分展露。而真正将《孟子》升格为儒家经典的人物是王安石，他不但亲自为《孟子》作注，而且还改革科举制度，将《孟子》作为儒家经典列入科举考试的科目之中，完成了《孟子》的升格运动。宋代理学家对"四书"都十分重视，"四书"学的酝酿、发展阶段和确立阶段主要集中在宋代，韩愈、李翱、周敦颐、张载、二程以及二程的弟子属于前两个阶段，朱熹则是最后的确立阶段。朱熹认为，"四书"可作为研习"五经"的门径。朱熹《中庸》学是其"四书"学的重要组成部分，和其他三书相辅相成，共同构成了体系完备、论证合理、义理充沛的"四书"学。朱熹《中庸》学乃是其"四书"学哲学思想的集中阐发，亦是"四书"学中最难理解的，直接代表了朱熹"四书"学的理论深度和高度。

三、朱熹《中庸》学在经学史、儒学史上的地位

朱熹《中庸》学在经学史、儒学史上的地位可以从研究范式的转变上来分析。我们知道，理学的兴起预示着新儒学的诞生。新儒学的重要标志之一就是儒学研究范式的转型，这种转型可以从两个方面来说：第一是研究方法的转变，第二是研究内容的转变。而《中庸》正好适合这种转变的需要，这是由《中庸》自身的特质决定的。

首先，汉唐经学重视的是对经典的训诂和在此基础上进行的简单阐释，学者称之为"经学"系统，而"经学"系统的政治化、制度化使得经学和儒学固态化，其发展逐步停滞，到了后来可谓是步履维艰。唐中叶之后，儒者开始找寻新的出路以重振儒学，韩愈、李翱等人开始重新审视儒家经典，并且重视经典义理的发挥而不刻意去关注经典辞章的准确解释，这股重视义理之风在有宋一代得到彻底的贯彻。因为重视义理，故儒学之深意和生命力被充分挖掘出来了，儒者足以有勇气和自信去面对释、道之学在理论上和现实中的冲击。朱熹谓《中庸》乃性命之学、传授心法之学，故重视义理之风必然会吹向《中庸》等蕴含天道性命的儒家经典。从朱熹对《中庸》研究的方法上看，正适应了范式转型上的要求。

其次，《中庸》虽短短数千字，却蕴藏着深刻的哲思，对哲理的追求是宋代理学家所向往的，故《中庸》适应了范式转型内容上的要求。经过李翱、张载、程朱学派、湖湘学派等的研思和阐发，《中庸》之深蕴得到了最大程度的阐释。其中，朱熹的《中庸》学是最系统、最全面、最有逻辑性的。此外，在理学家的共同努力下，《大学》《论语》《孟子》《易》等儒家经典的学术价值充分展露出来。可以说，儒学研究范式的转型在朱熹这里得到了最终确立。朱熹"四书"学的确立，标志着儒学研究由"经

学"系统转向了"四书"系统，而后又主宰了元、明、清的学术阵地。

由以上分析可知，朱熹《中庸》学是《中庸》学史最重要的一环，它代表了"四书"学的理论高度和深度，并在研究方法、研究内容和发展方向上对之后的经学和儒学起到了重要的影响。

第二节　朱熹《中庸》学对元、明、清三代《中庸》学的影响

朱熹的《中庸》学对后世儒学发展的最大影响是在方法论和富含义理的内容上。后世儒者研究《中庸》大多数都以朱熹《中庸》学说为宗，即便是那些怀疑和否定者也还是得以朱熹的《中庸章句》为参照进行批驳，足见其影响之深。

一、元代《中庸》学说——承朱熹《中庸》学说之余绪

元代接续宋代理学，在学术上没有更大的成就，未能出朱、陆之范围。我们常谓宋明理学，实际上也包括元代的理学。元代理学是宋至明的过渡阶段。吴澄（字幼清、伯清）、许衡（字仲平）、刘因（字梦吉）是元代大儒，他们的《中庸》学说承朱熹之余绪。

（一）吴澄的《中庸》学

吴澄本于朱熹之学，乃朱熹弟子饶鲁的再传弟子，同时兼综陆学，以和会朱陆为其学术宗旨。其著述有《五经纂言》《仪礼逸经》《孝经定本》《道德真经注》《庄子内篇订正》《吴文正集》等。吴澄重视"四书"，认为"四书"乃进学之要。在其《礼记纂言》中，无《大学》《中庸》之解。在《吴文正集》中有他关于"四书"的论述。吴澄是通过对《中庸》一书的结构分析来阐明其《中庸》学说的：

程子谓始言一理，中散为万事，末复合为一理。盖尝思之。以首章而论之，始言一理者，天命之性，率性之道是也。中散为万事者，修道之教，以至戒慎、恐惧、慎独，与夫发而中节，致中和是也。末复合为一理者，天地位，万物育是也。以一篇而论之，始言一理者，首章明道之源流是也。中散为万事者，自第二章以下，说中庸之德，知仁勇之事，历代圣贤之迹，及达道五，达德三，天下国家有九经、鬼神祭祀之事，与夫诚明、明诚、大德、小德是也。末复合为一理者，末章无言不显，以至笃恭而归乎无声无臭是也。今又分作七节观之：第一节，首章，言性道教，是一篇之纲领也，继而致中和，中是性，和是道，戒慎、恐惧是教也。第二节，二章以下总十章，论中庸之德，在乎能明能行，能择能守，明其所谓道、所谓教也。二章说君子小人之中庸。三章说民鲜能中庸。四章说道不行不明。五章说道不行，由不真知。六章说舜之大知，能取诸人。七章说能知不能守，由不明。八章说回之真知能择能守。九章说能知仁勇之事而不能中庸。十章说子路问强，以进其勇。十一章言索隐行怪、半涂而废，唯圣者能中庸。第三节，十二章以下，总八章论道之费、隐，有体用、小大，申明所谓道与教也。十二章言道费而隐，语大、语小。此说费隐由小至大也。十三章言道不远人。十四章言素其位而行。十五章言道如行远自迩，登高自卑。以上三章，论费之小者也。十六章言鬼神为德之盛。此说费隐由大包小也。十七章言舜其大孝。十八章言无忧者文王。十九章武王、周公达孝。以上三章，论费之大者也。第四节，二十章以下，总四章，论治国家之道，在人以行其教也。二十章说哀公问政在人，又当知天。二十一章说达道五，达德三，以修身。二十二章言天下国家有九经，以治国平天下。二十三章说事豫则立，诚者天之道，诚

第五章 朱熹《中庸》学的历史地位和影响

之者人之道,明知仁之事。第五节,二十四章以下总六章,论明诚,则圣人与天为一也。二十四章言诚则明,明则诚。二十五章言至诚能尽性,致曲能有诚。二十六章言至诚可以前知。二十七章言诚自成,道自道,故至诚无息。二十八章言天地之道,为物不贰,生物不测。二十九章言大哉圣人之道,苟不至德,至道不凝。三十章言愚而无德,贱而无位,不敢作礼乐,宜于今及王天下有三重焉。第六节,三十一章以下总三章,论孔子之德与天地为一也。三十一章言仲尼之道同乎尧、舜、文、武、天时、水土。三十二章说至圣为小德川流。三十三章说至诚为大德敦化。第七节,三十四章,始之以"尚锦恶文之著",说学者立心为己,为立教之方。"潜虽伏矣",说慎独之事。"不愧屋漏",说戒惧之事,以明修道之教之意。无言不显,明率性之道之意,民劝、民畏、百辟其刑。"予怀明德",明修道之教之效。"笃恭而天下平",说致中和之效。终之以"无声无臭",说天命之性之极。此盖申言首章之旨,所谓末复合为一理也。今复述首末章之意,以尽为学之要:首章先说天命、性、道、教为道统;中说戒慎、恐惧为存养、慎独,为克治;后说致中和则功效同乎天地矣。盖明道之源流也。末章则先教,次克治,而后存养,继说其效,终则反乎未命之天矣,盖入道之次序也。此《中庸》一本之全体,大用无不明矣。学者所宜尽心玩味也。[1]

通过以上引述可知,吴澄在《中庸》一书的结构布局上,与朱熹有同有异。二人都认为《中庸》的核心内容是言"理",先

---

[1] 吴澄:《吴澄文集·中庸纲领》,载李修生主编:《全元文》第14册卷四八八,南京:凤凰出版社,2004年,第442~444页。《全元文》中把《中庸纲领》第八章与第十一章之间的内容脱漏了,笔者据文渊阁《四库全书》本补之。

言"理"，中间讲表现"理"的万事万物，末又言"理"。但吴澄进一步认为，就首章而言，亦是一个"理"—事—"理"的结构。"天命之谓性，率性之谓道"讲的是"理"，"天地位焉，万物育焉"讲的亦是"理"，中间部分讲的是事。吴澄将《中庸》划分为七个部分三十四章，与朱熹五个部分三十三章有所不同。第一章为第一部分；第二章至第十一章为第二部分；第十二章至第十九章为第三部分，朱熹划分的第二十章，吴澄将之分为四章，"哀公问政"至"不可以不知天"为第二十章，"天下之达道五"至"则知所以治天下国家矣"为第二十一章，"凡为天下国家有九经"至"所以行之者一也"为第二十二章，"凡事预则立"至"虽柔必强"为第二十三章，第二十章至第二十三章为第四部分；第二十四章至第三十章为第五个部分，即他将朱熹划分的第二十一章为他的第二十四章，朱熹划分的第二十二章和第二十三章归为他的第二十五章，朱熹划分的第二十四章为他的第二十六章，朱熹划分的第二十五章为他的第二十七章，朱熹划分的第二十六章为他的第二十八章，朱熹划分的第二十七章为他的第二十九章，朱熹划分的第二十八章和第二十九章为他的第三十章；第三十一章至第三十三章为第六部分，对应朱熹划分的第三十章至三十二章；第三十四章为第七部分，即朱熹划分的第三十三章。

虽然划分的章节有异，但是吴澄对内容的概述与朱熹并无太大的差异。吴澄指出首章之"天命、性、道、教为道统"，"道统"并不是指"道"的传授系谱，而指的是首句之论乃《中庸》之纲领，首章论"中""戒慎""恐惧""慎独""存养"都是具体的为道之方。吴澄指出，只有知晓为道之方，方可"致中和"，方能领悟与天地同在。由此可以看出，吴澄入道的次序如下：先去实践具体的为道之方（"克治"），而后作"存养"的工夫，"存养"之后可达到的功效就是参天地之化育。这样的为道次序只是捻朱熹的一端，并未真正领悟朱熹《中庸》学说中所讲的为道之

第五章　朱熹《中庸》学的历史地位和影响

序，朱熹认为"察识"与"涵养"交相助，也就是说，"察识"与"涵养"要时时提起，无须刻意去寻找先后的关系。吴澄在第三章工夫论的分析中，与朱熹不同。在此问题上，朱熹对"察识""涵养""中""戒慎""恐惧""慎独"等概念的界定十分清晰，逻辑也很严密；而吴澄将"中""戒慎""恐惧""慎独""存养"等概念统一起来论述，含混不清，对为道次序的论述也是大而化之。吴澄本朱熹之学，想对朱熹《中庸》学说进行进一步的阐释，可惜其未能真正领会朱熹《中庸》学说的微妙深蕴。吴澄的理学思想中核心、本体的范畴是"道"，他认为"太极""理""诚""天""帝""神""命""性""德""仁"诸范畴都是假借来命名"道"的，诸范畴之间也是相通的，其实质就是"道"。按照吴澄的理解，"道"是"极"，即最高者，故"道"才是宇宙万物真正的主宰者。

> 太极者何也？曰道也。道而称之曰太极，何也？曰假借之辞也。道不可名也，故假借可名之器以名之也。以其天地万物之所共由也，则名之曰道。道者，大路也。以其条派缕脉之微密也，则名之曰理。理者，玉肤也。皆假借而为称者也。真实无妄曰诚，全体自然曰天，主宰造化曰帝，妙用不测曰神，付与万物曰命，物受以生曰性，得此性曰德，具于心曰仁，天地万物之统会曰太极。道也，理也，诚也，天也，帝也，神也，命也，性也，德也，仁也，太极也，名虽不同，其实一也。……道者，天地万物之统会，至尊至贵，无以加者，……道者，天地万物之极。[①]

朱熹思想中的最高范畴是"理"，朱熹虽然指出"太极""道""诚""性"等范畴的本质是"理"，但是从未说这些范畴是

---

① 吴澄：《吴澄文集·无极太极说》，载《全元文》卷四九五，第 630～631 页。

假借来命名"理"的。这是二人本体论、宇宙论的差异之处。在人性论的问题上,吴澄完全继承了朱熹之说,认为人有天地之性与气质之性的差别,而论"性"只是就天地之性而言之的,如果人能克服其气质之偏,变化气质,就可以保有天地之性,复归其本然之善性。在心性论上,他对"心"的规定又偏向陆学,他认为天地之所以为天地,乃心体之本然,"心"的本质特征是静和虚;在性情关系上,吴澄主张"性其情"。在"道统"论上,吴澄基本继承了朱熹的"道统"思想。吴澄弃《大禹谟》"十六字心传"而从《论语·尧曰》"允执厥中"来阐明其道统思想。他认为,《大禹谟》为伪古文,从《论语》立说,其立论的根基方才是正确的。他认为早期"道统"的传授系统为伏羲、神农、黄帝、少昊、颛顼、高辛、尧、舜、禹、汤、文、武、周公、孔子,孔子之后,颜子、曾子、子思、孟子得其传,孟子之后"道统"失传。汉唐无人传之,至于宋代则有周敦颐、程颢、程颐、邵雍、司马光、张载、朱熹、张栻、吕祖谦,当然吴澄亦是将自己包含在内的。吴澄对儒家经典有自己的阐释,丰富了理学思想体系,在当时和后世都有一定的影响。总的说来,吴澄的理学思想是朱熹理学思想的继续,然而这只是一种延续,还谈不上发展。

(二)许衡的《中庸》学

许衡治经重视义理的阐发,同时也强调躬行实践才能出真知。他将朱熹的《小学》和"四书"学放在其研究的首位,并敬信《小学》、"四书"如神明。[①] 其经学思想亦多是通过对"四书"的阐释而体现出来的。许衡作《中庸直解》一卷、《中庸说》二卷,现存《中庸直解》一卷,载于《鲁斋遗书》卷五。许衡

---

① 见许衡:《鲁斋遗书》卷九《与子师可》,载《许衡集》,长春:吉林文史出版社,2010年,第127页。

第五章　朱熹《中庸》学的历史地位和影响

《中庸直解》的语言要比程朱通俗得多,从内容上我们就可以断定其《中庸》学说是程朱之学的延续。许衡对《中庸》的评价甚高:

> 这个《中庸》的道理,推开去则充满于六合,收敛来则退藏于一心,中间意味无有穷尽,都是着实有用的学问,不比那虚无寂灭之教,不可见于行事。善读这书的,玩味思索,于其中义理件件看得明白,以之修身而身修,以之治人而人治,自少至老,终身受用。有不能尽者矣。①

他认为《中庸》乃实理的阐述,实用的学问,于国家、于人都是受益无穷的,而寂灭、虚无的佛、老之教是不值得提倡的。许衡承朱熹之说,认为《中庸》言的是"理",文章的结构是"理"—万事万物—"理",其《中庸直解》章节的划分亦是依照朱熹三十三章的分法。具体说来,许衡对"天命""慎独""中和""中庸""鬼神""诚"等范畴的解说完全无创新,遵从程朱之解。如"中和"论:

> 这未发之中,便是天命之性,天下万事万物之理,皆从此出,道之体也,所以为天下之大本。这发皆中节之和,便是率性之道,天下古今所共由之路,道之用也,所以为天下之达道。②

此论述完全就是朱熹的翻版。又如"鬼神"论:

> 鬼是阴气之灵,神是阳气之灵。气之伸处便是神,气之归处便是鬼。这是天地之功用,造化之迹。这德字不是德行,只是说性情功效。性情是鬼神之体,功效是鬼神之用,

---

① 许衡:《鲁斋遗书》卷五《中庸直解》,第 66~67 页。
② 许衡:《鲁斋遗书》卷五《中庸直解》,第 68 页。

285

这便是德。子思引孔子之言,说鬼神在天地间无所不在,无所不能,岂不极盛矣乎!①

这亦完全是从朱熹之解。许衡对"诚"也作"真实无妄"之解。许衡认为,《中庸》乃明圣学之终始,圣人的所有道理都在其中了,而且都是实实在在的真理,学人当身体力行之。许衡倡导知行合一,有知固然重要,但只有把知正确、合理地运用于外,知与行才有意义。

(三) 刘因的《中庸》学

刘因的著述有《静修集》二十五卷、《静修续集》三卷、《四书集义精要》二十八卷(缺卷九、卷十、卷二十、卷二十一)。刘因的经学思想与朱熹的经学思想有所不同,他认为先治"六经"而后《论语》《孟子》,还指出,学问应该先博而后约,云:

> 世人往往以《语》《孟》为问学之始,而不知《语》《孟》,圣贤之成终者。所谓博学而详说之,将以反说约者也。圣贤以是为终,学者以是为始,未说圣贤之详,遽说圣贤之约,不亦背驰矣乎!②

这与朱熹先"四书"而后"五经"的为学秩序正好相反。刘因之所以主先"六经"而后"四书",这与他对宋代理学和汉唐注疏之学的认识有关系,他认为,"议论之学自传注疏释出"。③也就是说,理学是出自汉唐传注疏释之学。因此,刘因才倡导先"六经"而后四书。这与朱熹认为理学是直承先秦孔子、子思、孟子之学的认识不同。实际上,理学不拣择汉唐之学而继续发展乃必然的选择,因为汉唐之学已经找不到理学的生根点,故理学

---

① 许衡:《鲁斋遗书》卷五《中庸直解》,第77页。
② 刘因:《静修续集》卷三《叙学》,文渊阁《四库全书》本。
③ 刘因:《静修续集》卷三《叙学》。

家只能在源头去找寻。亦正因为是源头,所以他们更加强调自己学术的正宗和正统。但我们又无法否认的是,刘因之说是有道理的,宋代理学对汉唐注疏之学是有借鉴、承袭的。刘因《四书集义精要》中并无《中庸》之解,故我们无法详知刘因具体的《中庸》学说。我们从其对《大学》《孟子》《论语》解说的内容可以判知,其"四书"学主要还是从朱熹的,故《四库总目提要》讲到,刘因作《四书集义精要》的目的是"使朱子之说不惑于多歧"。① 刘因的理学思想不偏一隅,兼通诸家,具有调和朱陆思想的倾向。他认为"道"是宇宙的本体,而且具有道德的属性。他又指出,"心"生成万物,"存心仁厚处,万物自生成"。② "理"又与"心"是无间的③,"心"又是统率"气"的④。刘因作为理学家,对佛、老总体上亦持批判态度。

通过以上分析,元代三位著名的大儒吴澄、许衡、刘因都没有创建一套系统的《中庸》学体系,更多的是对朱熹思想的承袭,亦少有创新点,都难以与朱熹的《中庸》学说媲美。

二、明、清两代《中庸》学说——对朱熹《中庸》学的继承与反背

明代是心学的黄金时代和高峰期,清代是考据学的黄金时代和高峰期。但在政治和学术领域,明、清两代仍然遵从的是程朱理学。明初编著《四书大全》,对朱熹的"四书"学进行了详尽的阐释,读书人以穷究朱熹"四书"学为读书的目的。但又因为将朱熹"四书"学抬得太高,便丧失了发展的动力。因此,明、清的一些学者对程朱理学进行了批判和反思,批判和反思的结果

---

① 永瑢等:《四库全书总目提要》卷三十六《四书类二》,第 299 页。
② 刘因:《静修集》卷五《毁誉》。
③ 见刘因:《静修集》卷五《讲八佾首章》。
④ 见刘因:《静修集》卷五《何氏二鹤记》。

就是另辟蹊径，另辟蹊径又常常出现另一种极端（儒家的学术批判和反思总是与当时的政治大环境联系在一起的）。明代和清代对程朱理学进行批判和反思之后，明代把心学发展到了极致，清代不但批判程朱理学，还批判明代心学好清淡，流于虚空，故清代又开始了求取实证的考据之学，并取得了前所未有的成就，但考据之学的弊病在于对义理的阐释不够。到了清末，学者们又复归到讲求义理的今文经学。明、清两代《中庸》学在总体上还是遵从朱熹的《中庸》学，对朱熹《中庸》学的继承表现在以下方面：学者在著述中要么直接声明遵从朱熹《中庸章句》，要么就是在朱熹《中庸》学说上的基础上补充阐释。但明、清两代已不再像元代那样一味地遵从朱熹的《中庸》学说，而是在此基础上有了一定的变化。此小节主要谈论其对朱熹《中庸》学的反背，需要注意的是，这种反背并不是对朱熹《中庸》学的完全否定，反而绝大多数是以朱熹《中庸》学为出发点的，而且在具体问题上还对朱熹《中庸》学有所引述，实际上，这也从反面彰显了朱熹《中庸》学的影响。

（一）明清学者对朱熹《中庸》学的继承

明儒之谨守程、朱者，以吴与弼（字子传）、薛瑄（字德温）为最，吴与弼传娄谅（字克贞），娄谅传王守仁（字伯安）而别开阳明学派，吴与弼亦传陈献章（字公甫）而别开白沙学派，陈献章乃明代心学之开创者，湛若水（字元明）受业于陈献章而别开甘泉学派。这其中以阳明心学最为宏大，在明代儒学发展中占据最重要的位置。就明代《中庸》学来说，明初曹端、薛瑄宗朱子《中庸》学，明中期湛若水、王阳明所传乃心学化的《中庸》学，明后期顾宪成、高攀龙、王夫之修正朱子《中庸》学。

清代对朱熹"四书"学的重视首先表现在朱熹的《四书章句集注》仍然是官方哲学的代表和科举考试的教材，其次，乾隆命学者将《四书章句集注》翻译成满文。有清一代，宗程朱"四书"学的著述有以下一些：刁包《四书翼注》四十二卷、魏裔介《朱子四书全义四种》四十三卷、《四书大全纂要》（无卷数）、杨名时《四书札记》四卷、任启运《四书约旨》十九卷、王士陵《四书纂言》（无卷数）、孙逢奇《四书近指》二十卷、王植辑《四书参注》（无卷数），等等，这些都可以说是程朱之学的续篇。宗朱熹"中庸"学的著述有：杨萱骅《中庸本解》二卷、《提要》一卷、王澍《中庸困学录》一卷，范尔梅《中庸札记》一卷等。承朱熹之《中庸》学的著述，与元、明两代的一样，基本上都是在朱熹《中庸》学说基础上的发挥。

清代又是考据学的鼎盛时代，故学者对"四书"进行了考证，极大地丰富了"四书"学的内容。有江永《四书典林》三十卷、翟灏《四书考异》七十二卷（《总考》三十六卷、《条考》三十六卷）、焦循《四书典故备览》（无卷数）、陆文籀《四书经典通考》（无卷数）、臧志仁《四书人物类典串珠》四十卷、段谔廷《四书字诂》七十八卷、竹磎氏《四书要典考》一卷、戴清《四书典故考辨》一卷、朱曾武《四书字义说略》二卷，等等。

（二）明清学者对朱熹《中庸》学的反背

本部分简要列举明清几位学者对朱熹《中庸》学的挑战，其中以乔中和及康有为的《中庸》学最有特点。他们或以《周易》解《中庸》，或以西释中，突破了传统的理学范式的《中庸》解析模式。明清对朱熹《中庸》学的反背，似乎也让我们看到了《中庸》的另外一番天地，但仔细分析，这种发展也有不合理的地方，局限性较大。

1. 乔中和对朱熹《中庸》学的反背。

明乔中和（字还一）的《中庸》学说则与朱熹《中庸》学说完全不同。乔中和著《图书衍》五卷，此书乃是其"四书"讲义。乔中和认为"四书"乃五行八卦之配合，故书中对《中庸》之诠释是从阴阳、五行、八卦的角度来说的，是与朱熹完全不同的理路。乔中和对"性""道""教"的解释为：

> 命，太极也；性，八卦也；道，六十四卦也；教，三百八十四爻也。命何太极？一也。性何八卦？健顺、动止、燥湿、刚柔，皆性也。道何六十四卦？天道、地道、神道、鬼道，皆人道也。皆率性之谓也。教何三百八十四爻？内外、本末、乘承、比应、变化、往来，皆教也，修道之谓也。《中庸》之大旨三：曰性、曰道、曰教，总之命而合于天，不睹不闻，命也；莫见莫显，性也；发皆中节，道也；中和位育，教也。"君子中庸"至"唯圣者能之"，言性也。何也？智、仁、勇，性之德也。"费而隐"至"哀公问政"，言道也。何也？君臣、父子、夫妇、昆弟、朋友、揖让、征诛、制礼作乐、三近九经，皆人道之常也。"自诚明"至"孰能知之"，言教也。何也？尽物、成物、参天地、知化育，皆位育之能事而教之成也。锦者，文也，阳以象天；絅者，质也，阴以象地。外阴而内阳，泰象也，故君子闇然；外阳而内阴，否象也，故小人的然。淡而不厌，性也。情实未萌而水火不射，何厌之有？简而文，道也，道一而已。粲然皆备，温而理，教也。优柔涵容而黎伦攸序，知远之近，言教也。声教之讫四海者，始于辇毂，知风之自，言道也。道化之播于风声者，本诸身，知微之显，言性也。性命之隐于无者，彰于有，潜伏、孔昭，命之著，为性也。屋漏、敬信，性之凝，为道也。无言劝诚，道之动，为教也。笃恭天下平，教之变而化也，声色化民，言教也。德輶如毛，言道也。无声无臭，言性也。而曰"上天之载"，言命也。始终皆天。天者，乾也。乾，一太极也。万事万化皆从此出。

第五章　朱熹《中庸》学的历史地位和影响

《诗》曰："维天之命，於穆不已"，此《中庸》之枢也。①

乔中和以《周易》解《中庸》，把"性""道"理解为八卦、六十四卦，把"教"理解为三百八十四爻，认为世间万物都是卦、爻运动变化的表现。在他看来，由"性"衍生出"道"，由"性""道"又衍生出"教"。"性"的特征是健顺、动止、燥湿、刚柔。乔中和对"道"的理解与多数人都不同，他认为"道"包含着天道、地道、神道、鬼道，但诸道都只是人道，他将天道也包括在人道之内，他看到了联系却未注意到区别。"教"则是事物的内外、本末据爻而变化往来。乔中和认为《中庸》的主旨就是"性""道""教"。故他将《中庸》的内容分成了"性""道""教"这三个部分。比如他说："命而合于天，不睹不闻，命也；莫见莫显，性也；发皆中节，道也；中和位育，教也。"朱熹则认为"不睹不闻"说的是"道"之无所不在，"莫见莫显"说是"道"之隐微，"道"的无所不在与隐微要求我们对"道"要存有敬畏之心。"发皆中节"说的是情感的发生要合乎道理。"中和位育"说的是不偏不倚、无过不及而参天地之化育。乔中和将《诗经》中"维天之命，於穆不已"看成《中庸》之枢纽，而朱熹认为《中庸》的枢纽是"诚"。

我们据《中庸》文本来解析，乔中和的解释与原文之义确实有出入。乔氏之解与朱熹之解大相径庭，他之所以用《易》之卦、爻来解释《中庸》，是因为他认为《中庸》一文说的就是卦、爻的变化流行。他说先天乃乾南坤北，后天乃离南坎北，这就将万事万物的产生、发展、消亡都囊括在了卦、爻的变化之中。而朱熹始终是站在"理"的角度来阐释《中庸》的。乔中和还以五行来解释喜怒哀乐的情感和五常，说："喜者木之荣，怒者金之

---

① 乔中和：《图书衍·中庸》，《四库全书存目丛书·经部》第 167 册，济南：齐鲁书社，1997 年，第 412 页。

决,哀者水之澌,乐者水之畅,其未发则土也。木者仁也,金者义也,水者智也,火者礼也,土者信也。尧舜之中,执信也;信者,一也。"① 用五行来解释五常是郑玄、孔颖达的思路,但是郑、孔二人并未用五行来解释喜怒哀乐的情感。朱熹在《中庸》诠释中,既没有用五行来解释喜怒哀乐,亦没有用五行来解释五常。从引述中,我们可以看到乔中和的逻辑思维并不严密,他的思路是:喜—木—仁,怒—金—义,哀—水—智,乐—火—礼,未发—土—信("一"),乔把五行中的土(信)而不是仁看成最核心的,而且喜对仁,怒对义,哀对智,乐对礼,未发对信,这样的解释实在不合常理,儒家认为只有和谐才是完备的,故朱熹要强调喜怒哀乐要发而"和",就是和谐。再如,他对"诚"的解释:"坎中,实诚也;离中,虚明也。故水盈而乃流,火空而乃发,坎伏离,故水外暗而中明,诚则明也。离伏坎,故火外明而中暗,明则诚也。是故坎离有互宅之妙,诚明有一致之归。诚,一实也,抱其一而已。"② 乔中和以卦来释"诚",认为"诚"是"坎中",又指出"诚"乃"实""一"。朱熹认为"诚"乃"真实无妄"的"天理"。

览乔中和的《图书衍》可知,他对"四书"的解说完全是从阴阳、五行、八卦的角度来阐释的。就《中庸》来说,从阴阳、五行、八卦的角度出发,首先未能理解《中庸》的实质,而且亦有空谈之嫌,未把《中庸》学说中实实在在的部分给阐发出来。《中庸》讲到,"道"始于匹夫匹妇,《中庸》里包含的哲思是从日常生活中抽象、升华出来的,它源于生活,目的是回到生活中去教育君主、君子、民众向上、向善。朱熹在解释《中庸》时,既重视天道性命,又重视人的情感、生活。《中庸》与《易》本

---

① 乔中和:《图书衍·中庸》,第413页。
② 乔中和:《图书衍·中庸》,第416页。

身是有联系的，但联系是在于"传"的部分，而不是"经"的部分，乔中和阐释《中庸》最大的缺点在于立论的根基有误。故四库馆臣对其"四书"学的评价为"穿凿无理"①。明代儒者对朱熹《中庸》学开始有了异议，但却是极少数的；到了清代，异议开始增多。但总体来说，明清两代程朱之学仍然占据着学术和政治领域的统治地位。

2. 王夫之对朱熹《中庸》学的反背。

清代反对朱熹"四书"学的有王夫之（字而农）"四书"系列著作、毛奇龄《四书改错》二十二卷、陈诜《四书述》十九卷，等等。此三人者，再怎么反对朱熹的"四书"学说，但仍然是在理学传统之内的。在此选取王夫之的《中庸》学说予以分析，确切地说，王夫之的《中庸》学，是对朱子《中庸》学的修正。

王夫之继承了张载气本论的思想，并以此为根基对《中庸》进行诠释。其《中庸》学说主要集中在《四书稗疏》《四书考异》《四书笺解》《读四书大全说》《四书训义》中。王夫之明确表示其不赞同朱熹的《中庸》，但其思维和方法仍然是理学式的。王夫之认为《中庸》一书的宗旨是"《中庸》之名，其所自立，则以圣人继天理物，修之于上，治之于下，皇建有极，而锡民之极者言也"②。朱熹则认为子思作《中庸》的目的是传孔门心法。王夫之指出天下之理统于"中"，"天下之理统一中：合仁、义、礼、知而一中也，析仁、义、礼、知一中也"③。朱熹认为万事万物统一于"理"，"中"亦是"理"的表现。

王夫之对"性""道""教"的解释为：

---

① 乔中和：《图书衍·中庸》，第438页。
② 王夫之：《读四书大全说》卷二《中庸》，《船山全书》第6册，长沙：岳麓书社，1991年，第449页。
③ 王夫之：《读四书大全说》卷二《中庸》，第450页。

> 所谓性者，中之本体也，道者，中和之大用也；教者，中庸之成能。然自此以后，凡言道皆是说教，圣人修道以立教，贤人繇教以入道也。生圣人之后，前圣已修之为教矣，乃不谓之教而谓之道，则以教立则道即在教，而圣人之修明之者，一肖夫道而非有加也。①

船山把"性"与"中"等同，故"率性之谓道"之"道"的解释则为"中和"之用，船山认为圣人已经立"教"（将"中和"之理通过礼、乐、刑、政的形式确定下来），后世所谓的"教"就是教人入"道"。船山用"中"来说"性""道"，用"庸"（用）来说"教"，"性""道"是体而"教"是用。这样的解释与朱熹有所不同，朱熹认为顺健五常之德乃是"性"，而"中"是状"性"之体段，人、物循其自然之"性"即是"道"，圣人继天立极，制定礼乐制度并用之于民之教化，这是"教"。船山还指出"道"出自人之"性"，"性"则受命于"天"②。朱熹强调人有人之"性"，物有物之"性"，"道"亦是就人、物统而言之的，船山不同意朱熹之解，他批评道：

> 《章句》于性、道，俱兼人物说，《或问》则具为分疏：于命则兼言"赋于万物"，于性则曰"吾之得乎是命以生"；于命则曰"庶物万化繇是以出"，于性则曰"万物万事之理"。与事类言而曰理，则固以人所知而所处者言之也。其于道也，则虽旁及鸟兽草木、虎狼蜂蚁之类，而终之曰"可以见天命之本然，而道亦尝不在是"，则显以类通而证吾所应之事物，其理本一，而非概统而一也。③

---

① 王夫之：《读四书大全说》卷二《中庸》，第458页。
② 见王夫之：《四书训义·中庸》，《船山全书》第7册，第105页。
③ 王夫之：《读四书大全说》卷二《中庸》，第455页。

船山批评朱熹不该人、物混在一起来说，而应该就人来说，因为人能够应接他物。船山的批评显得吹毛求疵了。

王夫之认为，"中"为体，"未发"之"中"与"已发"之"和"都"中"，"未发"是体之全体，"已发"是用，但亦是体的一部分，都谓体。船山云："中无往而不为体。未发而不偏不倚，全体之体，犹人四体而共名为一体也。发而无过不及，犹人四体而各名一体也。固不得以分而效之为用者之为非体也。"① 即朱熹所言的"在中"（体）和"时中"（用）在王夫之看来都是体。因此，他批评朱熹将"中"与"和"、"已发"与"未发"分开来说：

> 若朱子以已发之中为用，而别之一无过不及焉，则将自其已措咸宜之后，见其无过焉而赞之以无过，见其无不及焉而赞之以无不及。是虚加之词，而非有一至道焉实为中庸，胥古今天下之人，乃至中材以下，得一行焉无过无不及，而即可以此名归之矣。夫子何以言"民鲜能久"乃至"白刃可蹈"，而此不可能哉？②

在船山看来，《中庸》就是以"中"为主线而展开的有关性命之学的论著：

> "性"、"道"，中也；"教"，庸也。"修道之谓教"，是庸皆用中而用乎体，用中为庸而即以体为用。故《中庸》一篇，无不缘本乎德而以成乎道，则以中之为德本天德，（性道）而庸之为道成王道，天德、王道一以贯之。是以天命之性，不离乎一动一静之间，而喜怒哀乐之本乎性、见乎情者，可以通天地万物之理。如其不然，则君子之存养为无

---

① 王夫之：《读四书大全说》卷二《中庸》，第450～451页。
② 王夫之：《读四书大全说》卷二《中庸》，第451页。

用，而省察为无体，判然二致，将何以合一而成位育之功哉？①

他还指出"喜怒哀乐之未发，谓之中"是儒者第一难过的关卡。而朱熹则认为《中庸》的核心是"理"，文章开篇说的是一"理"，中间说的是事，末又复合为"理"。

船山还用泰卦和复卦来解"戒慎恐惧"和"慎独"，云：

> "戒慎不睹、恐惧不闻"，《泰》道也。所谓"不遐遗，朋亡，得尚于中行"，所以配天德。"慎其独"，《复》道也。所谓"不远复，无祗悔"，"有不善未尝不知，知之未尝复行"，所以见天心也。道教因于性命，君子之功不如是而不得也。②

"戒慎恐惧"可以配天德，"慎独"可以知天心，故船山亦是将两者看成为"道"、为"教"的重要方法。朱熹从未用《周易》的卦爻来解释"戒慎恐惧"和"慎独"，他谈"戒慎恐惧"和"慎独"是从心性论的角度来说的。船山对"诚"的解释也和朱熹"诚"乃"真实无妄"有所不同，他是从"教"的角度来释"诚"的，认为"诚者教中所有之德也"③。

当然，船山并未完全否定朱熹《中庸章句》，比如他对"天"的解释、对"教"具体内容的阐释与朱熹并无二致，甚至可以说是对朱子《中庸》学的修正与发展。而且，船山对《中庸》的诠释路径与朱子大体相同。

3. 康有为对朱熹《中庸》学的反背。

清末有一位突破传统的思想家，著《中庸注》一卷，其解说

---

① 王夫之：《读四书大全说》卷二《中庸》，第451页。
② 王夫之：《读四书大全说》卷二《中庸》，第461页。
③ 王夫之：《读四书大全说》卷三《中庸》，第539页。

第五章 朱熹《中庸》学的历史地位和影响

可谓别具一格，与朱熹《中庸》学说有天壤之别，他在诠释《中庸》的方法和内容上对传统有巨大突破，他就是著名的思想家康有为（字广厦）。

康有为对《中庸》的评价甚高，康有为在万木草堂授课期间，讲道："孔子内、外学，《中庸》皆备。《中庸》，孔子列传也，行状也。"① 又说： "从天起，从天结，一部《中庸》如此。"② 还说："《中庸》乃'六经'第一文章。"③ 康氏把《中庸》看成孔子的义理之学，世间之理皆能囊括在《中庸》之中。康氏思想的出发点是中国传统文化，内容虽然有融通中西的地方，但其表现出来的气质仍是东方的。他对儒家经典的诠释采用的方法是融会西学，借西释儒，大力借用西方的文化思想，甚至是西方的自然科学来诠释经典，提出了具有创新精神的孔教思想，仁学思想，立议会、行宪政的思想，以及至公、至善的大同太平之世的思想。因此，他对儒家经典的诠释是为他心中美好的政治、社会理想服务的，其《中庸注》亦不例外。康氏对《中庸》的基本看法是：

> 此篇系孔子之大道，关生民之大泽，……孔子之道大矣，荡荡如天，民难名之，惟圣孙子思亲传文道，具知圣统。其云"昭明圣祖之德"，犹述作孔子之行状云尔。子思既趋庭捧手，兼传有子、子游之统，备知盛德至道之全体。原于天命，发为人道，本于至诚之性，发为大教之化，穷鬼神万物之微，著三世三统之变。其粗则在人伦言行、政治之迹，其精出于上天无声无臭之表。……因使孔子之教，广大

---

① 康有为：《万木草堂口说》，姜义华等编校：《康有为全集》第二集，北京：中国人民大学出版社，2007年，第172页。
② 康有为：《万木草堂讲义》，《康有为全集》第二集，第292页。
③ 康有为：《万木草堂口说》，第171页。

配天地，光明并日月，仁育覆后世、充全球。嗟乎！传孔子之教者，如子思之亲贤，亦可尊信矣。①

康氏言子思述圣祖之德而作《中庸》，《中庸》一书论述了孔子之行状、孔子之道、孔子之教，天命、人伦、至诚之道，其中还蕴含着"三世三统"的历史观。他甚至还指出，《中庸》之理还可适用于全球。康氏认为，汉、宋之儒未能光《中庸》之精神，大义未彰，微言不著，康氏遂为之作注，以正后学。

"孔教"或者说"儒教"是贯穿康氏《中庸》诠释的一条主线，发扬"孔教"之精神是他一生的夙愿。康氏认为"儒教"乃孔子所创立，本于天而顺于人，"言孔子教之始于人道，孔子道之出于人性，而人性之本于天生，以明孔教之原于天，而宜于人也"②。康有为心中的"儒教"与他所谓的"异教"有本质的不同，他心中的"异教"专有所指，他在解释"小人反中庸"时，谓"小人专指异教"③，实际上是指春秋战国时期的其他诸子和狂怪之人："过之者，墨子也。不及者，老子、杨子诸子也。"④康氏认为，以爱己之心爱人的仁爱之心是人际关系的良性互动和社会和谐的基础，因而他将儒家"忠恕之道"看成"孔教"之本。

康有为是最早接受西方进化论的中国人之一，西方进化论思想对康氏思想之发展产生了重要影响，其对《中庸》的诠释中包含着大量的进化论思想。如诠释"子曰：鬼神之为德，其盛矣乎！视之而弗见，听之而弗闻，体物而不可遗"时，郑玄、孔颖达、朱熹都认为鬼神无形而能贯于万物之始终，康氏则发挥曰：

---

① 康有为：《中庸注》，第369页。
② 康有为：《中庸注》，第369~370页。
③ 康有为：《万木草堂口说》，第171页。
④ 康有为：《万木草堂口说》，第167页。

第五章 朱熹《中庸》学的历史地位和影响

"太古多鬼,中古少神。人愈智,则鬼神愈少。"① 虽然这样的解释并不合乎此句的原意,但他却就此得出了人智力的发展与社会阶段的发展是成正比的结论。儒家传统只是将人的智力分为上智、中人、下愚。康氏从历史发展的角度来看待人的进步当然是值得肯定的。又如在诠释"故天之生物,必因其材而笃焉。故栽者培之,倾者覆之"时,康氏谓:"天之生人,一视无私,而有富贵贫贱、愚智寿夭、安乐患难、诸夏夷狄之万殊迥别,惟有因之而已。譬如草木,美种而壮良者,天则繁植之。恶种而微弱者,天则剪覆之也。物竞天择,优胜劣败。"②"物竞天择,优胜劣败"是达尔文进化论的核心思想,这一生物学领域的规律,后来又被应用到社会学领域之中。康氏就把这一规律同时运用于自然界和人类社会。他认为,在竞争中才能产生更好的事物,只有创新才能求生存。康氏一生致力于改革政治和社会之弊,他强调只有通过改革,中国才能得到更好的发展,才不会落后于其他民族。康氏还将《中庸》、进化论思想及他的"三世说"③结合起来论述历史发展的阶段。康氏云:

> 三重者,三世之统也有拨乱世,有升平世,有太平世。拨乱世,内其国而外诸夏。升平世,内诸夏而外夷狄。太平世,内外远近大小若一。每世之中,又有三世焉。则据乱亦有乱世之升平、太平焉,太平世之始,亦有其据乱、升平之

---

① 康有为:《中庸注》,第 376 页。
② 康有为:《中庸注》,第 376~377 页。
③ "三世说"源于《公羊》学,最早由东汉何休提出,认为三世之间是逐步演进的关系,遂创立了"三世说"的渐进历史观。他在《春秋公羊经传解诂》中指出:"所传闻世"是"内其国而外诸夏",即"衰乱世";"所闻世"是"内诸夏而外夷狄",即"升平世";"所见世"是"天下远近大小若一",即"太平世"。此后《公羊》学沉寂千余年,到清代方复兴。龚自珍、魏源把《公羊》学变成批判现实弊端、改良社会的经世致用的思想武器。康有为紧随其后,把三世说和进化论结合起来提出了不同于以往的历史观。

别。每小三世中，又有三世焉。于大三世中，又有三世焉。故三世而三重之，为九世。九世而三重之，为八十一世。展转三重，可至无量数，以待世运之变，而为进化之法。此孔子制作所以大也。盖世运既变，则旧法皆弊而生过矣，故必进化而后寡过也。①

康氏认为，"拨乱世""升平世""太平世"是三种性质不同的人类社会发展阶段，三世之间不可躐等，一世当行一世之制度，否则必生大害。每一世中又分有三个小阶段，如"拨乱世"中包括据乱、升平、太平三阶段，三个小阶段之间亦不可躐等。"升平世""太平世"同理。历史总是向前发展的，当一世的量变积累到一定程度的时候，就应该主动突破量变，产生质变，进而迈向历史发展的新阶段。按照康氏的理解，"三世"分别相对应的政体是：封建君主专制之于"拨乱世"，君主立宪制之于"升平世"，共和制之于"太平世"。19世纪末20世纪初的中国，当入"升平世"，所以应革新现有的君主专制制度，发自主自立之议，行公议、君主立宪。康氏还将其"三世说"用来解读世界史②。

在《中庸》诠释中康氏还借用西方自然科学的知识或者概念来解释"仁"：

> 仁从二人，人道相偶，有吸引之意，即爱力也，实电力也。人具此爱力，故仁即人也。苟无此爱力，即不得为人矣。孟子曰：仁者，人也。合而言之，道也。盖人力行仁者，即为道也。此传子思之微言，为孔教之的髓也。③

---

① 康有为：《中庸注》，第387页。
② 见康有为：《中庸注》，第389~390页。
③ 康有为：《中庸注》，第379~380页。

第五章　朱熹《中庸》学的历史地位和影响

康氏与其他儒者一样都是从社会关系的角度来认识"仁",他把人与人之间的相互吸引力看成仁爱的前提。当每个人都具备此"爱力"或"电力"并能身体力行之,就会形成一股强大的凝聚力,"道"就实现了。在康有为看来,"仁"是宇宙间永恒的法则,推动着社会的进步,衡量着文明的程度。康氏在《中庸》诠释中,对"仁"这一思想的论述主要涉及以下四个方面的内容:第一,"仁"既是天的属性,同时也是人的属性。于人而言,"仁"又是"博爱之德",他强调,"博爱"是人特有的属性。第二,儒家与其他学派的思想相比,儒家才真正做到了"仁"。康氏批判道家以无为、自然为其哲学精神,这就把天地看成"不仁"了。他也不赞同墨家兼爱的思想,认为其是失"中"的表现。第三,"仁"是"太平世"的根本特征。第四,"仁"的根本在于孝。

康氏少年时期研习过理学,所以他并未一味否定朱熹的解释,朱熹对他的影响还是比较深刻的。在其《中和说》中,他表示完全同意朱熹的理学阐释。又比如对"诚者,天之道也。诚之者,人之道也。诚者,不勉而中,不思而得,从容中道,圣人也。诚之者,择善而固执之者也"的阐释,就完全参照朱熹《中庸章句》的注解。当然更多的是不同:朱熹《中庸》学说理学韵味浓厚,康氏《中庸》学说中渗透着政治变革和社会变革的味道;朱熹把《中庸》看作儒家的义理之学,主要是形而上的,康氏的《中庸》学说少言义理、心性之学,少了许多哲理性的论说,而代之以实事,主要是形而下的;朱熹在《中庸》诠释中,少言历史观,而康氏的诠释中,历史观是其主要内容;朱熹《中庸》学义理与考据并重,康氏《中庸》学主观臆断,缺乏理性。总的来说,康氏的《中庸》学说的影响远远不及朱熹的《中庸》学说,赞同者也寥寥可数。但其超越传统,采用新的研究方法不失为一种发展和新的尝试,其《中庸》学说亦是《中庸》学史上的一个重要环节。

本章小结

综上所论，朱熹的《中庸》学在其理学体系中、《中庸》学史上、"四书"学上、经学史、儒学史上都有重要的地位，对后世学术的发展亦产生了重要的影响。这样的影响主要有两个方面：第一是方法论上的影响，第二是内容上的影响。而且不仅仅影响到了《中庸》的研究，还影响到了对其他儒家经典的研究。元代的《中庸》学是朱熹《中庸》学的继续，无所创新。明、清两代的学者对朱熹的《中庸》学既有继承，又有反背。就继承而言，虽说在朱熹《中庸》学的基础上有一定的发展，但始终还是在其范围之内；就反背而言，虽有新的思想、新的诠释，但朱熹《中庸》学仍有一席之地。实际上，反背亦是发展的另一种表现。本章第二节就着重分析了明代乔中和、明清之际的王夫之以及清末康有为的《中庸》学说，他们在诠释的角度上、内容上、意图上都与朱熹的《中庸》学有所不同，但是他们并未将朱熹《中庸》学斥责得一无是处，反而在一些方面还参照了朱熹的《中庸》学说。可以说，朱熹之后的《中庸》研究在研究方法和内容上是无法逃离朱熹之藩篱的。此三人中，乔中和、王夫之的《中庸》诠释有理学气质，到了康有为形而上的思辨少了，却代之以政治学、宗教学、历史观上的解读。因此我们可以说，朱熹之后，未有思想家的《中庸》学说能真正地超越朱熹，未有思想家发展出新的《中庸》学体系与之相媲美，亦没有思想家对《中庸》的诠释像朱熹那样翔实，更没有产生像《中庸章句》那样影响巨大的《中庸》研究。朱熹《中庸》学之所以产生如此大的影响，除了统治者的支持外，还在于其思想的丰富性、体系的完整性和严密的逻辑推理。

结　语

　　《中庸》在儒学史、经学史上起过两次重大的作用：第一次是在先秦时期，《中庸》《孟子》二书开创了儒学发展的另一个向度：心性之学；第二次是在宋代，《中庸》成为挽救儒学危机的重要文献之一，并且推动和促成了儒学由"经学"系统向"四书"学系统的转变。纵观从先秦到清代的《中庸》研究，朱熹《中庸》学是众多《中庸》研究中最突出的一个，是《中庸》学说史上最重要的一环，对之后的《中庸》研究产生了重要的影响。时至今日，也还没有哪位学者能超越朱熹的《中庸》学而创立起自己的《中庸》学说。但我们相信，站在前人的肩膀上，结合时代，总结以往《中庸》研究之得失，一定能开创《中庸》学说发展的新阶段。在多元思想并存的今天，朱熹的《中庸》学同样彰显着巨大的理论和现实意义。从理论层面看，朱熹《中庸》学深妙隐微，真切悠远，实证义理兼备，对我们今天如何研究传统文化有可借鉴之处；从现实层面看，朱熹《中庸》学中所传达出来的那种向上、向善的精神力量，为当前社会主义精神文明建设提供了宝贵的精神源泉，有利于推进社会主义核心价值观体系的建设；就个人生命的修炼而言，朱熹《中庸》学中"慎独""戒慎恐惧""持敬""察识""涵养"的思想，有助于我们提升自身修为和精神境界。

　　孔子云："学而不思则罔，思而不学则殆。"这句话也可用于阐释中国儒学史、经学史的发展历程。先秦学术是中国文化的源头，儒家经典更是从根本上奠定了中国文化的基调。就儒家学术来看，对后世影响最大的可分为两派：第一派以子夏、荀子为代表，二人着重于经典的保存与传扬。孔子殁后，子夏传"六经"并发明章句。儒家文献的保存与传承，子夏功不可没。先秦还有一位对儒家文献的保存和思想传播起到重要作用的功臣——荀子。荀子《易》《诗》《礼》《乐》《春秋》之学在汉初传之极盛。第二派以子思、孟子为代表，着重心性理论的阐发。孟子为子思的再传弟子，学术一脉相承，故后世学人又将二人之学术流派合称为思孟学派。汉学推崇的是以"尚学"为特征的经学系统，其理论的源头在子夏和荀子。汉学系统重视考据训诂，义理的发挥有限。唐代续汉代考据传统，并把这样的传统通过《五经正义》的颁布而制度化、政治化。这种有"学"而少"思"的学术范式禁锢了儒学、经学的进一步发展，加之释、道在理论上和现实中的冲击，儒学的魅力和生命力难以充分展现。唐中叶之后，儒者在内无创新、外有挑战的学术局势下，开始尝试构建新的儒学体系。经过儒者们的探索与努力，到了宋代，儒学发展的方向由"五经"系统转向了"四书"系统。宋代新儒学以重视天道性命、心性、"道统"为主要特征，推崇的是以"尚思"为特征的"四书"学体系，其理论的源头在子思和孟子。中国文化造极于宋代，但宋代理学也存在一些问题。大多数理学家常常只重视义理的发挥而忽视辞章的考证，重"思"而少证。这种重"思"而少"学"的学术范式亦落下了不少让人诟病的地方。到了清代，重视训诂、考据学的朴学家们纷纷批判宋明之学不重考据而只求玄谈和空虚之论，这一定程度上扭转了理学、心学之流弊。到了清末，考据学亦到了穷途末路的境地，经世致用的今文经学便有了复兴之势。现代新儒家又强调"载道"的重要性而致力于归复宋明之学。由此可见，一个时期的学术发展往往是与时代的大环境紧密相关的。同时，"学而不思""思而不学"的范式和理路对学术研究来说都是需要防范的。要"学""思"结合,"学"是"思"的基础,"思"是"学"的升华。总结历史,我们明白,不管偏于"学",还是偏于"思",前辈们都给我们留下了无比丰硕的思想财富。今天的我们在看到前人所得所失的基础之上,应该"学""思"并重,开创中国学术发展的新阶段。

附录：宋代《中庸》研究著述表

编号	作者	书名	卷、册、篇数	存佚情况
1	释智圆	《中庸子传》	3篇	存
2	胡瑗	《中庸传》	1卷	佚
3	盛乔	《胡先生中庸义》	1卷	佚
4	张方平	《中庸论》	3篇	存
5	释契嵩	《中庸解》	5篇	存
6	陈襄	《中庸讲义》	1卷	存
7	司马光	《中庸广义》	1卷	佚
8	余象	《中庸大义》	1卷	佚
9	程颢	《中庸解》	1卷	存
10	苏轼	《中庸论》	3篇	存
11	吕大临	《中庸解》	1卷	存
12	黄裳	《中庸论》	1卷	存
13	吕大临	《中庸再解》	1卷	佚
14	范祖禹	《中庸论》	5篇	存
15	姚子张	《中庸说》	未详	佚
16	乔执中	《中庸义》	1卷	佚
17	侯仲良	《中庸说》	1卷	佚
18	杨时	《中庸解》	1卷	佚
19	游酢	《中庸解》	1卷	存

附录：宋代《中庸》研究著述表

编号	作者	书名	卷、册、篇数	存佚情况
20	游酢	《中庸解义》	5卷	佚
21	程颐、吕大临、游酢、杨时	《四先生中庸解义》	1卷	佚
22	马之纯	《中庸解》	1卷	佚
23	晁说之	《中庸传》	1卷	存
24	郭忠孝	《中庸说》	1卷	佚
25	徐存	《中庸解》	未详	佚
26	罗从彦	《中庸解》	1卷	佚
27	张九成	《中庸说》	1卷	存
28	张浚	《中庸解》	1卷	佚
29	陈渊	《中庸解义》	1篇	存
30	詹事公	《中庸篇》	1卷	佚
31	晁公武	《中庸大传》	1卷	佚
32	郭雍	《中庸说》	1卷	佚
33	郑耕老	《中庸训解》	1卷	佚
34	谭惟寅	《中庸义》	未详	佚
35	关注	《中庸义》	1卷	佚
36	潘好古	《中庸说》	1卷	佚
37	林光朝	《中庸解》	1卷	佚
38	史尧弼	《中庸论》	2卷	存
39	朱熹	《中庸章句》	1卷	存
40	朱熹	《中庸或问》	2卷	存
41	石𡼖编、朱熹校	《中庸辑略》	2卷	存
42	石𡼖编	《中庸集解》	2卷	佚
43	薛季宣	《中庸解》	1卷	存

编号	作者	书名	卷、册、篇数	存佚情况
44	倪思	《中庸集义》	1卷	佚
45	钱文子	《中庸集传》	1卷	佚
46	黄榦	《中庸总论》《中庸续说》	2篇	存
47	蔡渊	《中庸通旨》	1卷	佚
48	陈孔硕	《中庸解》	1卷	佚
49	黄㶑	《中庸解》	1卷	佚
50	熊以宁	《中庸续说》	1卷	佚
51	徐寓	《中庸说》	1卷	佚
52	叶介	《中庸讲义》	未详	佚
53	汪晫	《子思子》（此书共载九篇，其中前三篇为《中庸》，由天命、鸢鱼、诚明三篇构成，其内容基本同于今本《中庸》）	3篇	存
54	熊节	《中庸解》	3卷	佚
55	林夔孙	《中庸章句》	1卷	佚
56	孙调	《中庸发题》	1卷	佚
57	赵善湘	《中庸约说》	1卷	佚
58	项安世	《中庸说》	1卷	佚
59	真德秀	《中庸集编》	3卷	存
60	郑霖	《中庸讲义》	1卷	佚
61	王柏	《订古中庸》	2卷	佚
62	王万	《中庸说》	未详	佚
63	万人杰	《中庸说》	1卷	佚
64	袁甫	《中庸详说》	2卷	佚
65	袁甫	《蒙斋中庸讲义》	4卷	存
66	赵顺孙	《中庸纂疏》	3卷	存
67	刘黻	《中庸就正录》	1卷	佚

附录：宋代《中庸》研究著述表

编号	作者	书名	卷、册、篇数	存佚情况
68	陈尧道	《中庸说》	13卷	佚
69	方逢辰	《中庸注》	1卷	佚
70	何梦桂	《中庸致用书》	1卷	佚
71	黎立武	《中庸指归》一卷，《提纲》一卷	2卷	存
72	黎立武	《中庸指归分章图》	1卷	存
73	黎立武	《中庸分章》	1卷	存
74	程时登	《中庸中和说》	1卷	佚
75	邵囦	《中庸解》	1卷	佚
76	何基	《中庸发挥》	8卷	佚
77	赵澡	《中庸论》	1卷	佚
78	贾蒙	《中庸集解》	未详	佚
79	吴之巽	《中庸口义》	3卷	佚
80	魏天祐	《中庸说》	未详	佚
81	陈义宏	《中庸解》	1卷	佚
82	江泳	《中庸解》	1卷	佚
83	赵若焕	《中庸讲义》	1卷	佚
84	陈普	《中庸》	无卷数	存

参考文献

专著：
杨时：《龟山先生文集》，明万历十九年林熙春刻本。
王柏：《鲁斋集》，文渊阁《四库全书》本。
陆淳：《春秋集传纂例》，文渊阁《四库全书》本。
刘因：《静修续集》，文渊阁《四库全书》本。
马国瀚辑：《玉函山房辑佚书·经编礼记类》，清光绪九年长沙娜嬛馆刊本。
黄奭辑：《黄氏逸书考》，朱长圻刊本。
李翱：《李文公集》，《四部丛刊》本。
朱松：《韦斋集》，《四部丛刊续编》本。
吕祖谦：《东莱吕太史别集》，民国《续金华丛书》本。
顾实：《汉书艺文志讲疏》，上海：商务印书馆，1929年。
武内义雄：《子思子考》，载江侠庵编译：《先秦经籍考》（中册），上海：商务印书馆，1929年。
杨时：《杨龟山集》，《丛书集成初编》本，上海：商务印书馆，1936年。
罗从彦：《罗豫章集》，《丛书集成初编》本，上海：商务印书馆，1936年。
司马光：《司马文正公传家集》，上海：商务印书馆，1937年。
崔述：《洙泗考信余录》，《丛书集成初编》本，北京：商务印书馆，1937 年。

冯友兰：《中国哲学史》，北京：中华书局，1961 年。

班固撰，颜师古注：《汉书》，北京：中华书局，1964 年。

钱穆：《中国学术通义》，台北：台湾学生书局，1975 年。

柳宗元：《柳宗元集》，北京：中华书局，1979 年。

庞朴：《帛书〈五行〉篇研究》，济南：齐鲁书社，1980 年。

程颢、程颐：《二程集》，北京：中华书局，1981 年。

陈荣捷：《朱学论集》，台北：台湾学生书局，1982 年。

陈国庆编：《汉书艺文志注释汇编》，北京：中华书局，1983 年。

董诰等编：《全唐文》卷四〇四《权论》，北京：中华书局，1983 年。

陈淳：《北溪字义·严陵讲义》，北京：中华书局，1983 年。

蔡仁厚：《新儒家的精神方向》，台北：台湾学生书局，1984 年。

韩愈撰，马其昶校注，马茂元整理：《韩昌黎文集校注》，上海：上海古籍出版社，1986 年。

释智圆：《中庸子传》，载石峻、楼宇烈、方立天等编：《中国佛教思想资料选编》第三卷第一册，北京：中华书局，1987 年。

胡宏：《胡宏集》，北京：中华书局，1987 年。

王先谦：《荀子集解》，新编诸子集成本，北京：中华书局，1988 年。

刘禹锡：《刘禹锡集》，北京：中华书局，1990 年。

牟宗三：《心体与性体》，台北：正中书局，1990 年。

刘禹锡：《刘禹锡集》，北京：中华书局，1990 年。

张舜徽：《汉书艺文志通释》，武汉：湖北教育出版社，1990 年。

吴澄：《吴澄文集》，李修生主编：《全元文》卷四八八，南京：江苏古籍出版社，1990年。

蔡方鹿：《一代学者宗师——张栻及其哲学》，成都：巴蜀书社，1991年。

王夫之：《读四书大全说》，载《船山全书》第6册，长沙：岳麓书社，1991年。

郑家栋编：《道德理想主义的重建——牟宗三新儒学论著辑要》，北京：中国广播电视出版社，1992年。

王国维：《古史新证》，北京：清华大学出版社，1994年。

蒙文通：《蒙文通全集》第三卷《评〈学史散篇〉》，成都：巴蜀书社，1995年。

马克思、恩格斯：《马克思恩格斯选集》第4卷，北京：人民出版社，1995年。

朱维铮编：《周予同经学史论著选集》（增订本），上海：上海人民出版社，1996年。

乔中和：《图书衍·中庸》，载《四库全书存目丛书·经部》第167册，济南：齐鲁书社，1997年。

蔡方鹿：《宋明理学心性论》，成都：巴蜀书社，1997年。

《郭店楚简研究》，载《中国哲学》第二十辑，沈阳：辽宁教育出版社，1999年。

陈来：《朱子哲学研究》，上海：华东师范大学出版社，2000年。

《郭店楚简国际学术研讨会论文集》，武汉：湖北人民出版社，2000年。

沈约：《宋书》，北京：中华书局，2000年。

朱汉民：《宋明理学通论——一种文化的诠释》，长沙：湖南教育出版社，2000年。

陈寅恪：《金明馆丛稿二编·邓广铭宋史职官志考证序》，北京：生活·读书·新知三联书店，2001年。

欧阳修：《欧阳修全集》，北京：中华书局，2001年。

郭沂：《郭店竹简与先秦学术思想》，上海：上海教育出版社，2001年。

陈寅恪：《金明馆丛稿初编·论韩愈》，北京：生活·读书·新知三联书店，2001年。

张立文：《朱熹思想研究》，北京：中国社会科学出版社，2001年。

徐复观：《中国人性史论·先秦篇》，载李维武编：《徐复观文集》第三卷，武汉：湖北人民出版社，2002年。

束景南：《朱子大传》，北京：商务印书馆，2003年。

蔡方鹿：《中华道统思想发展史》，成都：四川人民出版社，2003年。

何俊：《南宋儒学建构》，上海：上海人民出版社，2004年。

胡适：《中国哲学史大纲》，北京：东方出版社，2004年。

余英时：《朱熹的历史世界——宋代士大夫政治文化的研究》，北京：生活·读书·新知三联书店，2004年。

杜维明著，郭齐勇、郑文龙编：《杜维明全集》第三卷，武汉：武汉出版社，2004年。

李景林：《教化的哲学——儒家思想的一种新诠释》，哈尔滨：黑龙江人民出版社，2005年。

黄榦：《朱先生行状》，载《全宋文》第288册，上海：上海辞书出版社，合肥：安徽教育出版社，2006年。

李申：《简明儒学史》，北京：中国人民大学出版社，2006年。

康有为：《康有为全集》，北京：中国人民大学出版社，2007年。

陈来：《朱子书信编年考证》（增订本），北京：生活·读书·新知三联书店，2007年。

李零：《上博简三篇校读记》，北京：中国人民大学出版社，2007年。

张岂之主编：《中国思想学说史·隋唐卷》，桂林：广西师范大学出版社，2007年。

张岂之主编：《中国思想学说史·宋元卷》，桂林：广西师范大学出版社，2007年。

杜维明著，段德智译，林同奇校：《〈中庸〉洞见》，北京：人民出版社，2008年。

梁涛：《郭店竹简与思孟学派》，北京：中国人民大学出版社，2008年。

皮锡瑞著，周予同注释：《经学历史》，北京：中华书局，2008年。

朱汉民、肖永明：《宋代〈四书〉学与理学》，北京：中华书局，2009年。

宋志明：《现代新儒学的走向》，北京：北京师范大学出版社，2009年。

王钧林、周海生译注：《孔丛子》，北京：中华书局，2009年。

钱穆：《中国学术思想史论丛》，北京：生活·读书·新知三联书店，2009年。

李零：《郭店楚简校读记》（增订本），北京：中国人民大学出版社，2009年。

周敦颐：《周敦颐集》，北京：中华书局，2009年。

柳诒徵：《中国文化史》，长沙：岳麓书社，2010年。

许衡：《许衡集》，长春：吉林文史出版社，2010年。

朱杰人、严佐之、刘永翔主编：《朱子全书》（修订本），上海：上海古籍出版社，合肥：安徽教育出版社，2010年。

张栻：《南轩先生文集》，载朱杰人、严佐之、刘永翔主编：《朱子全书外编》第 4 册，上海：华东师范大学出版社，2010 年。

杨伯峻：《论语译注》，北京：中华书局，2010 年。

乐爱国：《朱子格物致知论研究》，北京：东方出版社，2010 年。

钱穆：《朱子新学案》，北京：九州出版社，2011 年。

蔡方鹿：《中国经学与宋明理学研究》，北京：人民出版社，2011 年。

向世陵：《理学与易学》，长春：长春出版社，2011 年。

朱熹：《四书章句集注》，北京：中华书局，2011 年。

杨国学：《屏山集校注与研究》，北京：中国书籍出版社，2012 年。

舒大刚主编：《儒学文献通论》，厦门：福建人民出版社，2012 年。

黄宗羲原著，全祖望补修：《宋元学案》，北京：中华书局，2013 年。

束景南：《朱子年谱长编》（增订本），上海：华东师范大学出版社，2014 年。

杨伯峻：《孟子译注》，北京：中华书局，2014 年。

张载：《张载集》，北京：中华书局，2014 年。

郑玄注，孔颖达等正义：《礼记正义》，载《十三经注疏》，上海：上海古籍出版社，2014 年。

杜预注，孔颖达等正义：《春秋左传正义》，载《十三经注疏》，上海：上海古籍出版社，2014 年。

郑玄注，贾公彦疏：《周礼注疏》，载《十三经注疏》，上海：上海古籍出版社，2014 年。

赵岐注，孙奭疏：《孟子注疏》，载《十三经注疏》，上海：

上海古籍出版社，2014年。

王弼等注，孔颖达等正义：《周易正义》，载《十三经注疏》，上海：上海古籍出版社，2014年。

陆九渊：《陆九渊集》，北京：中华书局，2014年。

张栻著，杨世文点校：《孟子说》，载《张栻集》，北京：中华书局，2015年。

刘述先：《朱子哲学思想的发展与完成》，长春：吉林出版集团有限责任公司，2015年。

王健：《观念与历史的际会：朱熹中庸思想研究》，上海：华东师范大学出版社，2016年。

司马迁撰，韩兆琦评注：《史记·儒林列传》，长沙：岳麓书社，2016年。

永瑢等撰：《四书全书总目》，北京：中华书局，2016年。

论文

邱汉生：《朱熹的理学思想——天理论与性论》，《社会科学辑刊》1982年第4期。

陈来：《朱熹哲学的"心统性情"说》，《浙江学刊》1986年第6期。

郭沂：《〈中庸〉成书辨正》，《孔子研究》1995年第4期。

庞朴：《孔孟之间——郭店楚简的思想史地位》，《中国社会科学》1998年第5期。

黄开国：《董仲舒的名性探析》，《天府新论》2000年第5期。

彭永捷：《论儒家道统及宋代理学的道统之争》，《文史哲》2001年第2期。

毕绪龙：《〈中庸〉"诚"字蠡测》，《管子学刊》2006年第4期。

张勇：《朱熹理学思想的形成与演变》，西北大学博士论文，

2008年6月。

陈赟：《朱熹与中国思想的道统论问题》，《齐鲁学刊》2012年第2期。

魏涛：《朱熹缘何未将司马光纳入道学谱系》，《山西师大学报》2013年第4期。

后　记

　　《朱熹〈中庸〉学研究》一书是在我博士论文的基础上修改、增益而成的。书稿付梓之际，却有点诚惶诚恐。《中庸》是儒家天道性命之学的代表作，对儒学、经学的发展产生了重大的影响。朱熹的《中庸》学费而隐、幽而明、远而迩、广而微，写作之时，总担心词不达意，亵渎了先哲的智慧。

　　拙著能够顺利出版首先要感谢我的授业恩师舒大刚先生，我的进步与先生的敦促、鼓励是分不开的。论文选题之前，因我硕士阶段学的是哲学，先生让我研究哲理性较强的儒家经典——《中庸》，我欣然接受。我花了数月将历代《中庸》和"四书"文献做了整理，本欲写《中庸》学史，但因资质浅薄，只好放弃。在先生的多番指点下，论文题目最终确定为"朱熹《中庸》学研究"。从论文开题到最后定稿再到付梓成书，先生都给予我许多中肯和宝贵的建议。先生博学笃志、因材施教、诲人不倦，还常常心系国事、民生，为儒学在当代的传承和实践尽心尽力。先生为吾辈授业、解惑，更传道、育人。先生是朴实的、可亲可爱的。我是幸运的，能受业于先生门下，得到先生的栽培和教诲。我对先生的感激、景仰之情难以言表。

　　感谢川大古籍所杨世文先生、郭齐先生、李文泽先生、彭华先生的指点、帮助，他们的学问和人品都是后辈学习的榜样。感谢清华大学廖名春先生、中国人民大学吴光先生、西北大学张茂泽先生、华中师范大学董恩林先生、北京师范大学毛瑞芳先生、四川大学彭邦本先生、四川大学王智勇先生在论文外审和答辩阶段提出的宝贵意见。在本书的写作过程中，钱穆先生、刘述先先生、束景南先生、陈来先生、彭永捷先生有关朱熹的论著让我受益匪浅，在此对诸位先生表示诚挚的谢意。

感谢引领我走进儒学殿堂的蔡方鹿先生，我在四川师范大学求学期间，先生讲授中国经学史、宋明理学等课程，我常去旁听，并被中国传统文化深深吸引，于是决定从事传统文化的研究。先生学识渊博，和蔼可亲，敦促后进，与先生的交流常让我有醍醐灌顶之感。感谢我的硕士导师谭贵全先生，先生为人谦和、学术贯通中西，常常为我指点迷津、解决困惑。感谢四川师范大学李北东先生对我的鼓励、鞭策。

感谢在百忙之中抽出时间为拙著作序的詹海云先生，詹先生学识渊博，谈吐儒雅，低调谦逊，对后辈更是关怀有加。

感谢西南财经大学社会发展研究院院长杨海洋先生、马克思主义学院院长唐晓勇先生，他们常常在学术上和教学上鼓励我不断前进。

感谢师兄潘斌、刘平中、董涛、霞绍晖、郑伟、程得中，师姐王小红、张尚英、夏薇、李冬梅、戴莹莹、王红梅，师弟刘洋、牛磊、方蒙石，师妹钟雅琼、汪舒旋、任利荣、汪璐，好友邓璨、罗静、韩义、张毅以及我的同事们。在学术上，我得到了他们无私的帮助，在生活中，得到了他们真诚的关怀。

感谢我至爱的父母，他们在工作岗位上，勤勤恳恳、尽职尽责，在生活中勤俭持家、朴实无华。他们教会我热爱生活、独立、自尊、自爱、感恩。他们厚重深沉的爱是我前行路上的动力。感谢我的姐姐在生活中对我无微不至的关怀。感谢我的先生陈果，他是我的知音，也是我最坚实的后盾。

书稿多次修正，四川大学出版社编辑袁捷先生、李畅炜先生为拙著的出版花费了大量的心血和精力。在此表示诚挚的谢意。

张　卉